EDITORA
intersaberes

SÉRIE POLÍTICAS SOCIAIS PÚBLICAS

DIALÓGICA

O selo DIALÓGICA da Editora InterSaberes faz referência às publicações que privilegiam uma linguagem na qual o autor dialoga com o leitor por meio de recursos textuais e visuais, o que torna o conteúdo muito mais dinâmico. São livros que criam um ambiente de interação com o leitor – seu universo cultural, social e de elaboração de conhecimentos –, possibilitando um real processo de interlocução para que a comunicação se efetive.

Política de Seguridade Social: Sistema Único de Assistência Social (SUAS)

Angela Maria Moura Costa Prates

Conselho editorial
Dr. Ivo José Both (presidente)
Drª Elena Godoy
Dr. Neri dos Santos
Dr. Ulf Gregor Baranow

Editora-chefe
Lindsay Azambuja

Supervisora editorial
Ariadne Nunes Wenger

Analista editorial
Ariel Martins

Preparação de originais
Luiz Gustavo Micheletti Bazana

Edição de texto
Caroline Rabelo Gomes
Fábia Mariela De Biasi

Projeto gráfico
Laís Galvão

Capa
Laís Galvão (*design*)
Artens/Shutterstock (imagem)

Diagramação
Maiane Gabriele de Araujo

Equipe de *design*
Luana Machado Amaro
Sílvio Gabriel Spannenberg

Iconografia
Regina Claudia Cruz Prestes
Sandra Lopis da Silveira

Dados Internacionais de Catalogação na Publicação (CIP)
(Câmara Brasileira do Livro, SP, Brasil)

Prates, Angela Maria Moura Costa
  Política de seguridade social: Sistema Único de Assistência Social (SUAS)/Angela Maria Moura Costa Prates. Curitiba: InterSaberes, 2019. (Série Políticas Sociais Públicas)

  Bibliografia.
  ISBN 978-85-227-0098-1

  1. Serviço social 2. Assistência social – Brasil 3. Brasil – Política social 4. Políticas públicas – Brasil 5. Seguridade social – Brasil 6. Serviço social – Brasil 7. Sistema Único de Assistência Social – SUAS (Brasil) I. Título II. Série.

19-27959   CDD-361.30981

Índices para catálogo sistemático:
1. SUAS: Sistema Único de Assistência Social: Brasil   361.30981

Cibele Maria Dias – Bibliotecária – CRB-8/9427

1ª edição, 2019.
Foi feito o depósito legal.

Informamos que é de inteira responsabilidade da autora a emissão de conceitos.

Nenhuma parte desta publicação poderá ser reproduzida por qualquer meio ou forma sem a prévia autorização da Editora InterSaberes.

A violação dos direitos autorais é crime estabelecido na Lei n. 9.610/1998 e punido pelo art. 184 do Código Penal.

Rua Clara Vendramin, 58 ▪ Mossunguê ▪ CEP 81200-170 ▪ Curitiba ▪ PR ▪ Brasil
Fone: (41) 2106-4170 ▪ www.intersaberes.com ▪ editora@editoraintersaberes.com.br

Sumário

Apresentação | 7
Como aproveitar ao máximo este livro | 10
Introdução | 15

1. **Trajetória histórica, legal e conceitual da PNAS no Brasil | 21**
   1.1 Linha do tempo e principais marcos legais da PNAS | 24
   1.2 Concepções e análises conceituais da assistência social | 44
   1.3 Gestão do SUAS | 70

2. **Proteção social no SUAS | 93**
   2.1 Serviços, benefícios e equipamentos no SUAS | 95
   2.2 CRAS | 97
   2.3 CREAS | 128
   2.4 Serviços de proteção social especial de alta complexidade | 155

3. **Gestão financeira e do trabalho no SUAS | 169**
   3.1 Gestão financeira da Administração Pública | 172
   3.2 Gestão financeira da PNAS | 177
   3.3 Gestão do trabalho no SUAS | 201

4. **Controle social no SUAS | 221**
   4.1 Controle social: conceito e exercício de cidadania | 223
   4.2 A participação popular e o protagonismo dos atores sociais | 226
   4.3 Os conselhos de direito e a participação popular | 232

Para concluir... | 249
Lista de siglas | 253
Referências | 257
Respostas | 277
Sobre a autora | 283

Apresentação

Esta obra é fruto de um processo de estudos e de militância na Política Nacional de Assistência Social (PNAS) desde meados de 2000 no centro-sul do Estado do Paraná. Como militante, simpatizante e defensora da referida política, foi-me possível acompanhar seu processo de desenvolvimento e crescimento como política pública, direito do cidadão e responsabilidade do Estado. A política deu passos largos no âmbito de sua base legal, o que representa um importante avanço na conquista de direitos sociais. Porém, na prática, prossegue a passos lentos.

Em cada capítulo, você encontrará uma organização que pretende ser a mais didática possível, facilitando o processo de compreensão e aprendizagem. No início do capítulo, há uma introdução que informa o que abordaremos. Após as discussões sobre o conteúdo de cada capítulo, você encontrará um estudo de caso, que traz uma história fictícia, mas embasada em fatos reais, de situações vivenciadas na assistência social, com vistas a reunir elementos teórico-práticos para você pensar a política em sua realidade local, o que o auxiliará a ampliar seus conhecimentos, ultrapassando os conteúdos teóricos para visitar o campo da prática cotidiana.

Ao término de cada capítulo, há uma breve retomada dos conhecimentos trabalhados. Também propomos a você uma revisão com questões objetivas e subjetivas, que o ajudarão a revisitar os conteúdos de cada capítulo. Finalizamos com a seção *Para saber mais*, na qual há indicações de leituras, a fim de instigá-lo a se aprofundar em alguns temas.

Organizamos a presente obra em quatro capítulos. No primeiro, apresentamos a trajetória histórica, legal e conceitual da PNAS no Brasil. Inicialmente, discutimos os principais marcos legais construídos. Depois, evidenciamos o conceito de assistência social, concebida como direito de cidadania. Analisamos, ainda, as seguranças e as funções da referida política diante dos usuários que dela necessitam. E apresentamos como está organizada e como é feita a gestão do Sistema Único de Assistência Social (SUAS) em todo o território nacional.

No segundo capítulo, tratamos da proteção social básica, por meio da qual o Estado protege os usuários do agravamento das situações de vulnerabilidade social. Abordamos a proteção especial de média e alta complexidade, com a qual o Estado procura diminuir e sanar as situações de riscos sociais a que os cidadãos estão submetidos.

No terceiro capítulo, destacamos a configuração da gestão financeira do SUAS por meio de uma discussão sobre como ocorre a gestão financeira na Administração Pública para depois examinar a gestão financeira na assistência social. Ambas estão interligadas e, por isso, precisam ser construídas conjuntamente no âmbito da esfera federativa. Também analisamos a gestão do trabalho no SUAS, apontando seus trabalhadores, como devem ser alocados nos equipamentos e com quais formações e funções. Além disso, ressaltamos como o gestor deve providenciar, com os trabalhadores, os Planos de Carreira, Cargos e Salários (PCCS). Também, demonstramos como está organizada, em todo o país, a Política Nacional de Educação Permanente dos trabalhadores no SUAS e quais são suas funções.

No quarto capítulo, abordamos o controle social no SUAS, por meio de sua principal ferramenta: o Conselho de Assistência Social (CAS). Em um primeiro momento, analisamos o conceito de controle social como exercício de cidadania. Tratamos da participação popular e de como os atores sociais podem protagonizar a construção da assistência social em cada esfera de governo. Examinamos, ainda, seu maior mecanismo de controle social – o conselho – e como ocorre a participação da população. Por fim, retratamos como ocorre o controle social por parte do conselho em relação às entidades prestadoras de serviços de assistência social.

Como aproveitar ao máximo este livro

Este livro traz alguns recursos que visam enriquecer o seu aprendizado, facilitar a compreensão dos conteúdos e tornar a leitura mais dinâmica. São ferramentas projetadas de acordo com a natureza dos temas que vamos examinar. Veja a seguir como esses recursos se encontram distribuídos no decorrer desta obra.

Conteúdos do capítulo

Logo na abertura do capítulo, você fica conhecendo os conteúdos que nele serão abordados.

Após o estudo deste capítulo, você será capaz de:

Você também é informado a respeito das competências que irá desenvolver e dos conhecimentos que irá adquirir com o estudo do capítulo.

Assinale a alternativa que apresenta somente os itens corretos:
a) VI apenas.
b) I e II.
c) I e III.
d) I, II, IV e V.
e) I, II, III, IV, V e VI.

3. As cinco seguranças afiançadas pela PNAS aos usuários são:
a) a participação popular, a acolhida, o diálogo, as associações de moradores e as negociações em fóruns.
b) o monitoramento, a avaliação da política pública, a participação popular, as negociações em fóruns e a garantia de renda mínima de cidadania.
c) a acolhida, a renda, o convívio familiar, o apoio e auxílio e o desenvolvimento da autonomia.
d) a garantia de renda mínima de cidadania, a acolhida, o diálogo, o apoio e a liberdade.
e) a garantia de renda mínima, o apoio, a liberdade, a participação popular e o livre arbítrio.

4. Qual era a lógica da assistência social antes da Constituição Federal de 1988? Explique.

5. Qual é a lógica que rege a PNAS depois de sua trajetória histórica legal? Explique.

Questões para reflexão

1. Quais são as contradições da PNAS em sua atribuição de enfrentamento da pobreza e da desigualdade social?

2. Quais são os resquícios conservadores que a PNAS ainda encontra para ser efetivada no Brasil?

3. O Benefício de Prestação Continuada (PBC) e o Programa Bolsa Família (PBF) podem ou não proporcionar melhores condições de vida aos beneficiários e à sua família, considerando suas particularidades?

Questões para reflexão

Nesta seção, a proposta é levá-lo a refletir criticamente sobre alguns assuntos e trocar ideias e experiências com seus pares.

Síntese

Você dispõe, ao final do capítulo, de uma síntese que traz os principais conceitos nele abordados.

Comentário

Na relação constituída entre Dona Maria e a assistência social, existe um ranço do passado histórico do Brasil e de suas ações sociais. Mas também verificam-se prerrogativas atuais, de um Estado neoliberal, que atua de forma mínima diante das demandas sociais. Portanto, trata-se da coexistência de elementos que compuseram o passado das políticas públicas e de aspectos que configuram a gestão das políticas na contemporaneidade. Ambos são fatores complicadores para a garantia de direitos sociais.

Síntese

Neste capítulo, apresentamos a construção da PNAS como marco legal e conceitual em sua configuração como política pública de responsabilidade do Estado e de direito do cidadão no contexto brasileiro. Nossas análises focaram em mostrar uma linha do tempo pela qual passou a PNAS. Também abordamos os 12 principais marcos legais que a instituíram como política pública com força de lei. Houve inúmeras reformulações em cada lei, decreto ou resolução, mas, aqui, destacamos apenas as principais.

Na sequência, tratamos da concepção de assistência social a partir do momento que se tornou lei, bem como dos contornos que ganhou, aos poucos, por meio de decretos e resoluções. Defendemos a ideia de que a assistência social é um direito social de cidadania e, como tal, deve ser preservada, ampliada e garantida pelo Estado Democrático de Direito. Mesmo com todas as fragilidades e contradições, defendê-la ainda é fundamental para a ampliação da cidadania.

Apresentamos um retrato de quem são os usuários da referida política, desmistificando o senso comum de que quem precisa da assistência social nunca trabalhou ou não trabalha nem contribui com seu financiamento. Evidenciamos que seus usuários são trabalhadores inseridos no mercado de trabalho de forma precária

Para saber mais

Para aprofundar seus estudos sobre os equipamentos de proteção social e os benefícios que eles devem ofertar, sugerimos a leitura das seguintes obras:

COUTO, B. R. et al (Org.). **O Sistema Único de Assistência Social no Brasil**: uma realidade em movimento. 2. ed. São Paulo: Cortez, 2011.

NASCIMENTO, M. A. C. (Org.). **Tempo de bolsas**: estudos sobre programas de transferência de renda. Campinas: Papel Social, 2015.

SOUZA, C. G. de. **Sistema Único de Assistência Social**: a proteção e o atendimento à família. Ponta Grossa: Ed. UEPG, 2018.

VIANA, A. L. d'Á.; ELIAS, P. E. M.; IBAÑEZ, N. (Org.). **Proteção social**: dilemas e desafios. São Paulo: Hucitec, 2005.

Para saber mais

Você pode consultar as obras indicadas nesta seção para aprofundar sua aprendizagem.

Questões para revisão

Com estas atividades, você tem a possibilidade de rever os principais conceitos analisados. Ao final do livro, a autora disponibiliza as respostas às questões, a fim de que você possa verificar como está sua aprendizagem.

Questões para revisão

1. Os principais documentos da gestão pública são:
   a) o Plano Plurianual (PPA) e o Plano Municipal de Assistência Social (PMAS).
   b) a Lei de Diretrizes Orçamentárias (LDO), o Plano Municipal de Assistência Social (PMAS) e o Plano de Carreira, Cargos e Salários (PCCS).
   c) o Plano Plurianual (PPA), a Lei de Diretrizes Orçamentárias (LDO) e a Lei Orçamentária Anual (LOA).
   d) a Lei Orçamentária Anual (LOA) e o Plano Municipal de Assistência Social (PMAS).
   e) os Planos de Carreira, Cargos e Salários (PCCS) e os relatórios de gestão.

2. As modalidades que regem os PCCS dos trabalhadores do SUAS são:
   I) os planos de carreira, a justificativa para concurso público e a promoção de classe;
   II) a afiliação em sindicato e a participação no processo de gestão pública;
   III) a universalização dos planos, a equivalência dos cargos e empregos, a forma de acesso ao cargo via concurso público, a mobilidade do trabalhador, a adequação funcional, a gestão compartilhada das carreiras, os PCCS como instrumento de gestão, a educação permanente e o compromisso solidário.

   Assinale a alternativa que apresenta apenas os itens corretos:
   a) I e II.
   b) I, II e III.
   c) I apenas.
   d) II apenas.
   e) III apenas.

3. A principal estratégia proposta pelo SUAS para a qualificação de seus trabalhadores é:
   a) a formação oferecida periodicamente para os trabalhadores.
   b) o incentivo para os trabalhadores continuarem estudando.

Estudo de caso

O gestor de determinado município do Brasil está sendo pressionado pelo CMAS para promover um concurso público com o objetivo de contratar assistentes sociais, psicólogos e advogados para as equipes de referência dos CRAS. O conselho está cobrando essa pauta porque foi uma deliberação da Conferência Municipal de Assistência Social do último ano, em razão da insuficiência de profissionais para atender às demandas do SUAS. Em uma das reuniões realizadas entre o CMAS e o gestor, este explicou ao conselho que não poderá promover referido concurso porque não houve previsão orçamentária para essa demanda. Ao elaborar o PAS, o gestor não considerou as deliberações do CMAS e, quando o plano passou pela reunião do conselho, os conselheiros não se atentaram a isso.

Considerando essa situação, reflita:

- Como resolver a situação mencionada, sabendo que o município precisa de profissionais, mas não pode contratar via concurso público?
- Caso venha a contratar por tempo determinado, o município estaria contrariando as prerrogativas da gestão do trabalho?
- Qual a parcela de responsabilidade do CMAS nesse caso?
- Como o CMAS pode garantir que as deliberações das conferências municipais sejam alocadas no PAS, no PPA, na LOA e na LDO?

Comentário

Todas as deliberações das conferências municipais de assistência social devem ser consideradas e alocadas no PAS, no PPA, na LDO e na LOA. Tendo feito isso, o prefeito tem a obrigatoriedade de fazer cumprir o que consta nesses documentos. Dessa forma, é fundamental que os conselheiros fiquem

Estudo de caso

Esta seção traz ao seu conhecimento situações que vão aproximar os conteúdos estudados de sua prática profissional.

Introdução

Nada tem de simples, no contexto histórico do Brasil atual, abordar a Política de Seguridade Social com enfoque no SUAS. O cenário contemporâneo apresenta-se com imensuráveis transformações societárias geradas pelas reconfigurações do modo de produção capitalista, que produz, mantém e legitima a superexploração do trabalho. A crise do capital conduz à crise do Estado Democrático de Direito, que, por sua vez, fragiliza as políticas públicas. Compreendemos como *Estado Democrático de Direito* o modelo de Estado inaugurado na Constituição Federal de 1988, com embasamento na democracia, que prima pelos direitos sociais, civis e políticos.

Em tempos de crise do capital, as políticas públicas sofrem as consequências de uma ideologia que promove o enxugamento do Estado e de suas ações em prol das demandas da classe trabalhadora. No capitalismo, quem fica com o ônus da crise são os trabalhadores, por isso necessitam de um Estado forte e presente que atenda às suas necessidades. Em tempos sombrios, como o que ora se apresenta, falar do SUAS é mais que discursar: é uma atitude que reconhece sua importância para os trabalhadores.

Desde que a assistência social deixou de ser uma ação isolada do Estado e/ou de organizações sociais, vem percorrendo uma trajetória árdua pela sua consolidação como política pública, dever e obrigação do Estado e direito do cidadão. Construí-la e defendê-la como direito social gera uma série de ambiguidades e contradições, pois são atribuídas a ela responsabilidades que não lhe cabem e, portanto, cobram-se funções que ela não tem. Mesmo assim, reiteramos que sua lógica não pode ser outra que não a do direito social.

Nesse processo, o SUAS vem sendo construído entre avanços e retrocessos, dependendo dos governos que assumem a gestão do país. Cada governo tem um entendimento diferente sobre as políticas de cunho social e, com base nisso, prioriza ou não a assistência social. São inúmeros os avanços alcançados com toda a luta social empreendida nos últimos anos, porém são preocupantes os inúmeros retrocessos empreendidos na história recente.

A assistência social compõe o tripé da seguridade social no Brasil, ao lado da previdência social e da saúde. Por isso, a crise do capital repercute não apenas na assistência social, mas também na saúde e na previdência social. Quanto mais fragilizadas a previdência social e a saúde, mais necessária é a assistência social. O cidadão que não tem acesso aos serviços e aos benefícios da previdência social, em virtude do desmonte dessa política e de sua fragilização diante das reformas trabalhistas e previdenciárias, recorre à assistência social. Em todo caso, a assistência social ganhar centralidade no tripé da seguridade social é um retrocesso, pois ela não trabalha com a lógica de direitos universais.

O responsável pela política de assistência social em todo o território nacional é o Ministério do Desenvolvimento Social (MDS). Assim, o objetivo central desta obra é caracterizar, analisar e debater a Política Nacional de Assistência Social (PNAS), construída ao longo dos últimos 30 anos no Brasil, e sua gestão por meio do SUAS. Durante seu processo de construção, com as lutas e intervenções insistentes de inúmeros atores sociais, a assistência social ganhou contornos e proporções legais imensuráveis. Nesse contexto, para retratar a PNAS como parte do tripé da seguridade social, organizada por meio do SUAS no país, procuramos: a) retratar a trajetória histórica, legal e conceitual da PNAS no Brasil; b) compreender a lógica de direito social e a proteção social no SUAS, caracterizando seus equipamentos, serviços e benefícios; c) discutir tanto a gestão financeira quanto a gestão do trabalho e sua necessidade para a consolidação do sistema; d) analisar a importância do exercício do controle social da referida política, enfatizando um de seus principais mecanismos: a participação popular.

Nesse sentido, consideramos que a PNAS, organizada e gestada por meio do SUAS, é imprescindível, uma vez que as crises do capitalismo e seu rebatimento nas relações de trabalho tornam a classe trabalhadora ainda mais vulnerável diante da desigualdade, da pobreza e da miséria. É importante frisar que essa política não dá conta de resolver as situações criadas pelo capitalismo, mas busca amenizá-las em tempos em que o trabalhador tem diminuídas as alternativas para satisfazer suas necessidades humanas básicas. Temos como pressuposto que a desigualdade social e suas interfaces com a pobreza e a miséria originam-se do modo de produção capitalista, e mantêm-se nele, por meio da relação entre capital e trabalho. No contexto brasileiro, o capitalismo adquire contornos particulares de superexploração do trabalho, em razão de sua dependência como país subdesenvolvido. Essa realidade supervaloriza a necessidade de políticas públicas de cunho social que busquem aliviar essa relação entre o capital e o trabalho.

Nesta obra, utilizamos uma abordagem qualitativa do objeto de estudos, pois possibilita a inteiração do significado de seu movimento e das conexões nas relações sociais (Minayo, 1994). Também utilizamos a abordagem quantitativa, que complemente a qualitativa (Martinelli, 1999). Uma das principais técnicas empregadas foi a pesquisa documental nas legislações pertinentes à PNAS e ao SUAS, que "tem como fontes documentos no sentido amplo, ou seja, não só de documentos impressos, mas sobretudo de outros tipos de documentos, tais como jornais, fotos, filmes, gravações, documentos legais" (Severino, 2007, p. 122). Outra técnica utilizada foi a pesquisa em referenciais bibliográficos que tratam da temática, visando fundamentar teoricamente o objeto em questão (Boaventura, 2007), os quais embasaram o debate acerca de categorias consideradas relevantes e que demandaram discussões para além da legislação.

CAPÍTULO 1

Trajetória histórica, legal e conceitual da PNAS no Brasil

Conteúdos do capítulo:

- Trajetória histórica da assistência social.
- Marcos legais que ajudaram a construir a assistência social como política pública.
- Política como direito social dos cidadãos.
- Usuários da assistência social.
- Função da assistência social para a população usuária.
- Organização e articulação do SUAS no território nacional.

Após o estudo deste capítulo, você será capaz de:

1. reconhecer a construção da PNAS como marco legal e conceitual em sua configuração de política pública de responsabilidade do Estado e de direito do cidadão no contexto brasileiro;
2. contextualizar a linha do tempo da PNAS e suas principais legislações, que delinearam seus contornos atuais;
3. compreender a assistência social conceitualmente: do que se trata, o que prevê e quais são as garantias e as funções que apresenta para a população que dela necessita;
4. entender como a assistência social foi organizada por meio do SUAS;
5. identificar o papel da assistência social e suas contradições.

> *Para quem não viveu, convém contar.*
> *A quem já se esqueceu, quero lembrar!*
> (Thiago de Mello, citado por Battini, 2009, p. 25)

Neste capítulo, pretendemos discutir a Política Nacional de Assistência Social (PNAS) como marco legal e conceitual em sua configuração como política pública de responsabilidade do Estado e de direito do cidadão no contexto brasileiro. Para isso, tratamos das principais legislações que configuraram a PNAS (cuja gestão se dá por meio do Sistema Único de Assistência Social – SUAS), desde sua introdução como política pública no contexto da Constituição Federal (CF) de 1988 até quando o SUAS ganha força de lei, em 2011.

Também apresentamos as concepções sobre a assistência social, enfatizando que ela se constitui um direito de cidadania que deve ser garantido pelo Estado Democrático de Direito. Discutimos as prerrogativas do modo de produção capitalista, no qual a classe trabalhadora passa a ser usuária da referida política, adquirindo características particulares. Além disso, conceituamos e analisamos as seguranças que a assistência social deve prover a seus usuários e suas funções como política pública de direito do cidadão e de obrigação do Estado.

Desde 2004, atores sociais, governo e sociedade vêm construindo o SUAS, que se tornou lei em 2011. Sua gestão tem como prerrogativa a descentralização político-administrativa e a participação popular para o exercício do controle social. Nesse sentido, destacamos como deve ocorrer a gestão do SUAS nos municípios em três níveis, de acordo com seus portes: inicial, básico e pleno. Também apontamos os debates teóricos sobre alguns de seus eixos estruturantes.

1.1 Linha do tempo e principais marcos legais da PNAS

O primeiro indício de que o Brasil começaria a construir uma PNAS foi a instituição de uma Secretaria de Assistência Social em 1974, ainda durante a ditadura militar (Brasil, 2013d), vinculada ao Ministério da Previdência e Assistência Social, no qual a assistência social assumiu a condição de função pública, e, em 1977, foi vinculada "ao sistema de proteção social sem, contudo, definir a unidade da política de Assistência Social no novo SINPAS – Sistema Nacional de Previdência e Assistência Social" (Brasil, 2005c, p. 81). Esse foi um passo fundamental, pois, até então, a assistência social não tinha o caráter de responsabilidade e primazia do Estado, muito menos a concepção de direito social. Eram ações isoladas prestadas tanto pelo Estado quanto pela filantropia brasileira e ganhava contornos de acordo com a vontade política de atores sociais diversos e conforme os interesses de cada governo nas três esferas federativas.

O processo de construção da PNAS transcorreu permeado por contradições e entre avanços e retrocessos. Em 1989, mais um passo foi dado nessa direção, com a criação do Ministério do Bem-Estar Social. No entanto, ele:

> não convalidou nem a condição de Assistência Social como política pública, nem como integrante da Seguridade Social. Pelo contrário, fortaleceu o antigo modelo da LBA[1] enquanto a presença da gestão patrimonial e baixa valorização dos programas já experimentados de proteção básica, inclusão produtiva, entre outros tantos. (Brasil, 2005c, p. 82)

---

[1] A Legião Brasileira de Assistência (LBA) foi a primeira grande instituição de assistência social, "reconhecida como órgão de colaboração com o Estado em 1942" (Sposati et al., 1995, p. 45).

Entre avanços e retrocessos, a assistência social conquistou lugar na agenda pública por meio da CF de 1988 (Brasil, 1988), na qual se introduziu o conceito de *seguridade social*[2], que compreende um "conjunto integrado de ações de iniciativa dos poderes públicos e da sociedade, destinadas a assegurar os direitos relativos à saúde, à previdência e à assistência social" (Brasil, 1988, art. 194). Assim, conforme já mencionando, são três as políticas que constituem seu tripé: **saúde**, **previdência** e **assistência social**. A primeira está prevista como universal, sendo, portanto, direito de todos os cidadãos; a segunda depende de contribuição, pois somente tem acesso a seus serviços e benefícios quem é assegurado, ou seja, quem contribui por meio do trabalho formal ou de maneira autônoma; e a terceira é considerada o modelo de proteção social não contributiva, por isso não é necessário fazer uma contribuição direta para ter acesso a ela. Garantir essas três políticas é "fundamental à estabilidade da sociedade democrática" (Simões, 2009, p. 95).

Quando a CF de 1988 foi aprovada e incluiu-se nela o capítulo "Da ordem social", estabeleceu-se como finalidade da seguridade social "a garantia de certos patamares mínimos de vida da população, em face das reduções provocadas por contingências sociais e econômicas" (Simões, 2009, p. 97). Essas contingências sociais e econômicas são produzidas, muitas vezes, em razão da produção capitalista e de sua relação entre capital e trabalho, que expropria a força de trabalho da classe trabalhadora. Contudo, por força de lei, o Estado tem a obrigação de prover proteção social e garantir direitos sociais nas áreas de saúde, previdência e assistência social. Conforme Simões (2009, p. 97), "o papel do Estado torna-se, então, fundamental, confundindo-se com o objetivo

---

2 De acordo com Pereira (1995, p. 101), "o termo seguridade social na Constituição Federal, embora impreciso, é tributário do conceito inaugurado na Inglaterra pelo Relatório Beveridge, nos anos 40, o qual se refere a um conjunto de medidas instituídas por lei para manter todos os cidadãos acima do umbral sociológico considerado mínimo, em todas as eventualidades que venham a afetar a sua capacidade de subsistência ou de sua família. Trata-se, pois, apesar de voltada para os pobres, de uma rede de segurança que os impediria de viver abaixo do mínimo tolerável".

da vida social, que deve ser uma sociedade justa, na qual todos os cidadãos possam viver dignamente, apesar de suas diferenças sociais". É importante lembrar que o patamar de dignidade prometido pelo Estado por meio da CF de 1988 é mínimo, portanto, a dignidade alcançada pelos usuários da assistência social ainda é um desafio. Nesse sentido, é contraditório falar de dignidade humana associada a uma forma de proteção social mínima.

Como o Estado afiança patamares de proteção social mínimos, uma parcela da população que precisa da assistência social fica desprotegida. Geralmente, em virtude da negação do direito ao trabalho, essa mesma parcela da população também não tem acesso aos serviços e aos benefícios da previdência social. Dessa forma, essas pessoas estão descobertas de duas políticas que englobam o tripé da seguridade social: previdência e assistência social. Conforme observam Silveira e Colin (2017, p. 125), "a dignidade da pessoa humana é uma qualidade intrínseca, inseparável de todo e qualquer ser humano, e que por esse valor inerente, torna-se titular de direitos a serem garantidos pelo Estado e respeitados pelos demais cidadãos".

Apesar disso, no campo conceitual e legal, a introdução da seguridade social no Brasil como sistema de proteção social significou um avanço importante para a conquista dos direitos sociais. É a gênese de uma concepção de Estado Democrático de Direito que tem a responsabilidade de garantir direitos sociais a toda a população, sanando suas necessidades humanas básicas (Couto, 2008) mediante as circunstâncias criadas, mantidas e legitimadas pelo modo de produção capitalista. A conquista de quaisquer direitos sociais não interfere nas estruturas desse sistema e, portanto, não altera a lógica de acumulação capitalista (Marx, 1983). Mesmo assim, políticas públicas que garantam aos trabalhadores a satisfação de necessidades humanas básicas são fundamentais, ainda que isso não altere a lógica de acumulação capitalista.

Na CF de 1988, também afirma-se que "São direitos sociais a educação, a saúde, a alimentação, o trabalho, a moradia, o transporte, o lazer, a segurança, a previdência social, a proteção à maternidade e à infância, a assistência aos desamparados, na forma desta Constituição" (Brasil, 1988, art. 6º). No entanto, o legislador constituinte decidiu por englobar como pilares da seguridade social apenas três políticas. De acordo com Silveira e Colin (2017, p. 125):

> A concepção de uma seguridade social ampla, democrática, pública, redistributiva e com serviços de qualidade norteia a defesa da necessária articulação do direito socioassistencial com os demais direitos de proteção social, além das reformas estruturantes para o enfrentamento das desigualdades sociais e políticas econômicas imprescindíveis para ampliar as conquistas do trabalho.

A proteção social concebida legalmente pelo Estado democrático de direito não contempla a maioria dos elementos que as autoras apontaram, especialmente os estruturais. De maneira limitada, o sistema de proteção social brasileiro englobou apenas três políticas, que foram consideradas básicas e essenciais. Por meio da política de saúde, o Estado desenvolve "a ação de prevenção, proteção e recuperação [...]". Na previdência social, enfrenta "a perda ou redução de renda [...]" e na assistência social atua com "a seleção, prevenção e eliminação dos riscos e vulnerabilidades sociais" (Simões, 2009, p. 99). Com base nisso é que as três políticas foram configuradas ao longo do tempo, resultando no atual sistema de proteção social brasileiro.

O **primeiro marco legal** de construção da assistência social como política pública foi a CF de 1988, cujo público-alvo é "quem dela necessitar, independente de contribuição à seguridade social [...]" (Brasil, 1988, art. 203). Portanto, como não depende de contribuição, essa assistência é tida como uma política de proteção social não contributiva, segundo a concepção legal. Essa lógica de não contribuição é questionável, uma vez que o cidadão que usa seus serviços e benefícios contribui direta ou indiretamente por meio de impostos cobrados sobre qualquer movimentação financeira. Mesmo as políticas públicas não contributivas, como a saúde e a assistência social, são pagas com os impostos arrecadados pelo Estado em cobranças diretas ou indiretas de todos os cidadãos, inclusive daqueles que são usuários da assistência social e apresentam um patamar mínimo de renda.

Com base na CF de 1988, a assistência social tem por objetivos:

> I – a proteção à família, à maternidade, à infância, à adolescência e à velhice;
>
> II – o amparo às crianças e adolescentes carentes;
>
> III – a promoção da integração ao mercado de trabalho;
>
> IV – a habilitação e reabilitação das pessoas portadoras de deficiência e a promoção de sua integração à vida comunitária;
>
> V – a garantia de um salário-mínimo de benefício mensal à pessoa portadora de deficiência e ao idoso que comprovem não possuir meios de prover a própria manutenção ou de tê-la provida por sua família [...]. (Brasil, 1988, art. 203)

Os objetivos a serem alcançados são extensos, para uma população também extensa e heterogênea. De qualquer forma, a CF de 1988 inaugurou uma nova forma de conceber a assistência social e lhe trouxe novas perspectivas, que rompem legalmente com as prerrogativas que a circundavam anteriormente. Essa nova forma é a lógica de direito social, em contraposição à lógica do favor e da tutela, historicamente vivenciados na assistência social. Os novos contornos da referida política trazem novas exigências, como:

> unidade nacional da Política de Assistência Social e não só federal; seu reconhecimento como dever de Estado no campo da seguridade social e não mais política isolada a complementar a Previdência Social, com papel público pouco ou nada definido; o caráter de direito de cidadania e não mais ajuda ou favor ocasional e emergencial; a organização, sob o princípio da descentralização e da participação, rompendo com a centralidade federal e a ausente democratização da sua gestão sob o âmbito governamental. (Brasil, 2005c, p. 81)

Esses elementos são importantes para se construir uma política pública que esteja no patamar de responsabilização do Estado como aquele que tem a primazia em sua condução.

De acordo com a CF de 1988, as ações da assistência social contam com orçamento da seguridade social, que "será financiada por toda a sociedade, de forma direta e indireta, nos termos da lei, mediante recursos provenientes dos orçamentos da União, dos Estados, do Distrito Federal e dos municípios [...]" (Brasil, 1988, art. 195). Todos os cidadãos participam direta ou indiretamente do financiamento da seguridade e, portanto, da assistência social. As contribuições sociais que formam o fundo público da seguridade social são provenientes dos seguintes segmentos:

> I – do empregador, da empresa e da entidade a ela equiparada na forma da lei, incidentes sobre:
>
> a) a folha de salários e demais rendimentos do trabalho pagos ou creditados, a qualquer título, à pessoa física que lhe preste serviço, mesmo sem vínculo empregatício;
>
> b) a receita ou o faturamento;
>
> c) o lucro;
>
> II – do trabalhador e dos demais segurados da previdência social, não incidindo contribuição sobre aposentadoria e pensão concedidas pelo regime geral de previdência social de que trata o art. 201;
>
> III – sobre a receita de concursos de prognósticos;
>
> IV – do importador de bens ou serviços do exterior, ou de quem a lei a ele equiparar. (Brasil, 1988, art. 195)

Toda a sociedade participa do custeio da seguridade social. Portanto, mesmo quem precisa da assistência social (muitas vezes, quem está sem renda para a manutenção de suas necessidades humanas básicas) participa de seu financiamento, pois paga impostos quando compra alimentos, vestuários, remédios, entre outros produtos, os quais têm uma alta carga tributária.

As ações da assistência social, conforme previsto na CF de 1988, devem ser organizadas de acordo com as seguintes diretrizes:

> I – descentralização político-administrativa, cabendo a coordenação e as normas gerais à esfera federal e a coordenação e a execução dos respectivos programas às esferas estadual e municipal, bem como a entidades beneficentes e de assistência social;
>
> II – participação da população, por meio de organizações representativas, na formulação das políticas e no controle das ações em todos os níveis. (Brasil, 1988, art. 204)

A inclusão da assistência social no campo da seguridade social foi fundamental para a construção da concepção de direito social, contrapondo-se à concepção de ajuda, benesse e favor que outrora compunha as ações assistenciais realizadas pelo Estado e pelas organizações não governamentais (ONGs), especialmente as igrejas. Conforme Simões (2009, p. 180), a assistência social "tem por pressuposto o reconhecimento institucional da legitimidade das demandas de seus usuários, no contexto da assistência social. Define-se, assim, como política de proteção social, articulada com as demais políticas de garantia de direitos sociais". Então, com a CF de 1988, a assistência social, em seu formato legal, é direito social de cidadania, e não objeto de trocas para a satisfação de necessidades particulares de atores sociais vinculados a quaisquer formatos ideológicos da sociedade. Simões (2009, p. 181-182) observa:

> Esse fato expressa a superação do conceito de assistencialismo, da filantropia e da benemerência social, para a profissionalização da atividade pública não somente no atendimento às necessidades básicas da população, como e sobretudo junto à população em situação de risco e vulnerabilidade social, pela reconstituição das relações familiares, habitação e reabilitação profissional e por programas e projetos de enfrentamento da pobreza.

A nova concepção começou a ser gestada nesse momento e precisa ser construída ao longo da trajetória histórica da assistência social, a fim de romper com o ranço do clientelismo[3] e do assistencialismo[4], que ainda perduram na sociedade brasileira.

O **segundo marco legal** de construção da PNAS foi a aprovação, em 1993, da Lei Orgânica de Assistência Social (LOAS) (Brasil, 1993), por meio da qual o Estado materializou legalmente os arts. 203 e 204 da CF de 1988. Nesse documento, o conceito

---

[3] De acordo com Andrade (2005), o termo *clientelismo* está relacionado à ideia de cliente, ou seja, aquele que depende de alguém ou lhe obedece.

[4] Conforme Alayón (1992, p. 48), o assistencialismo no Brasil "é uma das atividades sociais que historicamente as classes dominantes implementaram para reduzir minimamente a miséria que geram e para perpetuar a exploração".

da referida política é o seguinte: "A assistência social, direito do cidadão e dever do Estado, é Política de Seguridade Social não contributiva, que provê os mínimos sociais, realizada através de um conjunto integrado de ações de iniciativa pública e da sociedade, para garantir o atendimento às necessidades básicas" (Brasil, 1993, art. 1º)[5]. Diante desse conceito, um questionamento importante vem à baila: Como garantir a satisfação de necessidades humanas básicas provendo mínimos sociais? Parece que *mínimo* e *básico* são categorias antagônicas.

Apesar disso, a LOAS deu um novo significado à assistência social quando retirou a lógica da tutela e do favor (Yazbek, 2003) e situou-a no campo do direito social, enfatizando o papel central do Estado em sua condução, articulando as três esferas da federação. Porém, a lógica da tutela e do favor também perpassa as ações do Estado, sendo necessário construir uma nova cultura para a noção de direito social. Os aparatos legais, em si, não são suficientes para romper com o ranço histórico. É preciso haver uma mudança de mentalidade e ações que possam construir uma nova cultura.

Mesmo tendo força de lei, a construção da assistência social continuou sofrendo ajustes, que nem sempre significaram avanço. Em 1995, uma nova organização da esfera federal foi promovida, e o Ministério do Bem-Estar Social, no qual a assistência social estava locada, foi extinto. Na ocasião, a política retornou para o Ministério da Previdência e Assistência Social (MPAS), instituindo-se uma Secretaria de Assistência Social (SAS). No mesmo ano, houve um avanço importante para a política: a implementação ou organização do Conselho Nacional de Assistência Social (CNAS), instituído pela LOAS dois anos antes. Quatro anos mais tarde, em 1999, a SAS sofreu alterações apenas em sua nomenclatura, passando a denominar-se Secretaria de Estado de Assistência Social (SEAS).

Em 2004, mais um marco histórico ocorreu no Brasil no que se refere às políticas públicas: foi criado o Ministério do Desenvolvimento

---

5 A LOAS foi revisada algumas vezes e, aqui, utilizamos a versão de 2016.

Social e Combate à Fome (MDS)[6]. Esse ministério promoveu políticas públicas de desenvolvimento social, assistência social, segurança alimentar e nutricional, renda e cidadania e teve a função de ser o órgão coordenador da assistência social.

O **terceiro marco legal** de construção da PNAS foi a aprovação de seu primeiro texto, em 2004. Nesse momento, o Estado configurou de fato uma política pública, dever do Estado e direito do cidadão. Ela deve ser operacionalizada de forma integrada às políticas setoriais e tem como objetivos:

- Prover serviços, programas, projetos e benefícios de proteção social básica e, ou, especial para famílias, indivíduos e grupos que deles necessitarem.
- Contribuir com a inclusão e a equidade dos usuários e grupos específicos, ampliando o acesso aos bens e serviços socioassistenciais básicos e especiais, em áreas urbana e rural.
- Assegurar que as ações no âmbito da assistência social tenham centralidade na família, e que garantam a convivência familiar e comunitária. (Brasil, 2005c, p. 33)

A garantia de uma política pública aprovada possibilita a obtenção de uma ferramenta essencial para a luta dos atores sociais diversos que fizeram e fazem história para a consolidação da assistência social como direito de cidadania. A partir do momento que se tem uma política garantida em lei, é possível construir os passos seguintes na direção de sua implementação em cada esfera do governo, respeitando as especificidades dos territórios de vulnerabilidade e risco social no país.

O **quarto marco legal** foi a aprovação da Norma Operacional Básica do SUAS (NOB/SUAS) em 2005 (Brasil, 2005b) pelo CNAS. Essa norma "conceituou o sistema descentralizado e participativo, estabelecendo condições para garantir sua eficácia e eficiência, explicitando uma concepção norteadora da descentralização da

---

6 Em 2016, no governo Temer, o ministério foi renomeado e passou a ser denominado Ministério do Desenvolvimento Social e Agrário (MDSA). Entretanto, por meio da Medida Provisória nº 782/2017, passou a ser Ministério do Desenvolvimento Social.

Assistência Social" (Brasil, 2005c, p. 82). Em uma de suas reformulações, a norma "ampliou as atribuições dos Conselhos de Assistência Social e propôs a criação de espaços de negociação e pactuação, de caráter permanente, para a discussão quanto aos aspectos operacionais da gestão do sistema descentralizado e participativo da Assistência Social" (Brasil, 2005c, p. 83). Os espaços de pactuação foram construídos e denominados Comissão Intergestores Bipartite (CIB) e Comissão Intergestores Tripartite (CIT), ambos com caráter deliberativo. Tanto a CIB quanto a CIT são instâncias de pactuação construídas pelos gestores federais, estaduais e municipais para análise e discussão das demandas da assistência social em cada esfera de governo, uma vez que tratam dos aspectos operacionais da gestão do SUAS.

Em 2005, foi aprovado outro texto da NOB/SUAS pelo CNAS com o propósito de garantir o pacto entre os três entes federativos e articular e deliberar pela consolidação do SUAS no Brasil. A aprovação dessa norma é resultado das deliberações da IV Conferência Nacional de Assistência Social, realizada em 2003. Essa conferência

> aprovou uma nova agenda política para o reordenamento da gestão das ações descentralizadas e participativas de Assistência Social no Brasil. Deliberou pela implantação do SUAS, modelo de gestão para todo o território nacional, que integra os três entes federativos e objetiva consolidar um sistema descentralizado e participativo [...]. (Brasil, 2005c, p. 81)

O conteúdo da NOB/SUAS estabelece:

a) caráter do SUAS;
b) funções da política pública de Assistência Social para extensão da proteção social brasileira;
c) níveis de gestão do SUAS;
d) instâncias de articulação, pactuação e deliberação que compõem o processo democrático de gestão do SUAS;
e) financiamento;
f) regras de transição. (Brasil, 2005c, p. 85)

O regime geral próprio de gestão do SUAS que se pretendeu adotar nesse ano apresentou as seguintes particularidades:

- pela exigência de unidade de concepção e ação integrada entre os três entes federativos (federal, estadual e municipal);
- pela exigência de ação integrada com a sociedade civil, por meio de suas organizações sem fins lucrativos, nominadas em lei como entidades de Assistência Social, sob o modelo público não contributivo e não lucrativo de gestão, cuja direção, nem estatizadora, nem de subsidiariedade, consagra parcerias sob a primazia do dever de Estado e do direito de cidadania;
- pela articulação e integração com as demais políticas sociais e econômicas, resguardando o seu campo de especificidade como política pública de seguridade social;
- pelo compromisso com o desenvolvimento humano e social do país e pela partilha de ações intersetoriais governamentais, para enfrentar e superar a pobreza, as desigualdades sociais, econômicas e as disparidades regionais e locais existentes no país;
- pelo caráter não contributivo da proteção social de Assistência Social ao compor, com a saúde e a previdência social, o sistema brasileiro de Seguridade Social. (Brasil, 2005c, p. 81)

O SUAS continuou sendo construído pelos atores sociais que o defendem. Em 2012, foi aprovado um novo texto da NOB/SUAS após um processo de estudo, análise e revisão (Brasil, 2012b). É nesse texto que focamos a discussão sobre o SUAS, uma vez que é o mais atual sobre o sistema. A NOB/SUAS disciplina a gestão do SUAS em todo o território nacional. É importante frisar que o SUAS foi instituído pela PNAS em 2004, mas se tornou lei somente por meio da Lei n. 12.435, de 6 de julho de 2011 (Brasil, 2011b), que alterou os dispositivos da LOAS.

O **quinto marco legal** foi a aprovação da Norma Operacional Básica de Recursos Humanos do SUAS (NOB-RH/SUAS) (Brasil, 2006b) pelo CNAS no fim de 2006. O SUAS continuou sendo construído pelos atores sociais e, nesse momento histórico, percebeu-se que os trabalhadores do sistema são fundamentais para a garantia de proteção social. Com o intuito de avançar na construção desse sistema, a NOB-RH/SUAS propôs a gestão do trabalho, assim definido:

um primeiro esforço nesta área objetivando delinear os principais pontos da gestão pública do trabalho e propor mecanismos reguladores da relação entre gestores e trabalhadores e os prestadores de serviços socioassistenciais, o que não esgota as possibilidades de aprimoramento desta Norma. (Brasil, 2006b, p. 8)

O **sexto marco legal** foi estabelecido com o lançamento do Decreto n. 6.307, de 14 de dezembro de 2007 (Brasil, 2007b), que trata dos benefícios eventuais instituídos na LOAS. Esses benefícios são "aqueles que visam ao pagamento de auxílio por natalidade ou morte às famílias cuja renda mensal per capita seja inferior a ¼ (um quarto) do salário-mínimo" (Brasil, 1993, art. 22). Na sequência, a lei afirma que o órgão responsável por regulamentar esses benefícios é o CNAS e que outros tipos de benefícios eventuais podem ser estabelecidos também para situações específicas de vulnerabilidades. Para referido decreto, "Benefícios eventuais são provisões suplementares e provisórias, prestadas aos cidadãos e às famílias em virtude de nascimento, morte, situações de vulnerabilidade temporária e de calamidade pública" (Brasil, 2007b, art. 1º).

O **sétimo marco legal** também ocorreu em 2007, quando foi publicado pela presidência da República o Decreto n. 6.214, de 26 de setembro de 2007 (Brasil, 2007a), que regulamenta o Benefício de Prestação Continuada (BPC) devido à pessoa com deficiência e ao idoso, também previstos na LOAS e no Estatuto do Idoso, lançado em 2003 (Brasil, 2003). No novo texto da LOAS, publicado em 2011, o BPC é "a garantia de um salário-mínimo mensal à pessoa com deficiência e ao idoso com 65 (sessenta e cinco) anos ou mais que comprovem não possuir meios de prover a própria manutenção nem de tê-la provida por sua família" (Brasil, 2011b, art. 20). No Estatuto do Idoso, também está prevista a concessão desse benefício a idosos que têm o corte de renda mencionado. Portanto, "Aos idosos, a partir de 65 (sessenta e cinco) anos, que não possuam meios para prover sua subsistência, nem de tê-la provida por sua família, é assegurado o benefício mensal de 1 (um) salário-mínimo, nos termos da Lei Orgânica da Assistência Social – LOAS" (Brasil, 2003, art. 34).

O **oitavo marco legal** também foi publicado em 2007, pelo Decreto n. 6.308, de 14 de dezembro de 2007 (Brasil, 2007c), que dispõe sobre as entidades e organizações de assistência social. Desde a LOAS, está previsto que a assistência social poderá contar com a colaboração de entidades e organizações que prestem serviços dessa natureza, devidamente regulados pelos conselhos de assistência social. Na LOAS, "Consideram-se entidades e organizações de assistência social aquelas sem fins lucrativos que, isolada ou cumulativamente, prestam atendimento e assessoramento aos beneficiários abrangidos por esta Lei, bem como as que atuam na defesa e garantia de direitos" (Brasil, 2011b, art. 3º).

Os serviços prestados por essas organizações e entidades são divididos em três modalidades: a primeira é a de atendimento, composta por "aquelas entidades que, de forma continuada, permanente e planejada, prestam serviços, executam programas ou projetos e concedem benefícios de prestação social básica ou especial, dirigidos às famílias e indivíduos em situações de vulnerabilidade ou risco social e pessoal [...]" (Brasil, 2011b, art. 3º, § 1º); a segunda modalidade é a de assessoramento, composta por entidades e organizações que "de forma continuada, permanente e planejada, prestam serviços e executam programas ou projetos voltados prioritariamente para o fortalecimento dos movimentos sociais e das organizações de usuários, formação e capacitação de lideranças, dirigidos ao público da Política de Assistência Social [...]" (Brasil, 2011b, art. 3º, § 2º); e, por fim, a terceira modalidade é composta pelas organizações e entidades que fazem:

> defesa e garantia de direitos aquelas que, de forma continuada, permanente e planejada, prestam serviços e executam programas e projetos voltados prioritariamente para a defesa e efetivação dos direitos socioassistenciais, construção de novos direitos, promoção da cidadania, enfrentamento das desigualdades sociais, articulação com órgãos públicos de defesa de direitos, [...]. (Brasil, 2011b, art. 3º, § 3º)

De acordo com o Decreto n. 6.308/2007, as entidades e organizações de assistência social devem apresentar as seguintes características, consideradas essenciais:

> I – realizar atendimento, assessoramento ou defesa e garantia de direitos na área da assistência social, na forma deste Decreto;
>
> II – garantir a universalidade do atendimento, independentemente de contraprestação do usuário; e
>
> III – ter finalidade pública e transparência nas suas ações. (Brasil, 2007c, art. 1º, parágrafo único)

Portanto, as organizações e entidades que queiram atuar no SUAS precisam corresponder às exigências do sistema único em diversos aspectos, como regulamentações, serviços, financiamento e gestão do trabalho. Além disso, todas estão subordinadas ao controle social.

O **nono marco legal** mostra como a assistência social deu passos na direção da saída de sua condição de subalternidade em relação às demais políticas, uma vez que conseguiu subsidiar a elaboração e a aprovação de outra política pública, que assumiu uma parte de suas demandas. Trata-se da publicação do Decreto n. 7.053, de 23 de dezembro de 2009 (Brasil, 2009a), que instituiu a Política Nacional para a População em Situação de Rua e seu Comitê Intersetorial de Acompanhamento e Monitoramento. Até aquele momento, as pessoas que estavam na condição de moradores de rua eram atendidas exclusivamente pela PNAS. Após a publicação desse decreto, que instituiu uma política pública específica, os municípios com porte para implementar essa política fizeram a transição do atendimento da PNAS para a política própria. Referido decreto considera como população em situação de rua:

> o grupo populacional heterogêneo que possui em comum a pobreza extrema, os vínculos familiares interrompidos ou fragilizados e a inexistência de moradia convencional regular, e que utiliza os logradouros públicos e as áreas degradadas como espaço de moradia e de sustento, de forma temporária ou permanente, bem como as unidades de acolhimento para pernoite temporário ou como moradia provisória. (Brasil, 2009a, art. 1º, parágrafo único)

Da mesma forma que na PNAS, existem critérios para a adesão dos municípios a essa política e sua gestão é descentralizada e participativa. Os princípios mais relevantes dessa política, além da igualdade e da equidade, são:

> I – respeito à dignidade da pessoa humana;
>
> II – direito à convivência familiar e comunitária;
>
> III – valorização e respeito à vida e à cidadania;
>
> IV – atendimento humanizado e universalizado; e
>
> V – respeito às condições sociais e diferenças de origem, raça, idade, nacionalidade, gênero, orientação sexual e religiosa, com atenção especial às pessoas com deficiência. (Brasil, 2009a, art. 5º)

Esses princípios são coerentes com os da PNAS. Portanto, a PNAS inspirou governos e atores sociais a construir novas políticas públicas para atender a demandas mais específicas e abrangentes.

Houve uma ampliação significativa da abrangência de atendimento às pessoas em situação de rua em relação ao serviço de proteção social especial de alta complexidade previsto na PNAS. A Política Nacional para a População em Situação de Rua almeja suprir as necessidades humanas básicas desse público de modo integral e abrangente. Seus objetivos são amplos e significativos para o enfrentamento da situação de rua e visam garantir direitos e melhores condições de vida para essa população. Vejamos:

> I – assegurar o acesso amplo, simplificado e seguro aos serviços e programas que integram as políticas públicas de saúde, educação, previdência, assistência social, moradia, segurança, cultura, esporte, lazer, trabalho e renda;
>
> II – garantir a formação e capacitação permanente de profissionais e gestores para atuação no desenvolvimento de políticas públicas intersetoriais, transversais e intergovernamentais direcionadas às pessoas em situação de rua;
>
> III – instituir a contagem oficial da população em situação de rua;
>
> IV – produzir, sistematizar e disseminar dados e indicadores sociais, econômicos e culturais sobre a rede existente de cobertura de serviços públicos à população em situação de rua;

V – desenvolver ações educativas permanentes que contribuam para a formação de cultura de respeito, ética e solidariedade entre a população em situação de rua e os demais grupos sociais, de modo a resguardar a observância aos direitos humanos;

VI – incentivar a pesquisa, produção e divulgação de conhecimentos sobre a população em situação de rua, contemplando a diversidade humana em toda a sua amplitude étnico-racial, sexual, de gênero e geracional, nas diversas áreas do conhecimento;

VII – implantar centros de defesa dos direitos humanos para a população em situação de rua;

VIII – incentivar a criação, divulgação e disponibilização de canais de comunicação para o recebimento de denúncias de violência contra a população em situação de rua, bem como de sugestões para o aperfeiçoamento e melhoria das políticas públicas voltadas para este segmento;

IX – proporcionar o acesso das pessoas em situação de rua aos benefícios previdenciários e assistenciais e aos programas de transferência de renda, na forma da legislação específica;

X – criar meios de articulação entre o Sistema Único de Assistência Social e o Sistema Único de Saúde para qualificar a oferta de serviços;

XI – adotar padrão básico de qualidade, segurança e conforto na estruturação e reestruturação dos serviços de acolhimento temporários, de acordo com o disposto no art. 8º;

XII – implementar centros de referência especializados para atendimento da população em situação de rua, no âmbito da proteção social especial do Sistema Único de Assistência Social;

XIII – implementar ações de segurança alimentar e nutricional suficientes para proporcionar acesso permanente à alimentação pela população em situação de rua à alimentação, com qualidade; e

XIV – disponibilizar programas de qualificação profissional para as pessoas em situação de rua, com o objetivo de propiciar o seu acesso ao mercado de trabalho. (Brasil, 2009a, art. 7º)

Com essa política pública, a responsabilidade pelas demandas das pessoas em situação de rua não é mais apenas da PNAS, mas abrange uma variedade de outras políticas e respectivos ministérios e secretarias no país, como:

> I – Secretaria Especial dos Direitos Humanos da Presidência da República, que o coordenará;
>
> II – Ministério do Desenvolvimento Social e Combate à Fome;
>
> III – Ministério da Justiça;
>
> IV – Ministério da Saúde;
>
> V – Ministério da Educação;
>
> VI – Ministério das Cidades;
>
> VII – Ministério do Trabalho e Emprego;
>
> VIII – Ministério dos Esportes; e
>
> IX – Ministério da Cultura. (Brasil, 2009a, art. 9º)

É importante esclarecer que não são todos os municípios que podem aderir à Política Nacional para a População em Situação de Rua, somente aqueles com número de habitantes igual ou superior a 250 mil (Brasil, 2010d, art. 7º). Os municípios que apresentam essa característica podem implementar o Centro de Referência Especializado para População em Situação de Rua, conhecido como Centro POP, com a garantia de cofinanciamento federal, conforme segue:

> Com relação ao repasse de recursos para o cofinanciamento federal do Serviço Especializado para Pessoas em Situação de Rua, ofertado no Centro de Referência Especializado para População de Rua, poderão ser contemplados os municípios com população superior a 250.000 habitantes, na forma disposta abaixo:
>
> I – Municípios com população de 250.000 a 900.000 habitantes: cofinanciamento federal para oferta do serviço em uma unidade de Centro de Referência Especializado para População de Rua;
>
> II – Distrito Federal e Municípios com população acima de 900.000 habitantes: cofinanciamento federal para oferta do serviço em até duas unidades de Centro de Referência Especializado para População de Rua; [...]. (Brasil, 2010d, art. 7º)

Os municípios que não atendem aos critérios de adesão ao Centro POP deverão continuar atendendo a população em situação de rua conforme critérios, serviços e benefícios dispostos pela modalidade de proteção social especial de média complexidade do SUAS.

O **décimo marco legal** de construção da PNAS na forma de gestão de sistema único foi a aprovação da Tipificação Nacional dos Serviços Socioassistenciais (Brasil, 2009d) pelo CNAS. Apesar de a PNAS prever as modalidades de proteção social e suas especificações, nessa resolução, os serviços são organizados por nível de complexidade. O objetivo é garantir uma matriz padronizada dos serviços socioassistenciais, conforme prerrogativas de um sistema único, organizado por meio de um comando único, na forma descentralizada e participativa. Isso facilita a implementação dos serviços em todo o território nacional.

A Tipificação Nacional dos Serviços Socioassistenciais informa o nome do serviço e sua descrição, define quem são os usuários, indica as provisões que o equipamento precisa garantir, as aquisições que os usuários devem obter, as condições e as formas de acesso aos serviços. Prescreve também a unidade do equipamento que deve realizar o serviço, seja pública, seja privada, o período de funcionamento, a abrangência do serviço, a articulação com a rede socioassistencial, o impacto social esperado e as regulamentações que regem o serviço (Brasil, 2009d). Assim, cada serviço prestado nas modalidades de proteção social básica ou especial está tipificado quanto a aspectos como conceito, objetivos, ambientes, recursos financeiros e humanos, inclusive as características dos usuários de cada serviço. Essa resolução facilitou a implementação dos serviços nos municípios, possibilitando a construção concreta de um sistema único. Para qualquer serviço que um município queira implementar, basta consultar a resolução, que garante a padronização dos serviços socioassistenciais.

O **décimo primeiro marco legal** de construção e de legitimação da PNAS foi a publicação da Resolução n. 39, de 9 de dezembro de 2010 do CNAS, que reordenou os benefícios no âmbito da assistência social e devolveu para a saúde o que lhe é de competência. Conforme a resolução,

> não são provisões da Política de Assistência Social os itens referentes a órteses e próteses, tais como aparelhos ortopédicos, dentaduras, dentre outros; cadeiras de roda, muletas, óculos e outros itens

inerentes à área de saúde, integrantes do conjunto de recursos de tecnologia assistiva ou ajudas técnicas, bem como medicamentos, pagamento de exames médicos, apoio financeiro para tratamento de saúde fora do município, transporte de doentes, leites e dietas de prescrição especial e fraldas descartáveis para pessoas que têm necessidades de uso. (Brasil, 2010c, art. 1º)

Em 2009, a assistência social já havia reordenado seus serviços e finalizado o processo de transição dos serviços de educação infantil para a área da educação, em consonância com a PNAS e com a Lei de Diretrizes e Bases da Educação Nacional. Ao repassar demandas que são de responsabilidade de outras políticas públicas, a assistência social afirma sua identidade, demarca sua finalidade e, com o tempo, pode deixar de ser aquela política pública para a qual todas as outras encaminham as próprias demandas.

Para Sposati (2007), a assistência social, ao longo de sua história no Brasil, tem sido a "prima pobre" da saúde e da previdência social. Ela ganhou centralidade nesse tripé relativamente a demandas e serviços a serem prestados, mas ainda não tem autonomia de financiamento. A assistência social, sendo a "prima pobre" das políticas, precisava assumir demandas das outras políticas públicas, como a prestação de serviços e/ou a oferta de benefícios no âmbito da saúde. Assim, desvencilhar-se disso representou um avanço para a PNAS, que estava tentando construir sua especificidade.

O **décimo segundo marco legal** começou a ser elaborado ainda em 2008, quando mais um passo foi dado no processo de implementação da PNAS, por meio de um projeto de lei (PL) cujo intuito era dar andamento ao processo de consolidação da assistência social como política pública de direitos. Seu marco legal teve início com o PL n. 3.077/2008, que tratava da necessidade de instituir o SUAS como lei. Três anos depois, a presidenta Dilma Rousseff sancionou a Lei n. 12.435/2011 (Brasil, 2011b), que consolida e garante o SUAS com força de lei. Prates (2013b, p. 2) observa que, "desta maneira, o sistema constitui-se como um instrumento que viabiliza a materialização da LOAS, reforçando o aspecto da descentralização, da participação e também do não contributivo, criando meios de articular Estado e sociedade civil nas três esferas de governo". Finalmente o SUAS conquistou força de lei, o que significa a garantia, de fato, de que a assistência social é uma política pública de responsabilidade do Estado, independentemente de governos e partidos que venham a assumir qualquer esfera federativa.

Esses são os 12 principais marcos na construção da PNAS e na sua gestão por meio do SUAS no contexto brasileiro. Embora as leis e resoluções mencionadas tenham sofrido alterações desde a publicação de seu primeiro texto, são de grande importância, porque tornaram a assistência social uma política pública legalmente consolidada no Brasil. É certo que os governos ainda podem alterar as legislações, tanto para a ampliação de garantia de direitos quanto para seu retrocesso. As legislações também podem sofrer influência de atores sociais organizados em movimentos que primam pela efetividade de todas essas leis, decretos e resoluções. Há um processo árduo para a elaboração, a pactuação e a publicação de uma lei, mas existe um processo ainda mais intenso para se efetivar qualquer uma de suas prerrogativas.

O SUAS ainda se encontra em processo de materialização em cada município brasileiro (Couto et al., 2011). Além disso, o SUAS precisa ser protegido de possíveis governos que não coloquem a assistência social no patamar de suas prioridades. Mais do que defender um sistema, significa pensar em uma parcela expressiva da população brasileira, que, em virtude dos ajustes no campo do mercado de trabalho, necessitam ainda mais de serviços socioassistenciais para subsidiar a manutenção de suas necessidades humanas básicas.

1.2 Concepções e análises conceituais da assistência social

O objetivo desta seção é conceituar a PNAS como um direito social no contexto brasileiro. Apesar de todas as restrições, dos critérios eletivos dos usuários e de seu patamar de mínimos sociais, a assistência social é um direito constituído por lei, e o Estado tem a obrigação legal de garanti-la àqueles que dela necessitam.

1.2.1 Direito social de cidadania na assistência social

A concepção da assistência social como um direito social legalmente constituído rompe com a tradição cultural do favor, da ajuda, das ações descontínuas e isoladas e da benesse, porém, na prática, atualmente, esse rompimento continua sendo um desafio, mesmo tantos anos após a aprovação dessas legislações (Couto et al., 2011). Precisamos de uma mudança cultural da sociedade brasileira para construir de fato uma PNAS cunhada na base do direito social de cidadania e de responsabilidade do Estado. É necessário assegurar que a cultura do direito assuma definitivamente o lugar da cultura do favor e da tutela.

A inclusão da assistência social no campo da seguridade social foi fundamental para a construção da concepção de direito social, pois, com a CF de 1988, a assistência social passou a ser um direito social de cidadania, e não objeto de trocas. Essa nova concepção começou a ser gestada nesse momento, mais precisa ser construída ao longo de sua trajetória histórica, a fim de romper com o ranço do clientelismo e do assistencialismo.

Na perspectiva de Mota (2008), a assistência social ganha centralidade no âmbito da seguridade social com a intensificação da lógica privatista que persegue a saúde e a previdência social. A lógica da privatização interfere nessas duas políticas e torna o acesso a esses serviços cada vez mais restritivo, mediante a vinculação ao trabalho formal por parte da previdência e da fragilização dos serviços de saúde (os quais vêm justificando a oferta de serviços de saúde no âmbito privado). Nesse contexto, a assistência social tem ganhado destaque e centralidade no âmbito da seguridade social e vem "transformando-se num novo fetiche de enfrentamento à desigualdade social, na medida em que se transforma no principal mecanismo de proteção social no Brasil" (Mota, 2008, p. 134). Essa crítica não significa a desvalorização da política pública como uma política de proteção social não contributiva, mas a consciência de que a sociedade e seus governos lhe atribuem papéis e responsabilidades que ela não dá conta de cumprir.

Como é possível, então, enfrentar a pobreza e as desigualdades, especialmente a social, oferecendo serviços públicos mínimos? Sposati (1997, p. 10) trata da relevância de garantir os **mínimos sociais** às pessoas que vivem em condições vulneráveis e considera que "propor mínimos sociais é estabelecer o patamar de cobertura de riscos e de garantias que uma sociedade quer garantir a todos os seus cidadãos. Trata-se de definir o padrão societário de civilidade. Neste sentido ele é universal e incompatível com a seletividade ou focalismo".

Segundo a autora, é fundamental estabelecer os mínimos para o atendimento às demandas sociais, e esse atendimento deve ser realizado pelo Estado, que tem grande importância no que se refere a discursar e a legislar sobre direitos sociais, mas pouca eficiência no que tange à sua efetivação (Sposati, 1997). A lógica de mínimos sociais, diante de um contingente significativo da população que necessita deles e mediante investimentos frágeis na área social por parte do Estado, torna impossível não selecionar pessoas e não focar nas necessidades mais urgentes.

Existe, nesse sentido, uma dupla interpretação do que seriam mínimos sociais: uma fundamenta-se na pobreza, outra, em um padrão básico de vida. Sposati (1997) defende a segunda corrente e propõe cinco patamares que devem ser considerados quanto à sua garantia:

> Sobrevivência biológica, isto é, o limite de subsistência no limiar da pobreza absoluta; condição de poder trabalhar, isto é, algumas condições para ser empregado e poder manter-se; qualidade de vida, isto é, o conjunto de acesso a um padrão de vida por meio de serviços e garantias; desenvolvimento humano, isto é, a possibilidade de desenvolver as capacidades humanas, o que coloca em evidência o padrão educacional adotado em uma sociedade e a universalização do acesso a todos; necessidades humanas, isto é, atender não só as necessidades gerais, mas incluir as necessidades especiais, garantindo tanto a igualdade como a equidade. (Sposati, 1997, p. 16)

Os mínimos sociais, então, funcionam como a garantia de vida digna para todo cidadão por meio dos patamares ora expostos. Os cinco patamares fazem parte do que a autora chama de *mínimo social*. Portanto, ao analisar o que a PNAS propõe como política pública, percebemos que sua proposta engloba vários desses elementos que compõem os cinco patamares defendidos pela autora (Sposati, 1997). No entanto, o mínimo social só é capaz de aliviar as situações de pobreza, miséria e desigualdade. Sua garantia aos usuários não oferece qualquer ameaça ao modo de produção capitalista e às suas estruturas e superestruturas, tampouco qualquer risco ao Estado capitalista e a suas relações. Mesmo assim, o mínimo social é fundamental em uma sociedade erguida sobre a égide do capital, dadas as condições sociais a que os trabalhadores são submetidos.

O conceito de mínimo social atrelado às políticas públicas, em especial à PNAS, traz em si a ideologia neoliberal que prima por um Estado enxuto, frágil e comprimido no que se refere à prestação de serviços sociais. Pereira (1995) afirma haver incompatibilidade entre o conceito de mínimos sociais básicos de sobrevivência e a ideia de cidadania. Como atender, com um mínimo, necessidades básicas para que um cidadão possa viver com dignidade?

> Mínimo e básico são, na verdade, conceitos distintos, pois, enquanto o primeiro tem a conotação de menor, de menos, em sua acepção mais ínfima, identificada com patamares de satisfação de necessidades que beiram a desproteção social, o segundo não. O básico expressa algo fundamental, principal, primordial, que serve de base de sustentação indispensável e fecunda ao que ela se acrescenta. (Pereira, 1995, p. 26)

Mínimo e *básico* são conceitos contraditórios entre si e mostram a mistura de intenções de um Estado embasado na democracia e no ideário neoliberal, pois, se a função do Estado é garantir a cobertura das necessidades humanas básicas dos cidadãos, o neoliberalismo, que prima por um Estado mínimo, contradiz o atendimento às necessidades básicas, obrigando o Estado a ofertar recursos mínimos para o enfretamento das demandas sociais básicas. Para a autora, não há como atender com o mínimo as necessidades humanas básicas maximizadas pelas desigualdades sociais (Pereira, 1995).

Sposati (1997) ressalta o desafio e a importância de materializar esses direitos com base na lei, e Pereira (2008) amplia o debate mostrando como o conceito de mínimo social materializa as diretrizes neoliberais, segundo as quais as políticas públicas devem oferecer apenas o mínimo. O debate das autoras demonstra as contradições na construção da política social: um Estado Democrático de Direito prevê a ampliação dos direitos sociais visando ao atendimento às necessidades humanas básicas dos cidadãos, ao passo que as diretrizes neoliberais defendem um Estado frágil para o social e forte para o capital. Portanto, a política pública deve oferecer apenas o mínimo em seus serviços.

O mínimo social é consideravelmente frágil para atender às necessidades humanas básicas. Assim, é preciso ampliar os serviços sociais considerando as necessidades das pessoas em situação de vulnerabilidade e risco social. Para Castel (2005, p. 61), "um risco no sentido próprio da palavra é um acontecimento previsível, cujas chances de que ele possa acontecer e o custo dos prejuízos que trará podem ser previamente avaliados".

A LOAS, ao tratar dos mínimos sociais, amplia seus objetivos para a categoria proteção social:

> I – a proteção social, que visa à garantia da vida, à redução de danos e à prevenção da incidência de riscos, especialmente:
>
> a) a proteção à família, à maternidade, à infância, à adolescência e à velhice;
>
> b) o amparo às crianças e aos adolescentes carentes;
>
> c) a promoção da integração ao mercado de trabalho;

d) a habilitação e reabilitação das pessoas com deficiência e a promoção de sua integração à vida comunitária; e

e) a garantia de 1 (um) salário-mínimo de benefício mensal à pessoa com deficiência e ao idoso que comprovem não possuir meios de prover a própria manutenção ou de tê-la provida por sua família;

II – a vigilância socioassistencial, que visa a analisar territorialmente a capacidade protetiva das famílias e nela a ocorrência de vulnerabilidades, de ameaças, de vitimizações e danos;

III – a defesa de direitos, que visa a garantir o pleno acesso aos direitos no conjunto das provisões socioassistenciais. (Brasil, 2011b, art. 2º)

Percebemos que houve um avanço considerável com a introdução do conceito de proteção social na LOAS, apesar de o mínimo social se manter. Portanto, a PNAS tem como função oferecer proteção social aos cidadãos que dela necessitam, por meio de um conjunto de programas, projetos, serviços e ações socioassistenciais, visando à ampliação da capacidade de sobrevivência dos cidadãos que se encontram em situação de miséria, pobreza, risco e/ou vulnerabilidade social. Na seção a seguir, vamos discutir e analisar quem são os usuários aos quais a PNAS se destina.

1.2.2 Usuários da assistência social

O Brasil é um dos países mais desiguais do mundo, em razão da alta concentração de renda nas mãos de poucas pessoas, que detêm o poder econômico, político e, muitas vezes, midiático, o que as ajuda a se manter no topo das relações. Por meio da mídia, a elite do atraso reconfigura-se em cada contexto, e a classe dominante renova suas estratégias para continuar no poder (Souza, 2017). Desde a colonização, o Brasil tem mantido a lógica do latifúndio, cuja divisão de terras foi feita privilegiando poucos, constituindo-se na marca de uma sociedade desigual (Costa, 2013). Segundo Silva (2014), as raízes de nossa desigualdade social e de nossa questão social estão fincadas em uma sociedade baseada na concentração de terra, riqueza e poder, que construiu seus pilares no escravismo, na dominação de classe social, etnia e gênero, ou seja, a sociedade brasileira extraiu a força de trabalho por meio da força e da violência, fenômeno que chamamos de *escravismo*.

Silva (2014) observa que as raízes coloniais têm configurado a questão social no Brasil, trazendo para o fenômeno contornos próprios. A expressão *questão social* é utilizada para referir-se ao "conjunto das expressões das desigualdades da sociedade capitalista madura que tem uma raiz comum: a produção social é cada vez mais coletiva, o trabalho torna-se mais amplamente social, enquanto a apropriação dos seus frutos mantém-se privada, monopolizada por uma parte da sociedade" (Iamamoto, 2001, p. 27). O fenômeno origina-se, mantém-se e legitima-se por meio da relação entre capital e trabalho no modo de produção capitalista e vem diversificando suas expressões em um contexto de superexploração da classe trabalhadora, a qual "compreende a totalidade dos assalariados, homens e mulheres que vivem da venda de sua força de trabalho e que são despossuídos dos meios de produção, conforme a definição marxiana" (Antunes, 2018, p. 88).

Para os trabalhadores que têm as possibilidades de venda de sua força de trabalho negadas, sobram as expressões sociais de sofrimento, manifestadas por meio da pobreza, da violência, da criminalização, da questão ambiental, da fragilização dos vínculos de trabalho e de sua precarização, da ausência ou insuficiência de renda para manutenção de necessidades humanas básicas, da fome e de suas consequências, das moradias insalubres ou perigosas, entre outras situações que geram o sofrimento de uma parcela significativa da classe trabalhadora. Yazbek (2014, p. 13) observa que "é triste observar como as estruturas perversas do capitalismo globalizado geram sofrimentos tão profundos nessa população. Sofrimentos que se instalam e mergulham na opressão, mas que paradoxalmente impulsionam as lutas por seus direitos e pela cidadania". Essas e tantas outras expressões da questão social geram a fragilização e o sofrimento dos trabalhadores, impedindo que tenham uma vida digna, liberdade e oportunidades para expandir-se como sujeitos sociais e protagonistas de sua história.

Se existe um sistema excludente que produz esses fenômenos, também há um Estado criado e mantido por esse sistema, que tem a obrigação de enfrentar as mazelas deixadas por ele, mas que, muitas vezes, atende mais aos interesses do capital do que às demandas do trabalho. Nesse sentido, conforme Couto (2014, p. 18), para pensar em uma política pública que enfrente essas situações, é necessário "reconhecer que as necessidades dessa população são produtos do processo excludente da sociedade capitalista no seu movimento constante pela extração da mais-valia e pela destituição dos direitos sociais como patamar de sociabilidade [...]". Ao reconhecer que o Estado tem a obrigação de enfrentar essas mazelas, podemos defender uma política pública que dê conta de melhorar essas condições de vida ou, ainda, uma política pública articulada a uma política econômica que inclua todos os trabalhadores na divisão da riqueza produzida. Enquanto isso não ocorre, o país conta com a PNAS, política pública cuja função é melhorar as condições de vida da população excluída, que vive à margem da sociedade.

Assim, a PNAS destina-se a um **público-alvo heterogêneo**: os cidadãos e suas famílias que se encontram em situação de vulnerabilidade e risco social. Esse público é formado por trabalhadores que tiveram uma "inserção precária ou não inserção no mercado de trabalho formal e informal [...]" (Brasil, 2005c, p. 33). Essa modalidade de inserção ocorre porque o modo de produção capitalista não absorve toda a força de trabalho disponível ou o faz de forma precária (Antunes, 2002). Por isso, os usuários da assistência social são pessoas que não usufruem plenamente da riqueza produzida pelos trabalhadores e, dessa forma, são inseridas à margem dos bens e serviços socialmente produzidos.

Na concepção de Ivo (2008, p. 110), existe, com as políticas de combate à pobreza, "uma relativa integração [das pessoas socialmente vulneráveis] à sociedade e à economia, ainda que em condições de inclusão precarizada". Portanto, essas pessoas estão à margem da sociabilidade do capital e de suas riquezas. Esses trabalhadores não têm suas necessidades humanas básicas plenamente supridas por meio do trabalho, por isso precisam dos serviços e benefícios da assistência social (Pereira, 1995) para sobreviver em melhores condições de vida. Não tendo acesso à riqueza produzida, esses cidadãos são submetidos à condição de exclusão e/ou necessitam de acesso às políticas públicas (Brasil, 2005c). Mais do que vulnerabilidade e risco social, esses cidadãos e suas famílias estão em condição de pobreza e, muitos deles, em situação de miséria por não terem a oportunidade de participar da riqueza produzida. Segundo Fontenele (2016, p. 82), a expressão *a quem dela necessitar* define claramente quem é o público-alvo da PNAS, porém "deixa evidente que o público da assistência social são os pobres, os carentes, os necessitados". Assim, a marca histórica de que a assistência social é uma ação destinada às pessoas que vivem em condição de pobreza acaba perpetuando-se também no texto da lei.

Nesse sentido, Siqueira (2013) afirma que é insuficiente pensar em vulnerabilidade e risco social. É preciso ampliar a compreensão de que se trata de **condição de pobreza** imposta pelo modelo de produção vigente, pois "associar a pobreza com desvantagem e, principalmente, com risco [...] pode derivar na retomada de estigmas que associavam e associam pobres com classes perigosas, e, portanto, reforçar intervenções repressivas e tutelares" (Arregui; Wanderley, 2009, p. 157). Trata-se, então, de um público excluído da participação dos bens, dos serviços, das tecnologias e das oportunidades que o capitalismo oferece a apenas uma parcela da população. Uma pessoa em situação de pobreza de fato encontra-se vulnerável, mas é preciso ultrapassar essa compreensão e entender as causas geradoras dessa condição. Assim, não há como avaliar a vulnerabilidade sem tratar da questão da pobreza, da desigualdade social e do modo de produção capitalista e de suas relações.

O público-alvo da assistência social apresenta características mais específicas e não é constituído necessariamente por pessoas vinculadas à condição de pobreza e desigualdade social. Esse público está associado a:

> famílias e indivíduos com perda ou fragilidade de vínculos de afetividade, pertencimento e sociabilidade; [...] identidades estigmatizadas em termos étnico, cultural e sexual; desvantagem pessoal resultante de deficiências; [...] uso de substâncias psicoativas; diferentes formas de violência advinda do núcleo familiar, grupos e indivíduos; [...]. (Brasil, 2005c, p. 33)

Isso significa que, embora as pessoas em situação de miséria e pobreza estejam mais suscetíveis às situações ora descritas, não são apenas estas que passam por isso. Pessoas de todas as classes sociais podem estar nessas condições em determinado momento da vida. Nesse sentido, é importante discutir os conceitos de vulnerabilidade e risco social, pois eles são recorrentes quando tratamos da assistência social.

Assim, a PNAS destina-se:

> à população que vive em situação de vulnerabilidade social decorrente da pobreza, privação (ausência de renda, precário ou nulo acesso aos serviços públicos, dentre outros) e, ou, fragilização de vínculos afetivos – relacionais e de pertencimento social (discriminações etárias, étnicas, de gênero ou por deficiências, dentre outras). (Brasil, 2005c, p. 33)

Como podemos observar, não existe um conceito claro e coeso do que seja vulnerabilidade e risco social, mas discutiremos tais definições mais detalhadamente na seção que trata das funções da assistência social, especificamente quando abordarmos a vigilância social.

Os destinatários da PNAS são trabalhadores e suas famílias que, por diversos motivos, encontram-se impedidos de vender sua força de trabalho (Marx, 1984) e, portanto, não conseguem obter a renda necessária para suprir suas necessidades humanas básicas e de sua família, motivo pelo qual precisam do acesso a programas, projetos e serviços prestados pela assistência social. Os trabalhadores que vendem sua força de trabalho de forma precarizada, do mesmo modo, também são destinatários da PNAS. Eles têm direito aos bens ofertados pela referida política, independentemente de qualquer contrapartida que o Estado ou as pessoas a ele vinculadas possam cobrar. Esses serviços não são gratuitos, não são favores nem moeda de troca, pois são pagos por toda a população, inclusive pelos usuários, por meio de impostos. Quem presta os serviços de assistência social não está fazendo um favor, mas garantindo um direito constituído por lei.

1.2.3 Assistência social e suas seguranças

A assistência social, por ser um direito social de responsabilidade do Estado, deve oferecer algumas seguranças aos cidadãos que se encontram em situação de risco e vulnerabilidade social. A LOAS (2011b) estabelece cinco seguranças, conforme podemos observar na Figura 1.1, a seguir.

Figura 1.1 – Seguranças estabelecidas pela LOAS em 2011

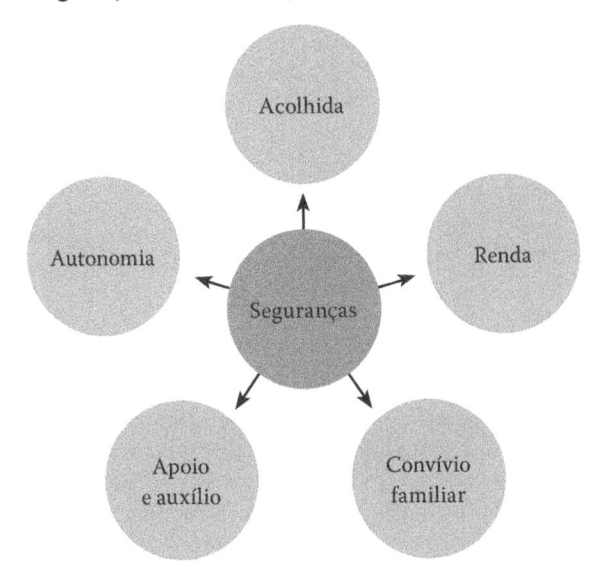

[Diagrama com o círculo central "Seguranças" conectado a cinco círculos: Acolhida, Renda, Convívio familiar, Apoio e auxílio, Autonomia]

Essas cinco seguranças visam fortalecer e proteger os usuários em situação de vulnerabilidade e risco social. No Quadro 1.1, a seguir, é possível visualizar as provisões e ofertas que cada segurança prevista na PNAS deve oferecer aos usuários.

Quadro 1.1 – Provisões e ofertas das seguranças na Norma Operacional Básica do SUAS (NOB/SUAS) de 2012[7]:

SEGURANÇAS	PROVISÕES	OFERTAS
Acolhida	Provida por meio da oferta pública de espaços e serviços para a realização da proteção social básica e especial.	As instalações físicas e a ação profissional devem apresentar: • condições de recepção; • escuta profissional qualificada; • informação; • referência; • concessão de benefícios; • aquisições materiais e sociais; • abordagem em territórios de incidência de situações de risco; • oferta de uma rede de serviços e de locais de permanência de indivíduos e famílias sob curta, média e longa permanência.
Renda	Operada por meio da concessão de auxílios financeiros e da concessão de benefícios continuados, nos termos da lei, para cidadãos não incluídos no sistema contributivo de proteção social, que apresentem vulnerabilidades decorrentes do ciclo de vida e/ou incapacidade para a vida independente e para o trabalho.	• Programa Bolsa Família (PBF); • Benefício de Prestação Continuada (BPC).
Convívio ou vivência familiar, comunitária e social	Exige a oferta pública de rede continuada de serviços que garantam oportunidades e ação profissional para fortalecer a vivência.	A rede continuada de serviços deve proporcionar: • a construção, restauração e o fortalecimento de laços de pertencimento, de natureza geracional, intergeracional, familiar, de vizinhança e interesses comuns e societários; • o exercício capacitador e qualificador de vínculos sociais e de projetos pessoais e sociais de vida em sociedade.

(continua)

----
7   A NOB/SUAS foi aprovada em 2012, mas só foi publicada no DOU em 2013.

(Quadro 1.1 – conclusão)

SEGURANÇAS	PROVISÕES	OFERTAS
Desenvolvimento de autonomia	Exige ações profissionais e sociais para fortalecer a autonomia.	As ações para desenvolver a autonomia devem viabilizar: • o desenvolvimento de capacidades e habilidades para o exercício do protagonismo, da cidadania; • a conquista de melhores graus de liberdade, respeito à dignidade humana, protagonismo e certeza de proteção social para o cidadão e a cidadã, a família e a sociedade; • conquista de maior grau de independência pessoal e qualidade, nos laços sociais, para os cidadãos e as cidadãs sob contingências e vicissitudes.
Apoio e auxílio	Quando, sob riscos circunstanciais, exige a oferta de auxílios em bens materiais e em pecúnia, em caráter transitório, denominados de *benefícios eventuais* para as famílias, seus membros e indivíduos.	• Benefícios eventuais.

Fonte: Elaborado com base em Brasil, 2013b, Anexo, art. 4º.

A **segurança de acolhida** é uma das mais importantes da PNAS e "opera com a provisão de necessidades humanas que começa com os direitos à alimentação, ao vestuário e ao abrigo, próprios à vida humana e em sociedade" (Brasil, 2005c, p. 31). Existem outras situações que pedem atenção e demandam a acolhida, como "violência familiar ou social, drogadição, alcoolismo, desemprego prolongado e criminalidade. Podem ocorrer também situações de desastre ou acidentes naturais, além da profunda destituição e abandono que demandam tal previsão" (Brasil, 2005c, p. 31-32).

A Tipificação Nacional dos Serviços Socioassistenciais (Brasil, 2009d) prevê que a segurança de acolhida significa que os usuários que procuram qualquer equipamento da assistência social devem:

- Ter acolhida suas demandas, interesses, necessidades e possibilidades;
- Receber orientações e encaminhamentos, com o objetivo de aumentar o acesso a benefícios socioassistenciais e programas de transferência de renda, bem como aos demais direitos sociais, civis e políticos;
- Ter acesso a ambiência acolhedora;
- Ter assegurada sua privacidade. (Brasil, 2009d, Anexo, item 3)

Segundo a LOAS (2011b), a acolhida deve ser garantida por meio das instalações e da ação dos profissionais e prover aos usuários o que o Quadro 1.1 descreve. Assim, "o acolhimento não se limita ao ato de receber, ouvir, mas a uma sequência de atos que buscam a intervenção resolutiva" (Lewgoy; Silveira, 2007, p. 242). Para que essa segurança seja provida aos usuários, é necessário haver uma estrutura adequada ao atendimento individual ou coletivo da população. Também é preciso que a ação dos profissionais que atuam na política garanta a escuta qualificada, o sigilo profissional e a informação precisa e clara para que o usuário possa compreender os caminhos de acesso a seus direitos.

O acolhimento tem o papel primordial de "tudo receber, tudo interligar, tudo mover por esse espaço. É o elemento que, de certa forma, conecta uma conversa à outra, interconecta os diferentes espaços de conversa" (Teixeira, 2003, p. 10). É no processo de acolhida que o profissional identifica "novas possíveis demandas que, eventualmente, 'convidam' o usuário a frequentar outros espaços, a entreter outras conversas" (Teixeira, 2003, p. 10). Assim, acolher é auscultar e compreender o cidadão em seu contexto e inseri-lo no contexto institucional para o acesso aos seus direitos. Lewgoy e Silveira (2007, p. 240) observam que "ouvir é uma capacidade biológica que não exige esforço do nosso cérebro, enquanto escutar decreta trabalho intelectual, pois após ouvir há que se interpretar, avaliar, analisar e ter uma atitude ativa". Portanto, mais do que entender o cidadão em seu contexto, é preciso oferecer intervenções que possam contribuir para a transformação de sua vida.

A **segurança de renda** refere-se a tudo aquilo que engloba a garantia de rendimentos. Todas as pessoas têm o direito a ter uma renda para prover suas necessidades, independentemente de ter ou não trabalho. É o caso de "pessoas com deficiência, idosos, desempregados, famílias numerosas, famílias desprovidas das condições básicas para a sua reprodução social em padrão digno e cidadã" (Brasil, 2005c, p. 31). Essa segurança é materializada por meio do Programa Bolsa Família (PBF) e do Benefício de Prestação Continuada (BPC).

A segurança de renda é garantida por meio do BPC e do PBF, este último "um programa de transferência direta de renda para as famílias pobres e extremamente pobres, com condicionalidades [...]" (Baratta et al., 2008, p. 142). Em 2004, esse programa unificou vários outros e foi oficialmente criado por meio da Lei n. 10.836, de 9 de janeiro de 2004 (Brasil, 2004a), que teve por finalidade:

> a unificação dos procedimentos de gestão e execução das ações de transferência de renda do Governo Federal, especialmente as do Programa Nacional de Renda Mínima vinculado à Educação – Bolsa Escola [...], do Programa Nacional de Acesso à Alimentação – PNAA [...], do Programa Nacional de Renda Mínima vinculada à Saúde – Bolsa Alimentação [...], do Programa Auxílio-Gás [...] e do Cadastramento Único do Governo Federal [...]. (Brasil, 2004a, art. 1º, parágrafo único)

Depois dessa lei, todos esses programas tornaram-se apenas o PBF, cujos objetivos são:

> promover o acesso à rede de serviços públicos, em especial, de saúde, educação e assistência social; promover a intersetorialidade, a complementaridade e a sinergia das ações sociais do poder público; combater a fome e promover a segurança alimentar e nutricional; estimular a emancipação sustentada das famílias que vivem em situação de pobreza e extrema pobreza e combater a pobreza; [...]. (Baratta et al., 2008, p. 143)

A família que estiver cadastrada no Cadastro Único para Programas Sociais (CadÚnico) e possuir renda *per capita* entre R$ 85,01 e R$ 170,00 tem direito aos benefícios oferecidos pelo PBF. Para o CadÚnico, família é "I – [...] a unidade nuclear, eventualmente ampliada por outros indivíduos que com ela possuam laços de parentesco ou de afinidade, que forme um grupo doméstico, vivendo sob o mesmo teto e que se mantém pela contribuição de seus membros" (Brasil, 2004a, art. 2º, § 1º). A Caixa Econômica Federal é o agente operador do programa, e o benefício é pago à pessoa responsável pela família por meio de um cartão magnético.

A **segurança ao convívio familiar** também está prevista na Tipificação Nacional dos Serviços Socioassistenciais (Brasil, 2009c, Anexo, item 3) e diz respeito a "Vivenciar experiências que contribuam para o estabelecimento e fortalecimento de vínculos familiares e comunitários; Vivenciar experiências de ampliação da capacidade protetiva e de superação de fragilidades sociais; Ter acesso a serviços de qualidade, conforme demandas e necessidades". Nesse sentido, a segurança ao convívio familiar e comunitário trata do direito de o cidadão conviver com sua família, constituída sob qualquer composição:

> É na relação que o ser cria sua identidade e reconhece a sua subjetividade. A dimensão societária da vida desenvolve potencialidades, subjetividades coletivas, construções culturais, políticas e, sobretudo, os processos civilizatórios. As barreiras relacionais criadas por questões individuais, grupais, sociais por discriminação ou múltiplas inaceitações ou intolerâncias estão no campo do convívio humano. A dimensão multicultural, intergeracional, interterritoriais, intersubjetivas, entre outras, devem ser ressaltadas na perspectiva do direito ao convívio. (Brasil, 2005c, p. 32)

O SUAS tem como princípio a matricialidade sociofamiliar, isto é, todas as suas ações de proteção social estão centradas na família, e isso origina-se do pressuposto de que, para que a família possa proteger seus membros, ela também precisa ser protegida:

> reconhecer as fortes pressões que os processos de exclusão sociocultural geram sobre as famílias brasileiras, acentuando suas fragilidades e contradições, faz-se primordial sua centralidade no âmbito das ações da política de assistência social, como espaço privilegiado e insubstituível de proteção e socialização primárias, provedora de cuidados aos seus membros, mas que precisa também ser cuidada e protegida. (Brasil, 2005c, p. 41)

Atualmente, são inúmeras as composições familiares; para a PNAS, família é "um conjunto de pessoas que se acham unidas por laços consanguíneos, afetivos e, ou, de solidariedade" (Brasil, 2005c, p. 41). Assim, a PNAS rompe com o modelo de família nuclear, ampliando a concepção e abrangendo as composições que são organizadas pelas pessoas na contemporaneidade. A garantia de proteção social do Estado à família está prevista desde a promulgação da CF de 1988, que prevê: "A família, base da sociedade, tem especial proteção do Estado" (Brasil, 1988, art. 226). Portanto, é dever do Estado garantir proteção social a qualquer composição familiar que se forme no país.

A **segurança de apoio e auxílio** que a PNAS deve garantir ao usuário está vinculada ao desenvolvimento humano, à liberdade, ao protagonismo e à independência. Analisando as previsões dispostas no Quadro 1.1, sobre apoio e auxílio, e considerando as discussões sobre a segurança ao desenvolvimento da autonomia, percebemos que se trata da mesma segurança. Dessa forma, apoio e auxílio, na prática, referem-se às mesmas aquisições subjetivas por parte dos usuários, as quais devem ser trabalhadas pela PNAS.

A **segurança ao desenvolvimento da autonomia** completa as demais seguranças e pode, portanto, ser considerada consequência delas. O conceito de autonomia não está relacionado a uma dimensão individual ou autossuficiente, mas à "capacidade do indivíduo de eleger objetivos e crenças, de valorá-los com discernimento e de pô-los em prática sem opressões" (Pereira, 2008, p. 70). Ter autonomia, muito mais do que a capacidade de eleger valores, objetivos e crenças, implica sentir-se responsável por todas as decisões que se toma na vida. Para que a autonomia seja exercida pelo indivíduo, este precisa de três elementos: saúde mental, saúde cognitiva e oportunidade. Essa compreensão contrapõe-se à autonomia defendida pelo ideário neoliberal, em que o sujeito deve buscar a autossatisfação de suas necessidades em consonância com as demandas impostas pelo mercado. Em um estágio mais avançado, a pessoa pode desenvolver a autonomia crítica, que é a "capacidade das pessoas de não apenas saber eleger e avaliar informações com vistas à ação, mas de criticar e, se necessário, mudar as regras e práticas da cultura a que pertence" (Pereira, 2008, p. 74).

A conquista da autonomia diz respeito ao poder que as pessoas podem obter para prover essas necessidades e conquistar patamares de cidadania. Aquelas que, por motivos variados, não puderem prover essas necessidades têm o direito de obter essas seguranças por meio da assistência social. No entanto, o exercício do poder, em si, não dá à pessoa condição para acessar os bens e as riquezas produzidos pelos trabalhadores. Não se trata da capacidade ou não de alcançar esses bens, porque, independentemente das capacidades humanas, as condições de pobreza, miséria, subalternidade e desigualdade são impostas pelo modo de produção capitalista, cuja lógica é a acumulação. Entretanto, pessoas que adquirem maior grau de politização têm mais condições de percorrer os caminhos em busca de maior acesso aos seus direitos e de um maior grau de dignidade de vida.

1.2.4 Assistência social e suas funções

A assistência social apresenta três funções como política pública, dever do Estado e direito do cidadão: a proteção social, a vigilância socioassistencial e a defesa dos direitos:

> A proteção social para a garantia da vida, redução de danos e prevenção de incidência de riscos [...]. A vigilância socioassistencial para analisar territorialmente a capacidade protetiva das pessoas e nela a ocorrência de vulnerabilidades, ameaças, vitimizações e danos. A defesa dos direitos para garantir o pleno acesso aos direitos, no conjunto das provisões socioassistenciais. (Simões, 2013, p. 165)

Essas três funções são de obrigatoriedade da assistência social, mas também podem ser realizadas na forma de parceria com as entidades e organizações de assistência social em cada território, por meio de um conjunto de ações compartilhadas para a prestação de serviços.

Desde sua aprovação, a PNAS é responsável por essas funções, como é possível visualizar na Figura 1.2, a seguir:

Figura 1.2 – Funções da PNAS

```
                    ASSISTÊNCIA SOCIAL
            ┌──────────────┼──────────────┐
        PROTEÇÃO        VIGILÂNCIA      DEFESA DOS
         SOCIAL           SOCIAL         DIREITOS
       ┌─────┴─────┐    ┌────┴────┐          │
    Proteção    Proteção  Riscos e   Tipo, volu-   Garantia
    social      social    vulnerabi- me e padrões  de direitos
    básica      especial  lidades    de qualidade  e de condições
                                     dos serviços  dignas de vida
                                     ofertados
                ┌────┴────┐
             Média       Alta
          complexidade complexidade
```

A primeira função da PNAS é a **proteção social não contributiva**. Ela deve proteger a vida da pessoa quanto ao isolamento, à subordinação e à exclusão social. Deve proteger também:

> Do isolamento, em suas expressões de ruptura de vínculos, desfiliação, solidão, apartação, exclusão, abandono [...]. Da resistência à subordinação, em suas expressões de coerção, medo, violência, ausência de liberdade, ausência de autonomia, restrições à dignidade. [...] Da resistência à exclusão social, em todas as suas expressões de apartação, discriminação, estigma, todos distintos modos ofensivos à dignidade humana, aos princípios da igualdade e da equidade. (Sposati, 2009, p. 25)

Embora a necessidade de proteção social seja atribuída às pessoas que estão em situação de pobreza, a desproteção social não advém apenas da pobreza, mas de muitas condições inerentes ao ciclo da vida. Entretanto, é importante considerar que a pobreza "agrava as vulnerabilidades, os riscos e as fragilidades, mas não significa que todas as vulnerabilidades, riscos e fragilidades existam por causa da pobreza" (Sposati, 2009, p. 28). Logo, precisamos romper com a ideia de que a assistência social é uma política para sanar a pobreza. Esse tipo de pensamento é insustentável, pois a assistência não dá conta desse papel, embora ele lhe tenha sido atribuído durante muitos anos.

No senso comum, a assistência social é uma política destinada aos pobres e, de tempos em tempos, dá aos ricos a oportunidade de mostrarem sua bondade. Para Vianna (2009, p. 29), é importante romper com o estigma de que "Política social é política para os pobres. Para os pobres, não para a pobreza. Para os pobres, indivíduos cuja individualidade não se realiza em função de restrições que podem – e devem – ser amenizadas". Um exemplo que Sposati (2009) cita são as campanhas do agasalho feitas em bancos, lugares de demonstração da riqueza, às quais as pessoas que vivem em situação de pobreza não têm acesso. Nesse sentido, "a sociedade brasileira construiu ao longo dos séculos um modelo que aparta ricos e pobres. A naturalização dessa desigualdade oculta a violência nela contida, e a assistência social, como política pública, pode manter-se como mecanismo de reiteração dessa naturalização ou de sua ruptura" (Sposati, 2009, p. 27).

A assistência social prevê a proteção aos riscos e às vulnerabilidades sociais. Na perspectiva da política pública, viver no sistema capitalista significa estar em risco e passar por vulnerabilidades. Os cidadãos que não participam plenamente da riqueza produzida estão em situação de maior risco e vulnerabilidade social. Por outro lado, quem participa da riqueza produzida corre menos riscos, o que não quer dizer correr risco algum, pois estes acontecem não apenas por condições econômicas, mas pelo ciclo da vida, por catástrofes ambientais, por etnia, gênero, religião ou orientação sexual, por exposição a riscos, entre outros fatores. Em todo caso, "as manifestações dos riscos vão ocorrer no cotidiano das pessoas, nos territórios onde vivem e podem sujeitá-las a maior ou menor exposição ao risco" (Sposati, 2009, p. 30).

Essa política é gestada pelo SUAS e apresenta duas modalidades de proteção social: proteção social básica (de caráter preventivo) e proteção social especial (de caráter protetivo) de média e alta complexidade. A **proteção social básica** previne situações de risco por meio do desenvolvimento de potencialidades e aquisições dos usuários. Além disso, visa ao fortalecimento de vínculos familiares e comunitários. As pessoas que têm direito a essa cobertura são aquelas que vivem em situação de vulnerabilidade social decorrente de pobreza, falta de renda e acesso precário ou inexistente aos serviços públicos, bem como aquelas fragilizadas em seus vínculos afetivos (Brasil, 2005c).

A **proteção social especial** tem o objetivo de proteger as pessoas e suas famílias de situações de risco e da violação de seus direitos em situações de violência, abandono, rompimento de vínculos familiares e comunitários (Brasil, 2005c). A de média complexidade é destinada às pessoas que estão com seus direitos violados, mas ainda têm vínculos familiares e comunitários. Os serviços prestados nessa modalidade visam à orientação e ao convívio sociofamiliar e comunitário. Já a de alta complexidade procura garantir proteção integral aos indivíduos ou às famílias que se encontram sem referência e, dessa forma, em situação de ameaça. É ofertada a pessoas que tiveram seus vínculos rompidos, que estão sem referência e que, por isso, precisam ser retiradas de seu núcleo familiar.

No Quadro 1.2, a seguir, é possível observar de forma sintetizada como é subdividida a prestação de serviços em cada modalidade de proteção social.

Quadro 1.2 – Serviços[8] de proteção social básica e especial no SUAS

PROTEÇÃO SOCIAL BÁSICA		1. Serviço de Proteção e Atendimento Integral à Família (PAIF); 2. Serviço de Convivência e Fortalecimento de Vínculos; 3. Serviço de Proteção Social Básica no Domicílio para Pessoas com Deficiência e Idosas.
PROTEÇÃO SOCIAL ESPECIAL	Média complexidade	1. Serviço de Proteção e Atendimento Especializado a Famílias e Indivíduos (PAEFI); 2. Serviço Especializado em Abordagem Social; 3. Serviço de proteção social a adolescentes em cumprimento de medida socioeducativa de Liberdade Assistida (LA) e de Prestação de Serviços à Comunidade (PSC); 4. Serviço de Proteção Especial para Pessoas com Deficiência, Idosas e suas Famílias; 5. Serviço Especializado para Pessoas em Situação de Rua.
	Alta complexidade	6. Serviço de Acolhimento Institucional [nas seguintes modalidades: abrigo institucional, casa-lar, casa de passagem e residência inclusiva]; 7. Serviço de Acolhimento em República; 8. Serviço de Acolhimento em Família Acolhedora; 9. Serviço de proteção em situações de calamidades públicas e de emergências.

Fonte: Brasil, 2014b, p. 10.

A proteção social básica é uma modalidade prestada à população por meio do Centro de Referência de Assistência Social (CRAS), que "é uma unidade pública estatal descentralizada da política de assistência social, responsável pela organização e oferta de serviços de proteção social básica do Sistema Único de Assistência Social (SUAS) nas áreas de vulnerabilidade e risco social [...]" (Brasil,

---

8 Analisaremos cada um desses serviços no capítulo seguinte, quanto tratarmos dos equipamentos de assistência social.

2009e, p. 9). Já a proteção social especial subdivide-se em duas modalidades. A de média complexidade é prestada pelo Centro de Referência Especializado de Assistência Social (CREAS), que é "unidade pública estatal, de abrangência municipal ou regional, referência para a oferta de trabalho social a famílias e indivíduos em situação de risco pessoal e social, por violação de direitos, que demandam intervenções especializadas no âmbito do SUAS" (Brasil, 2011d, p. 8). E a de alta complexidade é prestada por equipamentos específicos para cada serviço.

A segunda função da PNAS é a **vigilância social ou socioassistencial**, que tem dois eixos de atuação: produzir dados sobre os riscos e as vulnerabilidades sociais e sobre a qualidade e os padrões dos serviços demandados pelos usuários em cada território. O objetivo é estabelecer indicadores sociais que possam retratar as situações de vulnerabilidade e riscos sociais a fim de promover ações e serviços para seu enfrentamento:

> A vigilância social ou socioassistencial é um dos objetivos da LOAS [...] que se mantém alerta para identificar as situações de vulnerabilidade e risco social vivenciadas por famílias e indivíduos, traduzidas em conflitos familiares, violência, abandono, renda insuficiente para garantir a própria subsistência, entre tantas outras situações. (Brasil, 2016a, p. 58)

A vigilância social é um processo continuado que deve ser desenvolvido por um setor específico em cada município.

Para tanto, a sistemática e a padronização das informações são fundamentais, pois possibilitam a criação de indicadores tanto das situações de risco e vulnerabilidade quanto das demandas sociais que requerem serviços a serem oferecidos em cada território. Essa função da PNAS

> deve ser realizada por intermédio da produção, sistematização, análise e disseminação de informações territorializadas, e trata:
>
> I – das situações de vulnerabilidade e risco que incidem sobre famílias e indivíduos e dos eventos de violação de direitos em determinados territórios;
>
> II – do tipo, volume e padrões de qualidade dos serviços ofertados pela rede socioassistencial. (Brasil, 2013b, art. 87)

É essencial que a vigilância mantenha relação direta com as modalidades de proteção social, pois estas fornecem dados sobre a realidade social, bem como utilizam os dados que a própria vigilância sistematiza, analisando-os a fim de subsidiar as práticas sociais no território.

Entre os objetivos da vigilância socioassistencial, alguns deles tratam de fornecer informações que:

> I – contribuam para que as equipes dos serviços socioassistenciais avaliem sua própria atuação;
>
> II – ampliem o conhecimento das equipes dos serviços socioassistenciais sobre as características da população e do território de forma a melhor atender às necessidades e demandas existentes;
>
> III – proporcionem o planejamento e a execução das ações de busca ativa que assegurem a oferta de serviços e benefícios às famílias e indivíduos mais vulneráveis, superando a atuação pautada exclusivamente pela demanda espontânea. (Brasil, 2013b, art. 88, § 2º)

Um dos princípios do SUAS é a descentralização político-administrativa e a territorialização (Brasil, 2005c). Assim, a vigilância socioassistencial tem como base o território, onde estão fixados os equipamentos de proteção social. É no território que as demandas das pessoas estão impressas e em movimento. Assim, o território é a base de organização do SUAS. É com base nele que as ações devem ser planejadas para o enfrentamento das expressões da questão social, considerando as características de cada espaço territorial.

> Os territórios são espaços de vida, de relações, de trocas, de construção e desconstrução de vínculos cotidianos, de disputas, contradições e conflitos, de expectativas e de sonhos, que revelam os significados atribuídos pelos diferentes sujeitos. É também o terreno das políticas públicas, onde se concretizam as manifestações da questão social e se criam os tensionamentos e as possibilidades para seu enfrentamento. (Brasil, 2008c, p. 53)

A terceira função da PNAS é a **defesa dos direitos sociais**. Garanti-los no âmbito de cada território para salvaguardar o atendimento das demandas dos usuários é obrigação do Estado. Essa função diz respeito a defender institucionalmente os seguintes direitos:

- Direito ao atendimento digno, atencioso e respeitoso, ausente de procedimentos vexatórios e coercitivos.
- Direito ao tempo, de modo a acessar a rede de serviço com reduzida espera e de acordo com a necessidade.
- Direito à informação, enquanto direito primário do cidadão, sobretudo àqueles com vivência de barreiras culturais, de leitura, de limitações físicas.
- Direito do usuário ao protagonismo e manifestação de seus interesses.
- Direito do usuário à oferta qualificada de serviço.
- Direito de convivência familiar e comunitária. (Brasil, 2005c, p. 40)

Tais direitos devem ser garantidos pelos profissionais que atuam nos equipamentos do SUAS por intermédio dos diversos programas, projetos e serviços socioassistenciais. A instituição também deve oferecer as condições necessárias para que os trabalhadores possam garantir esses direitos, o que depende de um conjunto de provisões que o Estado precisa disponibilizar. Assim, as garantias desses direitos não são responsabilidade apenas dos trabalhadores, uma vez que eles são os mediadores dos recursos e operadores dos direitos sociais.

O Brasil é um país desigual também em sua territorialidade. Cada região apresenta características que diferenciam umas das outras e necessidades distintas. Embora o SUAS conte com um comando organizado como sistema único, a prestação de serviços de proteção social precisa considerar as especificidades de cada território:

> A compreensão que incorpora a dimensão territorial das políticas públicas reafirma a presença de múltiplos fatores sociais, econômicos, culturais nos diversos territórios, que levam o indivíduo, a família e as coletividades a serem expostos a agravos e vulnerabilidades sociais de diferentes naturezas e magnitudes. (Brasil, 2008c, p. 55)

Quando os gestores e trabalhadores da PNAS orientam-se pelo princípio da territorialização na gestão e organização da proteção social, há inúmeros ganhos para os usuários da assistência social, pois "Os serviços, sendo implementados próximos ao cidadão, podem antecipar respostas às suas necessidades e facilitar o acesso, em uma perspectiva de proteção social proativa" (Brasil, 2008c, p. 57). Nesse sentido, é fundamental que, para a implementação de um equipamento de proteção social, seja considerada a área de maior vulnerabilidade e risco social que demanda atendimento e intervenção por parte do Estado.

Mais do que isso, não basta que apenas o equipamento de assistência social seja implantado na área vulnerável, é necessário que o Estado implemente outros serviços intersetoriais para que a população seja beneficiada, de modo a obter melhores condições de vida e ter os direitos sociais assegurados. Por isso, os serviços de proteção social "deverão ser organizados a partir do conhecimento do território, de seus recursos, de sua população, das relações sociais e de classes da identificação, das demandas sociais, das suas carências, mas também das potencialidades locais e regionais que esses territórios contêm" (Brasil, 2008c, p. 57).

Os conceitos de vulnerabilidade[9] e risco social são recorrentes na PNAS e utilizados pelo Banco Mundial (BM) e pela Comissão Econômica para a América Latina e Caribe (Cepal). O estado de vulnerabilidade social pode ser compreendido como a condição a que os cidadãos são submetidos em razão da relação entre capital e trabalho imposta pelo modo de produção capitalista, que gera uma situação social frágil e insegura, além de condições de vida precárias. No entanto, não é apenas a falta de acesso à riqueza que pode resultar em uma situação de vulnerabilidade social, mas também os impactos ambientais, que afetam a vida de muitas pessoas que nem sempre estão em situação de pobreza. Por fim, a vulnerabilidade social pode ser decorrente de uma cultura conservadora, machista, sexista e segregadora que fragiliza os vínculos familiares e sociais dos cidadãos.

O problema está em vincular o conceito de vulnerabilidade à pobreza. Conforme Arregui e Wanderley (2009, p. 156), "o grande problema dessa abordagem é identificar a vulnerabilidade social

---

9 Existem pelo menos 29 definições de vulnerabilidade social, conforme Cançado, Souza e Cardoso (2014).

com pobreza sem tecer as relações necessárias com a questão das desigualdades e da distribuição da riqueza". É simplista a associação entre vulnerabilidade e pobreza e, na maioria das vezes, essa associação é legitimada pelas instituições sociais, como o BM e a Cepal. Nenhuma dessas instituições e nenhum Estado que se identifica como democrático de direito se propôs a pensar as raízes da pobreza. Para Siqueira (2013, p. 246), "tal concepção encobre a precariedade da proteção social estatal, promovendo a autorresponsabilização dos sujeitos em situação de vulnerabilidade pela reversão dos riscos".

Outra categoria inclusa na PNAS é a de vulnerabilidade social, que abrange "indivíduos, famílias ou grupos populacionais que, em função de certas condições locais/territoriais ou grupais/comunitárias, estão à mercê de incidências climáticas, ambientais, sanitárias, econômicas, populacionais, culturais e tecnológicas etc." (Siqueira, 2013, p. 247). Para a autora, as intervenções devem ser construídas para diminuir esses riscos. Porém, mais do que isso, é preciso pensar nas causas desses riscos e, de forma estratégica, antecipá-los para impedir sua existência. Assim, é possível controlar, diminuir e até extinguir o risco. Portanto, "ao falar de risco, há que se considerar as consequências, as causas imediatas e as causas fundantes ou estruturais" (Siqueira, 2013, p. 248).

Existe também a concepção de risco como ameaça. Muitas vezes, a pessoa ou o grupo de pessoas em condição de pobreza são vistos pela sociedade como ameaça ou risco. Quando isso ocorre, "a sociedade e o Estado criminalizam a pobreza respondendo com repressão e reclusão para diminuir esses riscos" (Siqueira, 2013, p. 249). Nesse sentido, o conceito de risco social é complexo, pois pode configurar duplo sentido e, em vez de o Estado e a sociedade se preocuparem com o atendimento de quem está em situação de "risco", podem defender-se daqueles que representam o risco. Daí deriva não a proteção social de quem está nessa condição, mas a punição e a criminalização:

> A pobreza envolve uma relação de contradição, fundada na exploração de classe – uma população é pobre porque a outra é rica –, mas

os conceitos de "risco" ou "vulnerabilidade" escondem a compreensão dos fundamentos estruturais desse "risco" – essa população não pareceria estar ameaçada por fatores diversos [...], que aparentemente não derivam dos fundamentos estruturais do MPC. (Siqueira, 2013, p. 249)

Na perspectiva da autora, esses termos focam a compreensão apenas nas consequências dos fatos, e não em suas causas (Siqueira, 2013).

1.3 Gestão do SUAS

Na contemporaneidade, há várias formas de intervenções sociais diante das demandas dos cidadãos. Uma delas é a gestão social, cuja finalidade é a consolidação de direitos sociais para indivíduos que buscam os serviços sociais públicos porque deles necessitam. Ela pode ser realizada tanto pelo setor estatal quanto pela sociedade civil. Na concepção de Kauchakje (2008, p. 22), a gestão social "é a gestão de ações sociais públicas para o atendimento de necessidades e demandas dos cidadãos, no sentido de garantir os seus direitos por meio de políticas, programas, projetos e serviços sociais". As intervenções podem ser efetuadas pelo Estado de três maneiras:

> **Políticas públicas**: são instrumentos de ação do governo a serem desenvolvidos em programas, projetos e serviços de interesse da sociedade. [...].
>
> **Programas e projetos**: são constituídos por um conjunto de projetos de iniciativas que se articulam e se complementam com vistas à obtenção de resultados num tempo definido. [...]
>
> **Serviços sociais**: são voltados à execução das atividades planejadas em programas, projetos e locais específicos para o atendimento de necessidades e demandas da população. (Kauchakje, 2008, p. 26, grifo nosso)

Como forma de intervenção estatal, o SUAS, por meio da PNAS, procura suprir as necessidades de seus usuários. As demandas apresentadas pela população usuária da PNAS provêm das diversas expressões da questão social, conforme analisamos anteriormente.

O SUAS é um sistema público estatal, com modelo de gestão pautado na descentralização e participação popular para operacionalizar as ações da assistência social em todo o território nacional. Esse sistema possibilita "a normatização dos padrões nos serviços, qualidade no atendimento, indicadores de avaliação e resultado, nomenclatura dos serviços e da rede socioassistencial [...]" (Brasil, 2005c, p. 39). Trata-se de um modelo de gestão democrática cuja finalidade consiste em:

> transformar condições de vida das classes subalternas, aprofundando e universalizando direitos civis, políticos e sociais, visando contribuir com a superação da ordem do capital. Uma finalidade que aponta para uma intervenção imediata visando à expansão da emancipação política, na perspectiva de contribuir com a luta pela construção da emancipação humana. (Souza Filho; Gurgel, 2016, p. 72-73).

A *emancipação política* é uma concepção cunhada por Marx (2010) que se refere ao acesso aos direitos sociais, civis e políticos nos limites da sociabilidade capitalista. São os direitos que o Estado que se diz *democrático* deve garantir à população. E a *emancipação humana* vai muito além dos limites da sociabilidade capitalista, pois se trata da plena expansão e liberdade conquistada pelo ser social por meio da relação de trabalho associado, na qual não há a exploração do homem pelo homem, a humanidade não é dividida em classes sociais, a propriedade não é privada e a riqueza produzida é compartilhada de forma justa e igualitária (Tonet, 2010). As relações de trabalho associado são fundamentadas na liberdade, na participação e na criação do ser social mediante um processo de ideação (Lessa, 2015). Segundo Tonet (2010), essa relação só pode ser construída na sociabilidade comunista.

Nesse sentido, é importante esclarecer que nos referimos à gestão democrática possível na sociedade capitalista, cujo alcance pode ser a emancipação política, a qual, por sua vez, depende do avanço da democracia. Quanto mais a humanidade construir valores democráticos, mais emancipada politicamente ela pode ser.

O SUAS tem como prerrogativa o avanço da democracia e, portanto, tende a contribuir com a emancipação política se for efetivado. Quanto à gestão do SUAS, o Estado tem a primazia em sua condução, sendo seu dever organizar, financiar e oferecer os recursos necessários para a gestão do sistema em todo o território nacional. É necessário "um Estado forte na regulação, coordenação e execução da política sem, contudo, esvaziar a riqueza democrática do compartilhamento das decisões e ações com a sociedade civil e com a rede socioassistencial, e a presença do controle social da política pública" (Brasil, 2008c, p. 22-23). Assim, a gestão do SUAS pode ser feita em parceria com organizações da sociedade civil, por meio da participação popular e do controle social, mas quem tem a obrigação primeira é o Estado. Em todo caso, tanto o Estado quanto a sociedade civil, uma vez que se propõem a prestar serviços no SUAS, devem fazê-lo com qualidade e de forma contínua para o enfrentamento das demandas sociais. O que se almeja do Estado como agente primeiro dessa gestão é um

> Estado com identidade definida – de Estado dedicado ao social e por ele controlado, ainda que num contexto de economia de mercado. Que use de sua autoridade formal nos processos de decisão, mas que o faça com base em valores precisos, concretizando a mediação dos conflitos e das diferenças e as relações de reciprocidade entre os vários atores da política. Que seja executor e ao mesmo tempo propulsor e indutor de parcerias capazes de integrar e complementar as ações públicas, na construção de uma política orgânica que promova efetivamente a equidade e a justiça social. (Brasil, 2008c, p. 23)

Um modelo de sistema como o SUAS requer que o Estado seja presente, forte e priorize a assistência social em sua agenda, articulando-a com outras políticas públicas, a fim de garantir maior efetividade no alcance dos direitos sociais. Isso demanda um projeto de nação que articule e organize suas políticas em prol da diminuição das injustiças e desigualdades. A assistência social como política pública tem um papel fundamental na garantia de diversos direitos sociais, mas não acabará com as injustiças e as desigualdades, uma vez que esses fenômenos são inerentes ao modo de produção vigente.

Para tanto, é possível começar com a questão dos resquícios conservadores e a forma como os agentes sociais públicos e a sociedade pensam as ações socioassistenciais. É preciso haver uma mudança de mentalidade dos atores sociais quanto à assistência social. Trata-se de uma nova forma de concebê-la, pois um Estado dessa natureza requer "também a construção e a consolidação de mecanismos e instrumentos institucionais de gestão e controle das ações implementadas, com visibilidade e transparência públicas, como garantia de atendimento à população usuária pela via do direito social" (Brasil, 2008c, p. 23). O Estado tem a obrigação de realizar todas as suas ações com transparência para que a população, especialmente os usuários, possam controlá-lo e expressar suas necessidades, bem como definir de que forma o dinheiro pode ser gasto.

A gestão do SUAS é uma atividade desenvolvida por gestores democráticos, como se espera. Porém, nem sempre isso é possível, já que o cargo geralmente é definido pelos partidos políticos que estão no poder, e estes nem sempre têm comprometimento concreto com a democracia, embora seus discursos digam o contrário. Nesse sentido, a gestão do sistema no Brasil ainda se encontra vinculada à política partidária, gerando grandes prejuízos, como analisaram Couto et al. (2011). No Brasil, "a gestão democrática é uma proposta a ser conduzida por gestores, independente da orientação da organização burocrática em que atua [...]. Ela é uma perspectiva a ser perseguida pelos gestores comprometidos com a democratização da sociedade" (Souza Filho; Gurgel, 2016, p. 74).

Afinal, quem é o gestor do SUAS? Este não deveria ser uma pessoa vinculada à política partidária, mas alguém qualificado para cumprir a função. Por exemplo, é ultrapassada a estratégia de as primeiras-damas realizarem a gestão, fenômeno que consiste na ocupação de cargos sociais pelas esposas dos políticos em qualquer ente federativo, denominado *primeiro-damismo*, o qual ocorreu e continua ocorrendo no Brasil. Conforme Torres (2002), esse foi um fenômeno que persistiu por décadas na gestão das políticas públicas, especialmente na assistência social, e ainda não é um fenômeno extinto. A pasta social é destinada a essas mulheres, que devem ter características específicas no trato com as expressões da questão social, estratégia que está vinculada a interesses precisos de seus "esposos": a garantia do voto na ocasião das eleições. Segundo Torres (2002), quanto mais bondosa, caritativa, amorosa e estratégica foi a mulher do político que esteve à frente das ações socioassistenciais, mais votos referido político obteve.

Legalmente, esse fenômeno já foi rompido durante o processo de construção da assistência social no Brasil, em que os governos tiveram de profissionalizar seus trabalhadores. No entanto, como se trata de um fenômeno criado culturalmente, ainda são necessárias a persistência e a luta dos atores sociais para romper esse processo (Couto et al., 2011). Se esse fenômeno foi criado, legitimado e mantido culturalmente durante décadas, também é por meio da cultura que ele poderá ser rompido. Nesse sentido, precisamos construir uma nova cultura sobre a assistência social: a **cultura do direito**.

Apesar de todas as exigências legais, no Brasil, a função de gestor ainda é desenvolvida, em sua maioria, por cargos políticos. Couto et al. (2011, p. 100-101), quando desenvolveram sua pesquisa sobre o SUAS no Brasil, assim observaram:

> Foram identificados como gestores em municípios dos Estados pesquisados [...] esposas de prefeitos e, secundariamente, irmãs ou outras pessoas de sua relação de parentesco e afetividade, o que nos permite afirmar que o nepotismo e o primeiro-damismo permanecem como traços da política social de assistência social no Brasil.

O cargo de gestor do SUAS pode ser ocupado por um trabalhador do SUAS, independentemente de sua formação, pois no SUAS trabalham profissionais de diversas áreas, como psicologia, serviço social, direito, sociologia, administração, contabilidade, pedagogia, estatística, educador social, entre outros. Portanto, qualquer profissional dessas áreas do saber ou outras pode assumir o cargo de gestor. Mas qual deveria ser o critério? Segundo a NOB-RH/SUAS (Brasil, 2006b), é importante que o gestor seja um trabalhador qualificado para o cargo de gestão do SUAS, uma vez que ele é convocado "a desempenhar um papel estratégico na condução do Sistema Único de Assistência Social" (Brasil, 2008c, p. 24).

A assistência social não é um trabalho exclusivo do assistente social, embora historicamente a profissão tenha vinculação com as ações sociais. Atualmente, as equipes de trabalhadores da assistência social apresentam características multidisciplinares, e o cargo de gestor pode, então, ser ocupado por qualquer profissional com ensino superior, desde que a pessoa seja qualificada para a função. Isso significa que um dos requisitos é que ele compreenda a assistência social como **direito de cidadania**.

A esse profissional qualificado e que deveria ser isento de resquícios conservadores "são delegadas as funções de articulação, planejamento, coordenação, negociação, monitoramento e avaliação dos serviços socioassistenciais desenvolvidos, em sintonia com as instâncias federativas que integram o sistema de operação e de controle social" (Brasil, 2008c, p. 24). Assim, um cidadão que tenha a função de cabo eleitoral do político que está no comando do município ou de qualquer ente federado pode não estar isento de resquícios conservadores e/ou interesses particulares que ofusquem a lógica da assistência social como direito de cidadania. Nesse sentido, a pessoa que ocupar o cargo de gestor do SUAS deve ser qualificada profissionalmente e compreender a assistência social como direito.

Em um Estado Democrático de Direito, é fundamental que o gestor tenha essa mesma perspectiva. Souza Filho e Gurgel (2016) consideram que uma gestão democrática é sustentada por dois pilares: o conteúdo e a forma. Com relação ao **conteúdo**, segundo os autores, o gestor democrático "deve sempre colocar sob o crivo da crítica as finalidades imediatas e mediatas da organização em que atua, buscando sempre aproximar estas finalidades a um processo que amplie e universalize as condições de vida das classes subalternas atingidas pelas ações da organização". (Souza Filho; Gurgel, p. 74) Quanto à **forma**, os autores apontam que o gestor democrático deve "realizar ações da organização [...] que tenham a participação dos membros da própria organização e, principalmente, dos usuários/beneficiários [...] como eixo fundante" (Souza Filho; Gurgel, 2016, p. 74). Com essas configurações, a gestão do SUAS poderá proporcionar uma assistência social que interfira nas condições de vida da população, visando à transformação social.

Para que o Estado possa prover a gestão do SUAS com competência, habilidade e primazia em sua condução, é essencial:

> a reconstrução da cultura institucional ou um novo ordenamento dos órgãos de gestão, que faça reemergir a discussão sobre conceitos-chave que nortearam a implantação do sistema descentralizado e participativo da assistência social, tais como descentralização, comando único, níveis de gestão, instâncias de pactuação, porte dos municípios e território, intersetorialidade, articulação interinstitucional, rede socioassistencial, financiamento e cofinanciamento, como também o controle social e o protagonismo dos usuários dos programas e serviços. (Brasil, 2008a, p. 14)

Para que a gestão do SUAS ocorra conforme previsto nas legislações e bibliografias que tratam do assunto, é necessário que os atores sociais diversos, como usuários, trabalhadores, gestores, governo e sociedade civil, construam uma nova lógica para entender a assistência social, ou seja, é preciso uma nova cultura. É importante compreender que a assistência social não é a "prima pobre" das demais políticas, conforme afirmou Sposati (2007), e também que ela não tem a função de receber todas as demandas que as demais pastas do município não conseguem sanar. Além disso, precisamos reconhecer que a assistência social não presta favores, mas garante direitos definidos por lei. Dessa forma, é necessário construir a cultura do direito, em contraposição à cultura do favor e da tutela historicamente legitimadas no Brasil.

O SUAS conta com oito eixos estruturantes que orientam sua gestão:

1. matricialidade sociofamiliar;
2. descentralização político-administrativa e territorialização;

3. novas bases para a relação entre Estado e sociedade civil;
4. financiamento;
5. controle social;
6. desafio da participação popular/cidadão usuário;
7. política de recursos humanos;
8. informação, monitoramento e avaliação.

Esses eixos[10] serão discutidos no decorrer deste e dos capítulos seguintes, de acordo com as temáticas afins.

A **matricialidade sociofamilar** significa que o SUAS tem a família como sujeito central para o desenvolvimento de suas ações. A discussão sobre a centralidade da família nas políticas públicas não surgiu com a PNAS. Desde os primórdios da década de 1970, "a família vem sendo redescoberta como um importante agente privado de proteção social" (Pereira, 2009, p. 26) e, por isso, ganha centralidade em todas as políticas públicas, não somente na assistência social.

Quando as receitas neoliberais adentraram o campo estatal no Brasil, especialmente a partir de 1990, as desigualdades também se acirraram. Nesse contexto, Estado e mercado sutilmente se afastaram, deixando a responsabilidade de proteção de seus membros apenas para a família. Por ser "considerada a célula *mater* da sociedade ou a base sobre a qual outras atividades de bem-estar se apoiam, a família ganhou relevância atual justamente pelo caráter informal, livre de constrangimentos burocráticos e de controles externos" (Pereira, 2009, p. 36). Em um contexto neoliberal, a família também passou a ter muita responsabilidade de proteção de seus membros, sem que o Estado considerasse sua real capacidade para a realização dessa tarefa.

Embora as diretrizes neoliberais atribuam aos cidadãos e à sua família a responsabilidade por sua condição (Montaño, 2007), a família, por si só, não é uma instituição capaz de prover sozinha todas as necessidades de seus membros, principalmente se

---

10 Os eixos 3 (novas bases para a relação entre Estado e sociedade civil), 4 (financiamento), 5 (controle social) e 6 (desafio da participação popular/cidadão usuário) serão analisados nos Capítulos 3 e 4 desta obra.

eles vivem em condições de desigualdade e injustiça social. Para Pereira (2009), a família está envolvida em duas modalidades de situações cotidianas: forte e fraca. Isso significa que, apesar da importância que a família tem para seus membros, também apresenta fragilidades decorrentes do modelo de sociabilidade. A autora explica que a família pode ser:

> forte, porque ela é de fato um lócus privilegiado de solidariedades, no qual os indivíduos podem encontrar refúgio contra o desamparo e a insegurança da existência. Forte, ainda, porque é nela que se dá, de regra, a reprodução humana, a socialização das crianças e a transmissão de ensinamentos que perduram pela vida inteira das pessoas. Mas ela também é frágil, pelo fato de não estar livre de despotismos, violências, confinamentos, desencontros e rupturas [...]. (Pereira, 2009, p. 36-37)

Nesse sentido, a proteção social por parte do Estado é necessária para fortalecer a família quando ela estiver enfraquecida para desempenhar essa função.

De acordo com Prates (2013b), a família tem sofrido modificações ao longo de sua trajetória histórica, criando uma diversidade de arranjos que ultrapassam o modelo tradicional. Atualmente, a família tem em torno de si uma articulação em rede que conta com o apoio de parentes e vizinhos. A constituição dessas redes ocorre quando aparecem as dificuldades, pois elas "desencadeiam arranjos que envolvem a rede de parentesco como um todo, a fim de viabilizar a existência da família" (Sarti, 2008, p. 29).

Essa rede é fundamental para apoiar a família no cumprimento da função de cuidar de seus membros, especialmente em um contexto no qual a mulher não tem mais somente as atividades domésticas, mas também o trabalho fora de casa. Diante disso, "em especial nas famílias que vivem em situação de pobreza, os membros fragilizados estão sob responsabilidade da rede de sociabilidade criada pelos parentes e não parentes" (Prates, 2013b, p. 8). Nesse sentido, no trabalho social desenvolvido pelas políticas públicas com as famílias, é necessária "a abertura para uma escuta, a fim de localizar os pontos de vulnerabilidade, mas também os recursos disponíveis [...]" (Sarti, 2008, p. 26-27).

Conforme Prates (2013b), a família ainda é um valor para a sociedade. Cresce a abertura cultural da sociedade para acolher todos os seus arranjos e continuar fazendo deles um valor importante para o desenvolvimento do ser humano. E esse valor é ainda mais atenuante quando se trata de pessoas que vivem em situação de pobreza, "pois [a família] é o único bem que se tem. No entanto, ela é extensa, uma vez que o núcleo familiar não se restringe apenas às pessoas do mesmo sangue, mas àquelas com quem se pode contar [...]" (Prates, 2013b, p. 8). É a chamada *rede de contatos*, conforme nomenclatura de Sarti (2008). É com essa rede que a família, na maioria das vezes a mulher, conta para ajudar a proteger seus membros. Nesse sentido, é de extrema importância que o Estado, por meio de suas políticas públicas, seja mais um agente dessa rede com o qual a família possa contar.

Dessa forma, a matricialidade sociofamiliar do SUAS constitui-se um de seus pilares, porque, para o desenvolvimento dos serviços socioassistenciais, é fundamental considerar todas as pessoas que vivem sob um mesmo teto e suas mais variadas demandas. Aqui, ressaltamos a centralidade da família no desenvolvimento das ações de assistência social, pois as transformações econômicas e sociais determinam a composição familiar e ressignificam seu papel. As contradições existentes na sociedade brasileira fragilizam a família e a função protetora de seus membros. Para a PNAS, a família é o "espaço privilegiado e insubstituível de proteção e socialização primárias, provedora de cuidados aos seus membros, mas que precisa também ser cuidada e protegida" (Brasil, 2005c, p. 41).

Desse modo, entendemos que as mudanças ocorridas no mundo do trabalho, como a exploração, a precarização, o subemprego, o desemprego e o acirramento das expressões da questão social, atingem diretamente a família. Apesar de todos os sofrimentos que esses percalços causam a cada um de seus membros, a família continua sendo

> mediadora das relações entre os sujeitos e a coletividade, delimitando, continuadamente os deslocamentos entre o público e o privado, bem como geradora de modalidades comunitárias de vida [...] um

espaço contraditório, cuja dinâmica cotidiana de convivência é marcada por conflitos e geralmente, também, por desigualdades, além de que nas sociedades capitalistas a família é fundamental no âmbito da proteção social. (Brasil, 2005c, p. 41)

O modo de produção capitalista e suas crises cíclicas atingem diretamente o mundo do trabalho e, portanto, os trabalhadores e seu modo de vida. Todas as mudanças em curso nas últimas décadas no âmbito do trabalho, da cultura, do conhecimento e da tecnologia têm contribuído para a construção de novos arranjos de família, cujos modelos nucleares são cada vez mais esporádicos.

Nesse sentido, os agentes sociais que elaboram as políticas públicas precisam reorganizar um novo conceito de família, a fim de ampliar a cobertura dos serviços. Para a PNAS, a família é "um conjunto de pessoas que se acham unidas por laços consanguíneos, afetivos e, ou, de solidariedade" (Brasil, 2005c, p. 41). Logo, todas as famílias devem ser acolhidas e têm direito a acessar os serviços, independentemente de seu arranjo.

Com todas as transformações em curso e a agilidade com que essas mudanças ocorrem, as famílias também se reconfiguram tanto em seus arranjos quanto no número de membros e entre "essas mudanças pode-se observar um enxugamento dos grupos familiares (famílias menores), uma variedade de arranjos familiares (monoparentais, reconstruídas), além dos processos de empobrecimento acelerado e da desterritorialização das famílias gerada pelos movimentos migratórios" (Brasil, 2005c, p. 42).

Para a PNAS, centrar o trabalho na família é um passo para a superação das ações emergenciais e focalistas. Nessa perspectiva, para que a família possa "prevenir, proteger, promover e incluir seus membros é necessário, em primeiro lugar, garantir condições de sustentabilidade para tal" (Brasil, 2005c, p. 41). Essa tarefa é obrigação do Estado Democrático de Direito, que tem a função de cuidar de seus cidadãos, garantindo-lhes condições básicas de dignidade humana.

A **descentralização político-administrativa e a territorialização** estão contempladas na CF de 1988 quando esta trata das ações do governo no que se refere à assistência social. Uma das principais diretrizes é a "I – descentralização político-administrativa, cabendo a coordenação e as normas gerais à esfera federal e a coordenação e a execução dos respectivos programas às esferas estadual e municipal, bem como a entidades beneficentes e de assistência social" (Brasil, 1988, art. 204). Esse princípio também está presente na LOAS e define que a organização da assistência social tem como base, entre outras diretrizes: "I – descentralização político-administrativa para os Estados, o Distrito Federal e os Municípios, e comando único das ações em cada esfera de governo" (Brasil, 1993, art. 5º).

Desde a CF de 1988, a descentralização político-administrativa das ações do Estado inaugura uma nova forma de fazer política pública, por meio da redefinição do papel do Estado. Stein (1997) analisa as contradições da descentralização diante da concentração do poder no Estado, vivenciada pouco antes da democratização. Segundo a autora, a descentralização é muito mais que um conceito democrático, pois são atitudes e posturas necessárias no âmbito dos governos (Stein, 1997) . "Em termos práticos, esta efetiva mudança no aparato institucional significa mexer nos núcleos estruturados de poder, sempre foco de tensão e de conflito de interesses" (Brasil, 2008a, p. 18).

Assim, descentralizar é mais do que repassar responsabilidades. É também dividir o poder de decisão e os recursos. A descentralização refere-se, ainda, à submissão do Estado ao controle social de suas ações exercido pela participação da população. Dessa forma, com o processo de redemocratização, o poder não é mais apenas do Estado, que passa a compartilhá-lo com a sociedade civil no processo de gestão do SUAS. A descentralização envolve, sobretudo, a corresponsabilidade no financiamento das ações do Estado em cada esfera de governo.

Mediante a prerrogativa da descentralização e da territorialização, cada município passa por um processo de implantação do SUAS, cuja gestão apresenta três níveis: inicial, básico e pleno. Esse processo é gradual e tem sido acompanhado pelas instâncias estaduais e federal e, principalmente, pelos órgãos de controle social.

Para que um município esteja habilitado para a gestão inicial, é necessário que crie o Conselho Municipal de Assistência Social (CMAS) e o Fundo Municipal de Assistência Social (FMAS) e elabore o Plano Municipal de Assistência Social (PMAS). Quando habilitado, as responsabilidades do município são "municiar com dados a rede SUAS; inserir as famílias mais vulneráveis no cadastro único (Lei nº 10.836/2004); preencher o plano de ação no SUAS-Web e apresentar o relatório de gestão" (Brasil, 2008a, p. 29). Além desses três elementos, o município tem a obrigatoriedade de destinar recursos próprios para a assistência social, os quais devem estar alocados no FMAS. Esses elementos são básicos para que um município seja habilitado na gestão inicial do SUAS.

À medida que o município pleitea atingir o nível básico de gestão, existem outros requisitos, conforme evidenciado no Quadro 1.3, a seguir.

Quadro 1.3 – Requisitos para os níveis de gestão do SUAS

REQUISITOS PARA CADA NÍVEL DE GESTÃO	
INICIAL	▪ ter conselho, fundo e plano ▪ recursos financeiros no fundo
BÁSICA	▪ ter conselho, fundo e plano ▪ recursos financeiros no fundo ▪ ter CRAS – em número e capacidade de acordo com o porte ▪ plano de inserção e acompanhamento de beneficiários do BPC ▪ unidade de recepção para BPC e benefícios eventuais ▪ prioridade de acesso aos beneficiários do PBF ▪ diagnóstico de áreas de risco e maior vulnerabilidade social ▪ manter secretaria executiva no conselho ▪ ter conselhos funcionando (CMAS/CMDCA/Conselho Tutelar)

(continua)

(Quadro 1.3 – conclusão)

REQUISITOS PARA CADA NÍVEL DE GESTÃO	
PLENA	- ter conselho, fundo e plano - recursos financeiros no fundo - ter CRAS – em número e capacidade de acordo com o porte - plano de inserção e acompanhamento de beneficiários do BPC - unidade de recepção para BPC e benefícios eventuais - prioridade de acesso aos beneficiários do PBF - diagnóstico de áreas de risco e maior vulnerabilidade social - manter secretaria executiva no conselho - ter conselhos funcionando (CMAS/CMDCA/Conselho Tutelar) - ter sistema municipal de monitoramento e avaliação por nível de proteção social - declarar a capacidade instalada de alta complexidade - cumprir pacto de resultados - ter gestor do fundo nominado e lotado no órgão gestor de assistência social - política de recursos humanos com carreira para servidores públicos

Fonte: Brasil, 2008a, p. 28.

A cada nível de gestão aumentam as responsabilidades do município, as quais vão sendo somadas às obrigações da gestão inicial. Ao se habilitar para a gestão básica, o município tem a responsabilidade de implantar e manter o CRAS "(em número e capacidade de acordo com o porte do município), a realização de diagnóstico de áreas de risco e maior vulnerabilidade social e a manutenção de secretaria executiva no conselho de assistência social" (Brasil, 2008a, p. 29). Os CRAS são equipamentos da assistência social que devem ser implantados em territórios de maior vulnerabilidade e risco social identificados pelos gestores por meio de diagnóstico. É uma forma de aproximar os serviços da população usuária e lhe proporcionar melhores condições de vida e acesso a seus direitos:

> Essas três condições revelam a importância para o SUAS de que haja equipamento próprio de referência nos territórios de vulnerabilidade e risco social, ao mesmo tempo em que exige-se [sic] da instância de controle social, especificamente do conselho, suporte técnico mínimo para possibilitar sua atuação. (Brasil, 2008a, p. 29)

As responsabilidades do município no nível de gestão básica, além de manter as responsabilidades assumidas no nível de gestão inicial, são "participar da gestão do BPC; participar de ações (locais, regionais, estaduais) para atenção às demandas de média e alta complexidade; supervisionar rede própria e a conveniada; criar o vínculo SUAS com as entidades" (Brasil, 2008a, p. 30). Para que o município execute a PNAS, é necessário que os conselhos tenham uma Secretaria Executiva "com profissional responsável de nível superior, e apoio técnico e administrativo para exercer as funções pertinentes ao seu funcionamento" (Brasil, 2013b, art. 123, § 2º). Criar a Secretaria Executiva do CMAS e dotá-la de recursos financeiros e humanos é uma responsabilidade do órgão gestor da assistência social.

No território brasileiro, são poucos os municípios que conseguem habilitar-se para a gestão plena da assistência social. Para chegar a esse nível, além das exigências do Quadro 1.3, são

> extremamente importantes a presença de um sistema municipal de monitoramento e avaliação, a capacidade de atuar na proteção social especial de alta complexidade, contar com gestor do fundo lotado no órgão responsável pela assistência social e ter uma Política de Recursos Humanos com carreira para servidores públicos. (Brasil, 2008a, p. 29)

A gestão plena significa que o município tem autonomia na gestão da política em todos os âmbitos.

Além de manter as responsabilidades já assumidas nos níveis de gestão inicial e básica, para a gestão plena, acrescentam-se as seguintes: criar e manter "projetos e programas de inclusão produtiva; programa ampliado de CREAS; vínculo SUAS com entidades parceiras; avaliação de resultados" (Brasil, 2008a, p. 30). Portanto, a cada nível de gestão que o município alcança, aumentam suas responsabilidades e, consequentemente, as aquisições dos usuários.

Também é necessário, além de ampliar os serviços prestados à população usuária, aumentar as estruturas e, principalmente, os recursos humanos e financeiros, pois "essas responsabilidades demonstram o papel central dos municípios na implementação do SUAS. É em cada cidade, em cada território que a proteção social, básica e especial, a vigilância social e a defesa social e institucional se materializam, através de serviços e ações assistenciais" (Brasil, 2008a, p. 30). Isso tudo é responsabilidade do município, com vistas a prover proteção social à população que necessita da assistência social. Porém, cada ente federativo tem responsabilidades em relação ao município que está caminhando para a gestão plena. Nesse processo, é fundamental que cada ente cumpra seus deveres para que a descentralização política e administrativa de fato deixe de ser apenas texto de lei e funcione em prol das necessidades dos cidadãos, bem como para que o município não arque sozinho com os custos.

Estudo de caso

Dona Maria, que é usuária da assistência social, vive em determinado município do Brasil. Toda vez que ela procura os serviços da política recebe, na maioria das vezes, um não à sua solicitação. Os profissionais que a atendem quase sempre precisam escolher entre ela e outra pessoa que tem mais necessidades. No entanto, de quatro em quatro anos, suas requisições são atendidas com mais facilidade: trata-se do período eleitoral. Quando chega esse momento, os benefícios eventuais da assistência social não faltam nos equipamentos. É assim que Dona Maria consegue acessar mais serviços e benefícios para suprir suas necessidades.

Considerando essa situação, analise:
- Qual a lógica que orienta a concessão de benefícios assistenciais no referido município?
- Qual o uso que o prefeito faz dos serviços e benefícios da assistência social?
- Qual a relação desse fato com a história da assistência social antes de suas prerrogativas legais?

> **Comentário**
>
> Na relação constituída entre Dona Maria e a assistência social, existe um ranço do passado histórico do Brasil e de suas ações sociais. Mas também se verificam prerrogativas atuais, de um Estado neoliberal, que atua de forma mínima diante das demandas sociais. Portanto, trata-se da coexistência de elementos que compuseram o passado das políticas públicas e de aspectos que configuram a gestão das políticas na contemporaneidade. Ambos são fatores complicadores para a garantia de direitos sociais.

Síntese

Neste capítulo, apresentamos a construção da PNAS como marco legal e conceitual em sua configuração como política pública de responsabilidade do Estado e de direito do cidadão no contexto brasileiro. Nossas análises focaram em mostrar uma linha do tempo pela qual passou a PNAS. Também abordamos os 12 principais marcos legais que a instituíram como política pública com força de lei. Houve inúmeras reformulações em cada lei, decreto ou resolução, mas, aqui, destacamos apenas as principais.

Na sequência, tratamos da concepção de assistência social a partir do momento que se tornou lei, bem como dos contornos que ganhou, aos poucos, por meio de decretos e resoluções. Defendemos a ideia de que a assistência social é um direito social de cidadania e, como tal, deve ser preservada, ampliada e garantida pelo Estado Democrático de Direito. Mesmo com todas as fragilidades e contradições, defendê-la ainda é fundamental para a ampliação da cidadania.

Apresentamos um retrato de quem são os usuários da PNAS, desmistificando o sendo comum de que quem precisa da assistência social nunca trabalhou ou não trabalha nem contribui com seu financiamento. Evidenciamos que seus usuários são trabalhadores inseridos no mercado de trabalho de forma precária e informal ou desempregados, que, por conta da relação entre capital e trabalho empreendida pelo modo de produção capitalista, estão sofrendo as expressões da questão social. Esclarecemos também que, como a seguridade social é financiada por toda a sociedade, de forma direta ou indireta, os usuários da assistência social participam de seu financiamento do mesmo modo.

Constatamos que, a esses cidadãos, constituídos como usuários da assistência social por lei, o Estado deve prover cinco seguranças: acolhida, renda, convívio familiar, apoio e auxílio e desenvolvimento de sua autonomia. Essas seguranças podem ser garantidas a partir do momento que a assistência social cumprir suas três funções: proteção social, vigilância socioassistencial e garantia de direitos. Por fim, examinamos a configuração do SUAS e alguns dos eixos estruturantes que dizem respeito à sua gestão.

Questões para revisão

1. As três funções da PNAS são:
   a) proteção social básica, proteção social especial e proteção social de alta complexidade.
   b) projetos, vigilância socioassistencial e centralidade da família.
   c) descentralização, proteção social e controle social.
   d) defesa de direitos, proteção social e vigilância socioassistencial.
   e) centralidade da família, controle social e defesa de direitos.

2. Como eixos estruturantes do SUAS, é possível citar:
   I) matricialidade sociofamiliar, descentralização político-administrativa e territorialização;
   II) novas bases para a relação entre Estado e sociedade civil e financiamento;
   III) descentralização, participação e justiça restaurativa;
   IV) controle social e o desafio da participação popular/do cidadão usuário;
   V) política de recursos humanos e informação;
   VI) monitoramento, avaliação e mediação de conflitos.

Assinale a alternativa que apresenta somente os itens corretos:
a) VI apenas.
b) I e II.
c) I e III.
d) I, II, IV e V.
e) I, II, III, IV, V e VI.

3. As cinco seguranças afiançadas pela PNAS aos usuários são:
   a) a participação popular, a acolhida, o diálogo, as associações de moradores e as negociações em fóruns.
   b) o monitoramento, a avaliação da política pública, a participação popular, as negociações em fóruns e a garantia de renda mínima de cidadania.
   c) a acolhida, a renda, o convívio familiar, o apoio e auxílio e o desenvolvimento da autonomia.
   d) a garantia de renda mínima de cidadania, a acolhida, o diálogo, o apoio e a liberdade.
   e) a garantia de renda mínima, o apoio, a liberdade, a participação popular e o livre arbítrio.

4. Qual era a lógica da assistência social antes da CF de 1988? Explique.

5. Qual é a lógica que rege a PNAS depois de sua trajetória histórica legal? Explique.

Questões para reflexão

1. Quais são as contradições da PNAS em sua atribuição de enfrentamento da pobreza e da desigualdade social?

2. Quais são os resquícios conservadores que a PNAS ainda encontra para ser efetivada no Brasil?

3. O Benefício de Prestação Continuada (PBC) e o Programa Bolsa Família (PBF) podem ou não proporcionar melhores condições de vida aos beneficiários e à sua família, considerando suas particularidades?

4. Por um lado, a PNAS oferece garantias de melhores condições de vida aos trabalhadores usuários. Por outro, o modo de produção capitalista a utiliza para manter os trabalhadores em uma situação de subalternidade. Em sua opinião, os assistentes sociais devem defender a assistência social? Por quê?

Para saber mais

Para conhecer mais a história da assistência social no Brasil, recomendamos as seguintes leituras:

ALAYÓN, N. **Assistência e assistencialismo**: controle dos pobres ou erradicação da pobreza? São Paulo: Cortez, 1992.

MESTRINER, M. L. **O Estado entre a filantropia e a assistência social**. 3. ed. São Paulo: Cortez, 2008.

OLIVEIRA, H. M. J. de. **Cultura política e assistência social**: uma análise das orientações de gestores estaduais. São Paulo: Cortez, 2003.

SCHONS, S. M. **Assistência social entre a ordem e a "des-ordem"**: mistificação dos direitos sociais e da cidadania. 2. ed. São Paulo: Cortez, 2003.

SPOSATI, A. et al. **Assistência na trajetória das políticas sociais brasileiras**: uma questão em análise. 6. ed. São Paulo: Cortez, 1995.

YAZBEK, M. C. **Classes subalternas e assistência social**. 4. ed. São Paulo: Cortez, 2003.

Você sabia que, desde sua instituição na Constituição Federal de 1988, a seguridade social vem sofrendo um processo de ajustes, reformas e contrarreformas? Esse processo tem colocado a assistência social em um lugar de destaque nessa relação. Se esse assunto lhe interessa, recomendamos a você o estudo das seguintes obras:

BEHRING, E. R. **Brasil em contrarreforma**: desestruturação do Estado e perda de direitos. São Paulo: Cortez, 2003.

COSTA, L. C. da; DEL VALLE, A. H. (Org.). **A seguridade social no Brasil e na Argentina**: os direitos sociais em tempos de ajustes neoliberais. Guarapuava: Unicentro, 2017.

MOTA, A. E. (Org.). **O mito da assistência social**: ensaios sobre Estado, política e sociedade. 2. ed. São Paulo: Cortez, 2008. p. 133-146.

SILVA, I. M. F. da. **Questão social e serviço social no Brasil**: fundamentos sócio-históricos. 2. ed. Campinas: Papel Social; Cuiabá: EdUFMT, 2014.

VIANA, A. L. d'Á.; ELIAS, P. E. M.; IBAÑEZ, N. (Org.). **Proteção social**: dilemas e desafios. São Paulo: Hucitec, 2005.

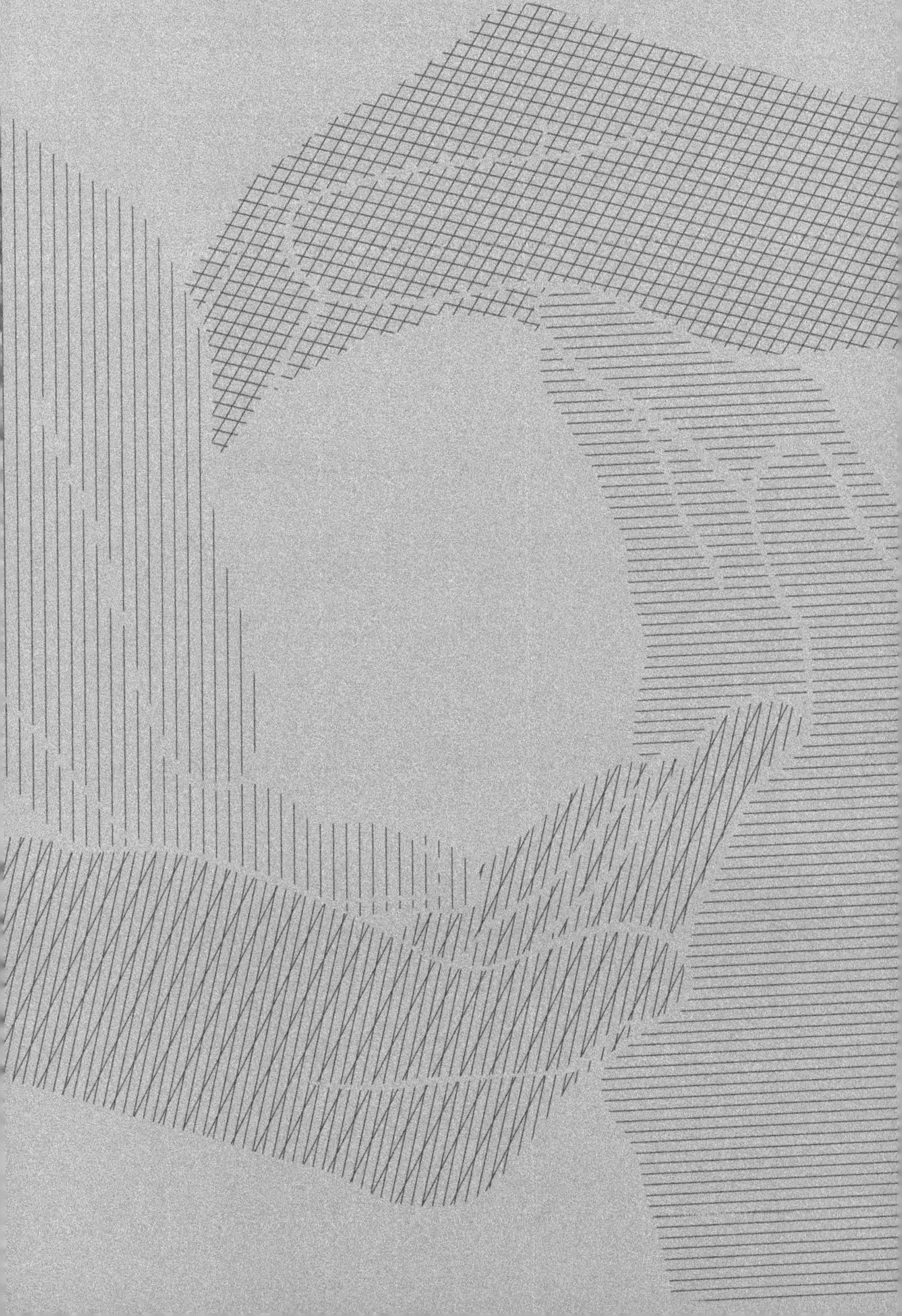

CAPÍTULO 2

Proteção social no SUAS

Conteúdos do capítulo:

- Proteção social ofertada pelo SUAS em território nacional de forma padronizada, descentralizada e participativa.
- Equipamentos que prestam serviços em cada modalidade de proteção.
- Demandas específicas dos cidadãos.

Após o estudo deste capítulo, você será capaz de:

1. compreender o conceito de proteção social básica e especial do SUAS, seus serviços e benefícios socioassistenciais e os critérios para que o usuário possa acessá-los;
2. reconhecer os equipamentos de assistência social, que são unidades públicas estatais instalados em territórios de maior vulnerabilidade e risco social para atender à população usuária;
3. identificar os equipamentos para prestar serviços específicos conforme as modalidades de proteção social básica ou especial de média ou alta complexidade.

> *Na qualidade de mecanismo de redistribuição de renda em favor dos doentes, inválidos, de famílias com filhos dependentes, dos desempregados e dos pobres, a proteção social é inegavelmente um fato de justiça social [...].*
> (Euzéby, 2011, p. 11)

A **Política** Nacional de Assistência Social (PNAS), ao lado da previdência social e da saúde, é uma das políticas que configura o tripé da seguridade social. Uma de suas funções é afiançar seguranças sociais por meio de proteção social em suas modalidades básica e especial, esta de média e alta complexidade. Neste capítulo, vamos discutir a proteção social básica e especial, caracterizar seus equipamentos e mostrar os serviços e os benefícios ofertados em cada unidade.

2.1 Serviços, benefícios e equipamentos no SUAS

A PNAS tem como uma de suas funções a garantia da proteção social às pessoas em situação de vulnerabilidade e risco pessoal e social, bem como a vigilância socioassistencial e a defesa dos direitos, conforme destacamos no capítulo anterior. A proteção da assistência social apresenta duas modalidades: a proteção social básica e a proteção social especial, esta última está subdividida em duas modalidades: de média e de alta complexidade.

A **proteção social básica** tem o objetivo de "prevenir situações de risco por meio do desenvolvimento de potencialidades e aquisições, e o fortalecimento de vínculos familiares e comunitários" (Brasil, 2005c, p. 33). Essa modalidade de proteção é destinada a indivíduos e a suas famílias que estão "em situação de vulnerabilidade social decorrente da pobreza, privação (ausência de renda, precário ou nulo acesso aos serviços públicos, dentre outros) e, ou, fragilização de vínculos afetivos – relacionais e de pertencimento social (discriminações etárias, étnicas, de gênero ou por deficiências, dentre outras)" (Brasil, 2005c, p. 33). Essa modalidade de proteção tem como principal função desenvolver ações que promovam a prevenção de situações de vulnerabilidades que possam levar a pessoa ao risco pessoal e social.

Já a **proteção social especial** tem como objetivo enfrentar as diversas situações que famílias e indivíduos possam vivenciar por conta da violação de direitos e rompimento de vínculos familiares e comunitários. Ela é destinada a atender:

> famílias e indivíduos que se encontram em situação de risco pessoal e social, por ocorrência de abandono, maus-tratos físicos e, ou, psíquicos, abuso sexual, uso de substâncias psicoativas, cumprimento de medidas socioeducativas, situação de rua, situação de trabalho infantil, entre outras. (Brasil, 2005c, p. 37)

Essa modalidade de proteção é ofertada aos cidadãos que já tiveram seus direitos violados e seus vínculos familiares e comunitários fragilizados ou rompidos.

Na modalidade de média complexidade, são oferecidos "atendimentos às famílias e indivíduos com seus direitos violados, mas cujos vínculos familiar e comunitário não foram rompidos" (Brasil, 2005c, p. 38). Trata-se de uma situação grave, mas a pessoa ainda pode contar com sua família, grupo social e/ou comunidade. Os atendimentos considerados de alta complexidade "são aqueles que garantem proteção integral – moradia, alimentação, higienização e trabalho protegido para famílias e indivíduos que se encontram sem referência e, ou, em situação de ameaça, necessitando ser retirados de seu núcleo familiar e, ou, comunitário" (Brasil, 2005c, p. 38). Abrange indivíduos que tiveram seus vínculos familiares e/ou comunitários rompidos e que precisam do acolhimento e da proteção do Estado.

2.3 CRAS

Para que a PNAS possa exercer a função de proteção social básica, é necessário que o município implante, nos territórios de maior vulnerabilidade e risco social, equipamentos próprios, adequados e suficientes para atender às demandas. Um dos primeiros equipamentos que funciona como porta de entrada para o Sistema Único de Assistência Social (SUAS) é o Centro de Referência de Assistência Social (CRAS), "uma unidade pública estatal descentralizada da política de assistência social, responsável pela organização e oferta de serviços da proteção social básica do Sistema Único de Assistência Social (SUAS) nas áreas de vulnerabilidade e risco social dos municípios e DF" (Brasil, 2009e, p. 9). Esse equipamento presta proteção social básica e seu objetivo como porta de entrada para o SUAS é "prevenir a ocorrência de situações de vulnerabilidades e riscos sociais nos territórios, por meio do desenvolvimento de potencialidades e aquisições, do fortalecimento de vínculos familiares e comunitários, e da ampliação do acesso aos direitos de cidadania" (Brasil, 2009d, p. 9).

A quantidade de CRAS que deve ser implantada para atender à população depende do número de habitantes de cada município, o que configura o porte deste, conforme representado na Figura 2.1, a seguir.

Figura 2.1 – Número de habitantes que compõem o porte dos municípios

Pequeno porte I	Pequeno porte II	Médio porte	Grande porte	Metrópoles
Até 20 mil habitantes.	De 20.001 a 50 mil habitantes.	De 50.001 a 100 mil habitantes.	De 100.001 a 900 mil habitantes.	Mais de 900.001 mil habitantes.

Fonte: Elaborado com base em Brasil, 2011d.

Para cada porte de município, existe um número necessário de CRAS para prestar os serviços de proteção social básica. A habilitação para o nível de gestão do SUAS de cada município está relacionado ao número de CRAS que este deve implantar e manter. Cada porte de município, dependendo da quantidade de habitantes e da situação de vulnerabilidade e risco social, pode implantar CRAS para atender sua população, conforme indicado na Figura 2.2, a seguir.

Figura 2.2 – Quantidade de CRAS por porte de município

Pequeno porte I	Pequeno porte II	Médio porte	Grande porte	Metrópoles
1 CRAS para até 2.500 famílias.	1 CRAS para até 3.500 famílias.	2 CRAS, cada um para até 5.000 famílias.	Mínimo 4 CRAS, cada um para até 5.000 famílias.	Mínimo 8 CRAS, cada um para até 5.000 famílias.

Fonte: Elaborado com base em Brasil, 2005c.

O número de famílias referenciadas para cada CRAS representa o número de famílias que vivem em seu território e são potenciais para utilizar os serviços prestados. Não significa, necessariamente, que todas essas famílias serão atendidas pelo equipamento. Um CRAS deve ofertar serviços e benefícios à população de seu território.

Entre as modalidades de proteção social, existe um processo de referência e contrarreferência do usuário:

> A função de referência se materializa quando a equipe processa, no âmbito do SUAS, as demandas oriundas das situações de vulnerabilidade e risco social detectadas no território, de forma a garantir ao usuário o acesso à renda, serviços, programas e projetos, conforme a complexidade da demanda. (Brasil, 2009e, p. 10)

A equipe de profissionais do CRAS identifica essas demandas, insere os usuários nos serviços que presta e, quando a demanda requer proteção social especial, o CRAS faz a referência para o Centro de Referência Especializado de Assistência Social (CREAS). Quando o CREAS faz suas intervenções e o usuário consegue sair da situação de risco, violação de direitos e desvínculo, o caso é devolvido para o CRAS, que continua o acompanhamento na proteção social básica, visando prevenir que o cidadão volte às condições de risco. "A contrarreferência é exercida sempre que a equipe do CRAS recebe encaminhamento do nível de maior complexidade (proteção social especial) e garante a proteção básica, inserindo o usuário em serviço, benefício, programa e/ou projeto de proteção básica" (Brasil, 2009e, p. 10). Esse mesmo processo também pode ocorrer entre as instituições que compõem a rede socioassistencial.

2.2.1 Serviços de proteção social básica prestados pelo CRAS

O CRAS presta os seguintes serviços de proteção social básica:

- Serviço de Proteção e Atendimento Integral à Família (PAIF);
- Serviço de Convivência e Fortalecimento de Vínculos (SCFV);
- Serviço de Proteção Social Básica no Domicílio para Pessoas com Deficiência e Idosas (SPDPDI);
- Benefício de Prestação Continuada (BPC);
- Programa Bolsa Família (PBF);
- Benefícios eventuais.

Esses serviços são "de caráter preventivo, protetivo e proativo, podem ser ofertados diretamente no CRAS, desde que disponha de espaço físico e equipe compatível" (Brasil, 2009e, p. 9). Quando os serviços não são ofertados pelo CRAS, mas por uma entidade, devem, mesmo assim, ser referenciados no CRAS, pois este, além de ser a porta de entrada para o SUAS, é a referência da rede socioassistencial no território.

Como uma engrenagem, os três serviços funcionam de forma articulada no CRAS. Cada um atende a um público específico, mas todos os usuários estão em situação de vulnerabilidade social e precisam de atendimento articulado, uma vez que a pessoa tem uma totalidade de questões que podem ser mais ou menos complexas, dependendo de sua situação. Na sequência, apresentamos e discutimos cada um dos serviços mencionados.

2.2.1.1 Serviço de Proteção e Atendimento Integral à Família

> Família: "espaço privilegiado e insubstituível de proteção e sociabilização primárias, provedora de cuidados aos seus membros, [...] que precisa também ser cuidada e protegida" (Brasil, 2005c, p. 41), independentemente de seu arranjo.

Um dos primeiros serviços que o CRAS deve prestar aos usuários e às suas famílias que estiverem em situação de vulnerabilidade social é o Serviço de Proteção e Atendimento Integral à Família (PAIF). Além dos serviços que presta, o CRAS é uma unidade da rede socioassistencial e tem a função de fazer sua gestão no território. Ele é a porta de entrada para o SUAS e tem exclusividade na prestação de trabalho social com a família, que tem "caráter continuado, com a finalidade de fortalecer a função protetiva das famílias, prevenir a ruptura dos seus vínculos, promover seu acesso e usufruto de direitos e contribuir na melhoria de sua qualidade de vida" (Brasil, 2009d, Anexo, item 3). Nesse sentido, o município precisa garantir que os serviços tenham estrutura e condições de ser ofertados de forma continuada e permanente, capacitando os recursos humanos e provendo o financiamento adequado e suficiente para o desenvolvimento das ações dos trabalhadores do SUAS.

A família é formada por um grupo de pessoas, não necessariamente do mesmo sangue, que se relacionam de forma continuada, convivem em um mesmo espaço privado e têm arranjos diversos. Desse modo, o trabalho social com a família tem como objetivo:

> superar o conceito de família como unidade econômica, mera referência de cálculo de rendimento *per capita*, e a entende como núcleo afetivo, vinculada por laços consanguíneos, de aliança ou afinidade, onde os vínculos circunscrevem obrigações recíprocas e mútuas, organizadas em torno de relações de geração e de gênero [...]. (Wanderley, 2006, p. 13)

Para esse núcleo familiar heterogêneo, o PAIF tem como função promover o "desenvolvimento de potencialidades e aquisições das famílias e o fortalecimento de vínculos familiares e comunitários, por meio de ações de caráter preventivo, protetivo e proativo" (Brasil, 2009d, Anexo, item 3).

Por meio do PAIF, o trabalho social com famílias acolhe e atua com várias características de família:

- Famílias beneficiárias de programas de transferência de renda e benefícios assistenciais;
- Famílias que atendem os critérios de elegibilidade a tais programas ou benefícios, mas que ainda não foram contempladas;
- Famílias em situação de vulnerabilidade em decorrência de dificuldades vivenciadas por algum de seus membros;
- Pessoas com deficiência e/ou pessoas idosas que vivenciam situações de vulnerabilidade e risco social. (Brasil, 2009d, Anexo, item 3)

Nesse contexto, não são apenas as famílias já beneficiárias que devem ser acompanhadas, mas também, e principalmente, aquelas que podem receber os benefícios e que, por conta da fila de espera, não conseguiram acessá-los, apesar de suas necessidades. A assistência social, como outras políticas públicas no Brasil, possui menos recursos e, portanto, menos serviços e benefícios do que as necessidades das famílias almejam.

Para desenvolver as ações de proteção, prevenção e proatividade, o trabalho social com famílias desenvolvido por meio do PAIF tem como objetivos:

- Fortalecer a função protetiva da família, contribuindo na melhoria da sua qualidade de vida;
- Prevenir a ruptura dos vínculos familiares e comunitários, possibilitando a superação de situações de fragilidade social vivenciadas;

- Promover aquisições sociais e materiais às famílias, potencializando o protagonismo e a autonomia das famílias e comunidades;
- Promover acessos a benefícios, programas de transferência de renda e serviços socioassistenciais, contribuindo para a inserção das famílias na rede de proteção social de assistência social;
- Promover acesso aos demais serviços setoriais, contribuindo para o usufruto de direitos;
- Apoiar famílias que possuem dentre seus membros indivíduos que necessitam de cuidados, por meio da promoção de espaços coletivos de escuta e troca de vivências familiares. (Brasil, 2009d, Anexo, item 3)

Esses objetivos almejam garantir aquisições aos usuários, centrando-se em três das cinco seguranças da PNAS, já tratadas no capítulo anterior: as seguranças de acolhida, de convívio familiar e comunitário e de desenvolvimento e autonomia. Quando as pessoas desenvolvem sua autonomia, significa que adquiriram "a capacidade de reproduzir-se na complexidade da historicidade e da cotidianidade das mediações de poder e das energias e recursos próprios e de representar-se criticamente, combinando o esforço do eu com a aprendizagem da dúvida, na recusa da alienação, da tutela e do controle" (Faleiros, 2010, p. 62).

A pessoa que desenvolveu a autonomia tem o controle de si mesma e a capacidade de decidir sem se deixar influenciar por outras opiniões. No caso dos usuários da assistência social, "o desenvolvimento da autonomia é um processo de negação da tutela e da subalternidade pela mediação da afirmação da própria palavra e da construção das decisões sobre seu próprio destino" (Faleiros, 2010, p. 62). O usuário acolhe e participa dos serviços da assistência social segundo a lógica do direito, e não mais da tutela e do favor, como historicamente tem feito.

O PAIF é um serviço de proteção básica e suas ações apresentam três características: preventiva, protetiva e proativa. A **ação de prevenir** indica chegar antes de a situação ocorrer, preparar, evitar que algo aconteça com o cidadão. Na prevenção prevista pelo PAIF, "A *ação preventiva* tem por escopo prevenir ocorrências que interfiram no exercício dos direitos de cidadania" (Brasil,

2012b, p. 10, grifo do original). Para antecipar a ação antes que a situação ocorra, é fundamental o "[...] conhecimento do território, dos fenômenos e suas características específicas (culturais, sociais e econômicas) e das famílias e suas histórias" (Brasil, 2012b, p. 10). Nesse sentido, por meio da vigilância social, é viável acompanhar o processo de mudanças das demandas sociais e prevenir que as condições dos usuários tomem contornos mais complexos. É possível, ainda, monitorar e avaliar se os serviços ofertados e os benefícios garantidos são suficientes para a manutenção básica das necessidades humanas das famílias e se estes conseguem evitar que elas tenham sua situação social agravada.

A **ação de proteger** significa "centrar esforços em intervenções que visam amparar, apoiar, auxiliar, resguardar, defender o acesso das famílias e seus membros aos seus direitos" (Brasil, 2012b, p. 10). Para possibilitar a proteção social do usuário e de sua família, é necessário que a PNAS cumpra sua função no que se refere a garantir todas as aquisições de que os usuários precisam. Assim, é fundamental que o município ofereça condições físicas e recursos humanos e financeiros suficientes e adequados para sanar as demandas em cada território. Não é possível atuar na lógica de mínimo social, pois, como lembra Pereira (1995), não se pode atender a necessidades humanas básicas com um mínimo social.

A **ação proativa** "está ligada ao reconhecimento, à tomada de responsabilidade e à intervenção frente a situações-problema que obstaculizam o acesso da população aos seus direitos, mas que ainda não foram apresentadas como tal" (Brasil, 2012b, p. 10). Não se trata de reagir aos problemas, mas de agir antes que eles venham a ocorrer. A proatividade ajuda a materializar as ações de prevenção e proteção das famílias em cada território. Portanto, uma equipe vigilante é essencial nesse processo.

Esse trabalho social com famílias é um serviço de caráter continuado, que "deve estar disponível para a população de forma permanente – sem descontinuidades ou interrupções, contribuindo para consolidar o direito da família à proteção estatal, bem como concretizando, no território, a matricialidade sociofamiliar da política de assistência social, no âmbito da proteção social básica" (Brasil, 2012b, p. 14). É também por meio do PAIF que os profissionais conhecem profundamente os usuários, suas demandas, o território e suas vulnerabilidades e potencialidades, podendo atuar para enfrentar as vulnerabilidades e descobrir e promover possíveis potencialidades.

Nesse sentido, é importante ponderar que o território onde estão situadas as mais variadas vulnerabilidades e riscos sociais é

> um espaço de vida, onde se desenvolvem as práticas cotidianas dos sujeitos. É igualmente um espaço de disputas, contradições e conflitos. [...] um espaço de inter-relações sociais e de valores que são projetados e percebidos e que constituem o espaço vivido, cujo significado é atribuído pelo sujeito. (Wanderley, 2006, p. 16)

Com base nesse pressuposto, os serviços ofertados no território devem ter como fundamento o conhecimento profundo, por parte dos profissionais, do movimento da vida naquele espaço. Assim, o usuário deve ser reconhecido no e pelo território em que vive, pois é nele que este adquire e também planta seus valores de vida. A pessoa e suas características ético-humano-sociais são fruto do meio que a forma.

É essencial promover ações culturais no território para potencializar as pessoas que nele vivem, uma vez que conferir "caráter cultural às ações do PAIF significa explorar a identidade cultural do território, a fim de fortalecer o sentimento de pertencimento da comunidade ali residente, estreitando seus laços sociais" (Brasil, 2012b, p. 15). Trata-se de um processo de resgate de valores desses cidadãos e de formação de outros valores importantes para seu desenvolvimento humano e social.

> O resgate da história sociocultural, a partir das biografias das famílias e dos grupos do território bem como de personalidades oriundas destas localidades, contribui para o reconhecimento dos valores e da cultura popular, trazendo à tona potencialidades muitas vezes esquecidas ou subvalorizadas, proporcionando o aumento da autocompreensão e da autoestima social positiva das famílias residentes nos territórios. (Brasil, 2012b, p. 15)

Dessa forma, é possível contribuir para que a população defina a própria identidade, proporcionando, assim, a ligação com seu local de pertencimento. Isso pode fortalecer a organização das famílias para seu protagonismo na luta social em prol de melhores condições de vida e de direitos sociais. E, mais importante ainda, é o desenvolvimento da consciência de pertencimento a uma classe social, no caso desses usuários, a classe trabalhadora. Não são apenas os indivíduos que se desenvolvem, mas também o grupo e a comunidade como um todo, que pode construir novas perspectivas de vida e um projeto de sociedade.

2.2.1.2 Serviço de Convivência e Fortalecimento de Vínculos

Conviver e se relacionar são ações próprias do ser social para a construção de uma vida em sociedade. No início da história da humanidade, o macaco foi se transformando em homem por meio da vivência em comunidade, portanto, em uma relação social de trocas e aprendizado que proporcionou seu desenvolvimento como ser social (Engels, 1876).

A humanidade continua seu processo de desenvolvimento em cada território e grupo social da atualidade por meio das relações sociais. Entre os usuários da assistência social, essa convivência acontece "entre sujeitos de direito que se constituem à medida que se relacionam" (Brasil, 2017b, p. 19). Eles interagem, desenvolvem-se e lutam à medida que aprendem a importar-se uns com os outros, no sentido de pertencimento a um grupo social solidário. É nesse sentido que a proteção social básica garantida pelo CRAS tem também a função de oferecer o Serviço de Convivência e Fortalecimento de Vínculos (SCFV), que é um trabalho

> realizado em grupos, organizado a partir de percursos, de modo a garantir aquisições progressivas aos seus usuários, de acordo com o seu ciclo de vida, a fim de complementar o trabalho social com famílias e prevenir a ocorrência de situações de risco social. Forma de intervenção social planejada que cria situações desafiadoras, estimula e orienta os usuários na construção e reconstrução de suas histórias e vivências individuais e coletivas, na família e no território.

> Organiza-se de modo a ampliar trocas culturais e de vivências, desenvolver o sentimento de pertença e de identidade, fortalecer vínculos familiares e incentivar a socialização e a convivência comunitária. Possui caráter preventivo e proativo, pautado na defesa e afirmação dos direitos e no desenvolvimento de capacidades e potencialidades, com vistas ao alcance de alternativas emancipatórias para o enfrentamento da vulnerabilidade social. (Brasil, 2009d, Anexo, item 3)

Esse serviço reúne os usuários em grupos e oferece ações de acordo com as vulnerabilidades, o risco social e as necessidades de cada faixa etária. Para a inserção de um cidadão em um grupo, os profissionais do CRAS desenvolvem um estudo de seu caso particular e traçam estratégias de enfrentamento de suas demandas. Uma dessas estratégias é a participação nos grupos. O Quadro 2.1, a seguir, retrata como são organizados os grupos no serviço de convivência:

Quadro 2.1 – Formação de grupos de usuários conforme a faixa etária

GRUPOS	OBJETIVOS/ATIVIDADES
Crianças até 6 anos	Tem por foco o desenvolvimento de atividades com crianças, familiares e comunidade para fortalecer vínculos e prevenir ocorrência de situações de exclusão social e de risco, em especial a violência doméstica e o trabalho infantil, sendo um serviço complementar e diretamente articulado ao PAIF.
Crianças e adolescentes de 6 a 15 anos	Tem por foco a constituição de espaço de convivência, formação para a participação e cidadania, desenvolvimento do protagonismo e da autonomia das crianças e adolescentes, a partir dos interesses, demandas e potencialidades dessa faixa etária.
Adolescentes e jovens de 15 a 17 anos	Tem por foco o fortalecimento da convivência familiar e comunitária e contribui para o retorno ou permanência dos adolescentes e jovens na escola, por meio do desenvolvimento de atividades que estimulem a convivência social, a participação cidadã e uma formação geral para o mundo do trabalho.

(continua)

(Quadro 2.1 – conclusão)

GRUPOS	OBJETIVOS/ATIVIDADES
Jovens de 18 a 29 anos	Tem por foco o fortalecimento de vínculos familiares e comunitários na proteção social, assegurando espaços de referência para o convívio grupal, comunitário e social e o desenvolvimento de relações de afetividade, solidariedade e respeito mútuo, de modo a desenvolver sua convivência familiar e comunitária.
Adultos de 30 a 59 anos	Tem por foco o fortalecimento de vínculos familiares e comunitários, desenvolvendo ações complementares para assegurar espaços de referência para o convívio grupal, comunitário e social e o desenvolvimento de relações de afetividade, solidariedade e encontros intergeracionais, de modo a desenvolver sua convivência familiar e comunitária.
Idosos com idade igual ou superior a 60 anos	Tem por foco o desenvolvimento de atividades que contribuam no processo de envelhecimento saudável, no desenvolvimento da autonomia e de sociabilidades, no fortalecimento dos vínculos familiares e do convívio comunitário e na prevenção de situações de risco social.

Fonte: Elaborado com base em Brasil, 2014b.

O cidadão que foi identificado pela equipe como habilitado a participar do grupo de acordo com sua faixa etária é convidado a participar, mas jamais deve ser obrigado. Se a oferta do serviço tem a lógica do direito social, a lógica da obrigação é excluída. Trata-se, então, de um processo de sensibilização da pessoa e, para isso, a equipe de profissionais deve desenvolver um trabalho competente. Nesse sentido, é importante que os grupos sejam realizados nos dias e horários em que esse cidadão pode participar. Uma pessoa que vive em situação vulnerável não tem muito tempo disponível, pois a luta pela vida é árdua no cotidiano e seus recursos para ir e vir são escassos ou inexistentes.

O trabalho desenvolvido com os grupos mencionados tem a finalidade de prevenção e proatividade. As experiências vivenciadas pelos usuários ao participar das atividades nos grupos devem alcançar as finalidades, pois "o sujeito se constitui na relação com o outro e passa a dispor, por meio dessa relação, das conexões estabelecidas por outras pessoas, tendo-as também como referência e contribuição para o coletivo" (Brasil, 2017b, p. 20). Por isso, é importante promover encontros que possibilitem essa troca entre as pessoas, as quais podem contribuir com o crescimento dos demais integrantes do grupo. É no trabalho com grupos que os profissionais podem desenvolver uma dimensão pedagógica e socioeducativa, visando à construção de novos horizontes, novas perspectivas de vida e de organização social (Moreira, 2017). O Quadro 2.2, a seguir, mostra as estratégias e as finalidades do trabalho realizado com grupos de diversas faixas etárias.

Quadro 2.2 – Finalidades e estratégias do trabalho com grupos por faixa etária

Processos de valorização/reconhecimento	Estratégia que considera as questões e os problemas do outro como procedentes e legítimos.
Escuta	Estratégia que cria ambiência – segurança, interesse etc. – para que os usuários relatem ou partilhem suas experiências.
Produção coletiva	Estratégia que estimula a construção de relações horizontais – de igualdade –, a realização compartilhada, a colaboração.
Exercício de escolhas	Estratégia que fomenta a responsabilidade e a reflexão sobre as motivações e os interesses envolvidos no ato de escolher.
Tomada de decisão sobre a própria vida e de seu grupo	Estratégia que desenvolve a capacidade de responsabilizar-se, de negociar, de compor, de rever e de assumir uma escolha.
Diálogo para a resolução de conflitos e divergências	Estratégia que favorece o aprendizado e o exercício de um conjunto de habilidades e capacidades de compartilhamento e engajamento nos processos resolutivos ou restaurativos.
Reconhecimento de limites e possibilidades das situações vividas	Estratégia que objetiva analisar as situações vividas e explorar variações de escolha, de interesse, de conduta, de atitude, de entendimento do outro.
Experiências de escolha e decisão coletivas	Estratégia que cria e induz atitudes mais cooperativas a partir da análise da situação; da explicitação de desejos, medos e interesses; da negociação, composição, revisão de posicionamentos; e da capacidade de adiar realizações individuais.

(continua)

(Quadro 2.2 – conclusão)

Aprendizado e ensino de forma igualitária	Estratégia que permite construir, nas relações, lugares de autoridade para determinadas questões, desconstruindo a perspectiva de autoridade por hierarquias previamente definidas.
Reconhecimento e nomeação das emoções nas situações vividas	Estratégia que viabiliza aprender e ter domínio sobre os sentimentos e afetações, de modo a enfrentar situações que disparam sentimentos intensos e negativos em indivíduos ou grupos.
Reconhecimento e admiração da diferença	Estratégia que possibilita exercitar situações protegidas em que as desigualdades e diversidades podem ser analisadas e problematizadas, permitindo que características, condições e escolhas sejam tomadas em sua raiz de diferença, e não a partir de um juízo de valor hegemônico.

Fonte: Elaborado com base em Brasil, 2016d.

O trabalho socioeducativo desenvolvido no CRAS fortalece os usuários de forma coletiva diante de suas necessidades e favorece seu processo de identificação como classe social. É essencial ter claro que "é no processo coletivo, em mutualidade, que se aprendem diferentes saberes igualmente importantes. [...] Desse modo, é preciso reconhecer que, nas relações educativas e de proteção social, usuários e profissionais são sujeitos de conhecimentos e de direitos" (Brasil, 2017b, p. 20). Nesse processo, profissionais e usuários aprendem e se desenvolvem.

No trabalho com grupos, é fundamental estimular a participação dos usuários no processo de desenvolvimento socioeducativo, de modo a contribuir para a mudança de mentalidade acerca do mundo e das relações sociais, a ampliação do senso crítico e o maior conhecimento acerca dos direitos sociais.

> A construção de um novo olhar é possível a partir da troca de vivências, da valorização de saberes formais e informais, das experiências de vida – é oferecer, a partir das situações vivenciadas e da realidade de vida dos indivíduos, elementos que possibilitem abrir caminhos capazes de ampliar a participação e a convivência. (Bueno, 2015, p. 61)

Nesse sentido, o trabalho socioeducativo pode contribuir para a ampliação de valores éticos, humanos e sociais e, também, para a ampliação de horizontes, favorecendo a emancipação política dos cidadãos e o acesso pleno aos direitos civis, sociais e políticos mesmo no limite da sociabilidade erguida sob a égide do capital (Marx, 2010) e (Tonet, 2005). Portanto, o trabalho socioeducativo é uma forma de preparação e organização da classe trabalhadora para a possibilidade de uma sociedade mais justa e igualitária, a qual deve ser construída. É, ainda, uma forma de ir além das ações imediatas às quais a assistência social, muitas vezes, fica condicionada.

2.2.1.3 Serviço de Proteção Social Básica no Domicílio para Pessoas com Deficiência e Idosas

A terceira modalidade de serviço de proteção social básica oferecido pelo CRAS é o Serviço de Proteção Social Básica no Domicílio para Pessoas com Deficiência e Idosas (SPDPDI), prestado aos usuários:

> que vivenciam situação de vulnerabilidade social pela fragilização de vínculos familiares e sociais e/ou pela ausência de acesso a possibilidades de inserção, habilitação social e comunitária, em especial:
>
> - Beneficiários do Benefício de Prestação Continuada;
> - Membros de famílias beneficiárias de programas de transferência de renda. (Brasil, 2009d, Anexo, item 3)

A Lei n. 13.146, de 6 de julho de 2015 (Brasil, 2015a), que dispõe sobre o Estatuto da Pessoa com Deficiência, assim define *pessoa com deficiência*:

> aquela que tem impedimento de longo prazo de natureza física, mental, intelectual ou sensorial, o qual, em interação com uma ou mais barreiras, pode obstruir sua participação plena e efetiva na sociedade em igualdade de condições com as demais pessoas. (Brasil, 2015a, art. 2º)

Algumas pessoas com deficiência têm condições básicas de participação nas atividades do dia a dia. Outras, em virtude da condição imposta pela deficiência, têm menos possibilidades de participar da vida diária e podem depender mais de seus cuidadores, nesses casos, o serviço de atendimento no domicílio precisa ser priorizado, mesmo que se compreenda que a deficiência não é uma doença.

> Atualmente, é consenso o entendimento de que deficiência não é doença e nem deve ser confundida com a palavra incapacidade. As deficiências podem ser parte ou uma expressão de uma condição de saúde, mas não indicam necessariamente a presença de uma doença ou que o indivíduo deve ser considerado doente. (Brasil, 2017c, p. 34)

Assim, cada pessoa precisa ser compreendida em seu caso particular, pois a participação desse cidadão nas atividades comuns da vida cotidiana depende da complexidade da deficiência. Cada caso específico deve ser analisado e acompanhado com atenção especial, sempre visando oferecer o serviço de atendimento no domicílio para melhorar as condições de acesso da pessoa em sua vida diária.

Nesse sentido, é preciso desmistificar a ideia de senso comum de que uma pessoa com alguma deficiência é alguém incapaz. Na realidade, essa pessoa apresenta uma especificidade que, em alguns casos, a impede de desenvolver suas atividades diárias ou mesmo de trabalho e vida social igual aos demais. Por isso, esse indivíduo precisa de serviços que possam contribuir para que ele possa viver como as outras pessoas e lhe permitam adquirir mais autonomia e liberdade.

Um dos objetivos do serviço para pessoas com deficiência no domicílio é contribuir para o rompimento de quaisquer barreiras, como:

> entrave, obstáculo, atitude ou comportamento que limite ou impeça a participação social da pessoa, bem como o gozo, a fruição e o exercício de seus direitos à acessibilidade, à liberdade de movimento e de expressão, à comunicação, ao acesso à informação, à compreensão, à circulação com segurança, entre outros. (Brasil, 2017c, p. 35)

Para pessoas que têm mobilidade reduzida em razão de sua deficiência, esse serviço visa proporcionar melhores condições de acessibilidade no que diz respeito à

> Possibilidade e condição de alcance para utilização, com segurança e autonomia, de espaços, mobiliários, equipamentos urbanos, edificações, transportes, informação e comunicação, inclusive seus sistemas e tecnologias, bem como de outros serviços e instalações abertos ao público, de uso público ou privados de uso coletivo, tanto na zona urbana como na rural [...]. (Brasil, 2017c, p. 35)

A Lei n. 10.741, de 1º de outubro de 2003 (Brasil, 2003), instituiu o Estatuto do Idoso, que considera uma pessoa idosa a partir do momento que ela completa 60 anos. Com essa idade, ela passa a gozar das prerrogativas legais presentes nesse estatuto, que garante direitos específicos legalmente. São diversas as garantias que o estatuto prevê considerando a condição especial do idoso, como:

> o atendimento preferencial junto aos órgãos públicos e privados prestadores de serviços à população; a priorização do atendimento por sua própria família, em detrimento do atendimento em serviços de acolhimento como abrigo institucional (instituição de longa permanência); a vedação de qualquer tipo de negligência, discriminação, violência, crueldade ou opressão contra a pessoa idosa; e a punição na forma da lei, de qualquer atentado aos seus direitos, por ação ou omissão. (Brasil, 2017c, p. 33)

Tanto a sociedade como o Estado, a família e/ou seus cuidadores devem participar ativamente para garantir proteção, segurança, direitos e vida plena para pessoas com 60 anos ou mais.

Segundo a Tipificação Nacional dos Serviços Socioassistenciais, o serviço no domicílio para pessoas com deficiência e idosos

> tem por finalidade a prevenção de agravos que possam provocar o rompimento de vínculos familiares e sociais dos usuários. Visa à garantia de direitos, o desenvolvimento de mecanismos para a inclusão social, a equiparação de oportunidades e a participação e o desenvolvimento da autonomia das pessoas com deficiência e pessoas idosas, a partir de suas necessidades e potencialidades individuais e sociais, prevenindo situações de risco, a exclusão e o isolamento. (Brasil, 2009d, Anexo, item 3)

Quando as equipes do CRAS realizam esses atendimentos no domicílio da pessoa com deficiência e/ou idosa, procuram garantir os direitos desses usuários e oferecer orientações e informações a seus familiares para que estes possam lhes proporcionar melhores condições de vida e saúde. Se a pessoa tem condições de sair de seu espaço familiar, os trabalhadores do CRAS a inserem nos grupos para que possa ampliar seus conhecimentos e participar de vivências, visando ao fortalecimento de vínculos familiares e comunitários.

Os objetivos dessa modalidade de serviço são:

- Prevenir agravos que possam desencadear rompimento de vínculos familiares e sociais;
- Prevenir confinamento de idosos e/ou pessoas com deficiência;
- Identificar situações de dependência;
- Colaborar com redes inclusivas no território;
- Prevenir o abrigamento institucional de pessoas com deficiência e/ou pessoas idosas com vistas a promover a sua inclusão social;
- Sensibilizar grupos comunitários sobre direitos e necessidades de inclusão de pessoas com deficiência e pessoas idosas buscando a desconstrução de mitos e preconceitos;
- Desenvolver estratégias para estimular e potencializar recursos das pessoas com deficiência e pessoas idosas, de suas famílias e da comunidade no processo de habilitação, reabilitação e inclusão social;
- Oferecer possibilidades de desenvolvimento de habilidades e potencialidades, a defesa de direitos e o estímulo à participação cidadã;
- Incluir usuários(as) e familiares no sistema de proteção social e serviços públicos, conforme necessidades, inclusive pela indicação de acesso a benefícios e programas de transferência de renda;
- Contribuir para resgatar e preservar a integridade e a melhoria de qualidade de vida dos(as) usuários(as);
- Contribuir para a construção de contextos inclusivos. (Brasil, 2009d, Anexo, item 3)

Esse serviço é fundamental, uma vez que os trabalhadores do SUAS não esperam pela pessoa com deficiência ou pelo idoso no CRAS, mas vão até seu domicílio e garantem serviços e benefícios de acordo com a realidade de cada pessoa. A oferta desse serviço no âmbito familiar deve ocorrer de forma planejada e regular, visando, além da garantia de direitos, à construção de vínculos entre profissionais e usuários. Além disso, "deve favorecer uma escuta mais reservada e um olhar mais ampliado e próximo das dinâmicas familiares, da ambiência de vizinhança, da relação dos usuários e família com os serviços do território e da capacidade atual de acesso a eles" (Brasil, 2017c, p. 13-14).

O serviço é para pessoas com deficiência e idosos, mas também deve considerar os familiares e cuidadores, proporcionando a estes capacitações e desenvolvimento de habilidades para cuidar da pessoa. Por isso, o olhar atento dos profissionais, quando visitam a família, é essencial para perceber a real situação da pessoa com deficiência ou idosa na relação com seus familiares. Os profissionais podem encontrar situações variadas, como falta de condições sociais e econômicas para cuidar da pessoa ou situações de violência. Em quaisquer das circunstâncias, é necessário fazer intervenções, com vistas à proteção, à segurança e à garantia de condições dignas de vida para os usuários e seus familiares.

Nesse sentido, os cuidadores de idosos ou de pessoas com deficiência, sejam eles membros familiares ou não, precisam ser preparados para esse exercício, pois cuidar de uma pessoa não é um ato simples, mesmo que envolva relações afetivas oriundas do vínculo familiar. Em todo caso, o cuidador precisa desenvolver uma relação de afeto com a pessoa de quem vai cuidar, "pois não é possível cuidar sem vivenciar o afeto, a gentileza, a cordialidade, a cooperação e sem escutar e respeitar genuinamente o ponto de vista do outro e considerar com humildade, as sutilezas das interações humanas" (Brasil, 2017c, p. 43).

Cuidar faz parte do ser humano, mas, em algumas situações, cuidar de pessoas com alguma fragilidade mais intensa exige preparação. Para Boff (2009, p. 12, grifo do original), "O que se opõe ao descuido e ao descaso é o cuidado. Cuidar é mais que um *ato*; é uma *atitude*. Portanto, abrange mais que um momento de atenção, de zelo e de desvelo. Representa uma *atitude* de ocupação, preocupação, de responsabilização e de envolvimento afetivo com o outro". Embora historicamente a sociedade tenha atribuído o ato de cuidar apenas às mulheres, os homens também têm capacidade e podem exercer essa função, pois "o cuidado se encontra na raiz primeira do ser humano, antes que ele faça qualquer coisa. E, se fizer, ela sempre vem acompanhada de cuidado e imbuída de cuidado" (Boff, 2009, p. 13).

O ser humano, portanto, precisa do cuidado para seu desenvolvimento físico, psíquico e espiritual durante seu ciclo de vida, além de ter inerente a si mesmo o cuidado com a vida, com os outros e com seu hábitat, enfim, com tudo o que o cerca. Boff (2009, p 13) considera que "o cuidado entra na natureza e na constituição do ser humano. O modo de ser cuidado revela de maneira concreta como é o ser humano. Sem o cuidado, ele deixa de ser humano. Se não receber cuidado, desde o nascimento até a morte, o ser humano desestrutura-se, definha, perde sentido e morre". Essa atitude do cuidado que Boff (2009) diz ser inerente ao ser humano parece estar ofuscada na contemporaneidade, pois existe uma grande falta de cuidado com os seres humanos, com a terra e com a vida. Por isso, a assistência social, por meio do serviço prestado no domicílio para pessoas com deficiência e idosos, retoma esse valor perante os cuidadores.

É nesse sentido que o cuidador precisa ser preparado e formado para cuidar de pessoas que apresentam alguma dependência por conta da idade ou alguma deficiência que as impossibilite de viver com plena autonomia. Para Boff (2009, p. 42), "o cuidado somente surge quando a existência de alguém tem importância para mim. Passo então a dedicar-me a ele; disponho-me a participar de seu destino, de suas buscas, de seus sofrimentos e de seus sucessos, enfim, de sua vida".

A proteção social da PNAS tem uma relação direta com o cuidado de pessoas que apresentam as mais variadas formas de vulnerabilidades e riscos sociais, entre elas as advindas do ciclo de vida e/ou da deficiência. Por isso, temos a preocupação de definir algumas orientações acerca dos cuidadores, conforme evidenciado no Quadro 2.3, a seguir.

Quadro 2.3 – Cuidadores de pessoas com deficiência e idosos

CUIDADOR(A)	CARACTERÍSTICAS
Cuidador(a) familiar de pessoa idosa e pessoa com deficiência	Pessoa adulta, maior de 18 anos, que acolhe, orienta e dá suporte à realização das atividades de convívio e autocuidado, procurando minorar ou suprir algum déficit de autonomia, a depender das singularidades e fragilidades da pessoa cuidada, auxiliando no acesso e usufruto de seus direitos.
Cuidador(a) informal	Pessoa com laços consanguíneos, de aliança, solidariedade ou afinidade que exerce o cuidado familiar sem contraprestação financeira. Essa pessoa pode ou não estar preparada para exercer o cuidado em suas diversas dimensões e singularidades, pois, muitas vezes, é levado(a) pela emoção, pela intuição, por sentimentos de amor, por dever ou por ter uma história comum com a pessoa cuidada.
Cuidador(a) formal	Profissional contratado para prestar cuidados no ambiente domiciliar da pessoa com deficiência ou da pessoa idosa mediante uma remuneração. A princípio, tem habilidades e formação especial para exercer essa função no domicílio da pessoa cuidada. Essa é uma atividade reconhecida como ocupação pelo Ministério do Trabalho.
Atendente pessoal	Pessoa, membro ou não da família, que, com ou sem remuneração, assiste ou presta cuidados básicos e essenciais à pessoa com deficiência no exercício de suas atividades diárias, excluídas as técnicas ou os procedimentos identificados com profissões legalmente estabelecidas.
Acompanhante	Pessoa que acompanha o indivíduo com deficiência, podendo ou não desempenhar as funções de atendente pessoal.

Fonte: Elaborado com base em Brasil, 2017c.

Quando a família tem um membro que necessite de cuidados e não tem poder aquisitivo para custear, geralmente destina a mulher para exercer a função de cuidadora da pessoa dependente (Saffioti, 1987). Apesar dos avanços sobre as relações de gênero, quando se trata de cuidar de algum membro da família, a tarefa continua sendo da mulher, e isso lhe acarreta uma sobrecarga ainda maior que a dupla jornada de trabalho, dividida entre o emprego e o trabalho doméstico.

> O predomínio feminino nas atividades de cuidado não pode ensejar, por parte das políticas públicas, em particular da assistência social, a subestimação ou mesmo a exclusão da participação e da igualdade de responsabilidade dos homens no exercício desse papel. É importante ter em vista as mudanças relacionadas às questões de gênero que se processam ao longo dos tempos. (Brasil, 2017c, p. 50)

Quando a pessoa cuidada demanda presença constante do cuidador, este afasta-se do trabalho formal, ingressa no trabalho precário e informal ou fica apenas com os afazeres domésticos e os cuidados com a pessoa dependente, o que, muitas vezes, lhe acarreta situações de agravamento das condições de pobreza. Assim, "proteger cuidados e cuidadores impõe ao Estado a oferta de cuidados por meio de serviços e benefícios, complementares aos ofertados pela família, para ampliar a rede de cuidados e evitar violação de direitos de Cuidados e Cuidadores" (Brasil, 2017c, p. 47). Quando os profissionais detectam violações de direitos do idoso ou da pessoa com deficiência, devem informar ao SPDPDI, que é prestado pelo CREAS. Nesse equipamento, há profissionais especializados para fazer as intervenções cabíveis e necessárias no caso de violações.

O CRAS opera e garante não apenas os serviços ora discutidos, mas também os benefícios, principalmente os de transferência de renda: Benefício de Prestação Continuada (BPC) e o Programa Bolsa Família (PBF). Além desses dois benefícios, os usuários da assistência social podem contar com os benefícios eventuais. Os três benefícios serão discutidos a seguir.

2.2.1.4 Benefício de Prestação Continuada

Para os cidadãos que se encontram descobertos de proteção social por parte da previdência social porque não tiveram um vínculo formal de trabalho, a assistência social oferece um benefício assistencial. O BPC é a garantia de um salário-mínimo para pessoas com renda *per capita* igual ou inferior a um quarto do salário-mínimo e que não têm condições de subsidiar a própria subsistência em razão de alguma situação especial, idade, doença ou deficiência (Brasil, 2007c). Esse benefício compõe a proteção social básica do SUAS e, para ter acesso a ele, não é necessário que o idoso ou a pessoa com deficiência tenha contribuído diretamente para a previdência social. Trata-se de um benefício assistencial, pois é destinado a pessoas cuja renda familiar *per capita* não ultrapasse um quarto do salário-mínimo vigente. O BPC não é aposentadoria nem pensão e também não dá direito ao 13º salário. Para a concessão do benefício, é feita uma avaliação minuciosa das condições socioeconômicas dos requerentes e de seu núcleo familiar. E, no caso da pessoa com deficiência, é necessário comprovar, além da renda, sua incapacidade laboral em razão da deficiência.

Para continuar recebendo o BPC, a situação do idoso ou da pessoa com deficiência deve ser a mesma quando da concessão. Daí as críticas aos padrões de subalternidade a que os critérios submetem os usuários. Segundo a Lei Orgânica da Assistência Social (LOAS), em seu art. 21, a cada dois anos é feita uma revisão dessa concessão e, quando a pessoa não corresponder aos critérios iniciais da concessão, o benefício poderá ser suspenso. Isso ocorre quando o cidadão ou sua família conseguiu superar um quarto do salário-mínimo de renda *per capita*, quando o cidadão saiu da condição de pessoa com deficiência ou, ainda, no caso de óbito do beneficiário (Brasil, 1993). Yazbek (2003, p. 133) afirma que, "quando se trata de usuários de serviços assistenciais, o que se constata muitas vezes é uma dependência quase que exclusiva dos serviços sociais públicos em suas estratégias para sobreviver". Assim, os critérios de elegibilidade e manutenção do benefício colocam o usuário em uma situação delicada. A conquista de novas perspectivas de vida convive com a ameaça de suspensão do benefício assistencial.

Portanto, apesar de ser um direito de cidadania que o Estado tem a obrigação de prover, o BPC também tem limitações, pois "a natureza jurídica de benefício assistencial impõe que aquele que o recebe não tenha direito a nenhum outro benefício previdenciário e, em caso de seu falecimento, não haverá direito a pensão por morte ou auxílio-funeral, prestações que têm natureza previdenciária" (Santos, 2011, p. 79). Porém, mesmo com esses limitadores, o BPC é fundamental para as pessoas que têm dificuldades em suprir suas necessidades. As críticas aqui delineadas não têm a intenção de obscurecer a importância do benefício para o público em questão, mas iluminam os fios invisíveis que contornam sua concessão e manutenção. Conceder e manter o BPC às pessoas que vivem em situação de miséria e pobreza é uma maneira de melhorar suas condições de vida, e isso remete à questão da dignidade humana.

A Constituição Federal (CF) de 1988 prevê que, para o Estado ser democrático de direito, deve ter como fundamento: "I – a soberania; II – a cidadania; III – a dignidade da pessoa humana; IV – os valores sociais do trabalho e da livre-iniciativa; V – o pluralismo político" (Brasil, 1988, art. 1º). A esse respeito, Silveira e Colin (2017, p. 125) observam:

> o valor da dignidade humana direciona para a necessidade de estruturação de sistemas nacionais de proteção social, de caráter universal e coletivo, que imprimam, taxativamente, obrigações positivas do Estado a serem materializadas por meio da oferta de políticas públicas com o desafio de garantir a integralidade dos direitos humanos e promover a equidade no acesso a bens, renda e serviços.

A CF de 1988 determina que os objetivos fundamentais do país, na condição de república, são:

> I – construir uma sociedade livre, justa e solidária;
>
> II – garantir o desenvolvimento nacional;
>
> III – erradicar a pobreza e a marginalização e reduzir as desigualdades sociais e regionais;
>
> IV – promover o bem de todos, sem preconceitos de origem, raça, sexo, cor, idade e quaisquer outras formas de discriminação. (Brasil, 1988, art. 3º)

Entretanto, diante desses fundamentos e objetivos, a concessão do BPC às pessoas que não tiveram oportunidade de inserir-se no mercado formal de trabalho e/ou não tiveram condições de contribuir diretamente com a previdência social ou, ainda, que apresentam alguma deficiência que as incapacite para o trabalho é uma questão de justiça social. Santos (2011, p. 80) observa que, "ao exigir a comprovação da incapacidade para a vida independente e para o trabalho, bem como a renda *per capita* familiar inferior a um quarto do salário-mínimo, a Lei n. 8.742 estabeleceu um corte que criou uma legião de excluídos sociais". São inúmeras as pessoas que estão em condição subalterna em razão da situação de pobreza e que, em virtude dos critérios elegíveis, não conseguem acessar o benefício.

Essas exigências para conceder o benefício excluem o montante da população que não consegue contribuir para a previdência social, a qual está vinculada ao trabalho formal. Além disso, existe uma camada da população que não tem sua força de trabalho absorvida pelo mercado, mas cuja renda *per capita* ultrapassa o corte de renda exigido, ou, ainda, que não consegue comprovar sua incapacidade em razão da deficiência. Santos (2011, p. 80) observa que "a comprovação da idade não acarreta grandes dificuldades. Já com relação à prova da deficiência [...] o interessado será submetido a uma avaliação por equipe médica, da qual deverá resultar um laudo, que será o documento comprobatório da deficiência". Caso a equipe médica defina que a pessoa pode ser habilitada ou reabilitada para o trabalho, o laudo será negativo. O mercado de trabalho apresenta restrições consideráveis para absorver a força de trabalho de pessoas com deficiência. De acordo com Santos (2011, p. 80), "essa não é a vontade constitucional. A dignidade da pessoa humana é fundamento do Estado democrático de direito". Isso demonstra que o Brasil está longe de vivenciar de fato um Estado de direito. A promoção da dignidade da pessoa humana não acontece sob o signo das restrições.

Mediante tais pilares, o Estado tem a obrigatoriedade de garantir condições dignas de vida a esses usuários via renda de cidadania, que não deveria ser mínima. É importante ressaltar que o BPC não proporciona mobilidade de classe social, mas contribui para melhorar as condições de vida do público-alvo. A concessão do benefício não erradicará a pobreza nem interferirá nos fundamentos da desigualdade social – ambas são inerentes à sociabilidade erguida sob a égide do capital. O benefício, porém, é importante porque pode proporcionar melhores condições para a manutenção das necessidades humanas básicas dos cidadãos, mesmo que de forma restritiva.

2.2.1.5 Programa Bolsa Família

Esse programa, que foi unificado em 2003 e lançado em 2004 (Brasil, 2004a), é o maior programa de transferência de renda do Brasil. Quando o programa foi criado pelo governo federal, os "objetivos eram contribuir para a inclusão social das famílias premidas pela miséria, com alívio imediato de sua situação, e estimular avanços em sua educação e saúde para interromper o ciclo intergeracional de reprodução da pobreza" (Campello, 2014, p. 13). Por isso, o programa foi criado por meio da junção de programas como auxílio-gás, bolsa alimentação, bolsa escola e cartão alimentação (Silva; Yazbek; Di Giovanni, 2004). A unificação foi feita com base em um processo de estudo e diagnóstico, em que a equipe do governo compreendeu a necessidade de juntar esses programas em um só e colocar todo o recurso também em um único fundo, o que facilitaria o monitoramento e o controle social dos gastos. E, claro, facilitaria para as famílias, que receberiam, em um único cartão, a renda a que tinham direito. Segundo os autores, "o grande desafio é alcançar a unificação não só de todos os programas federais, mas também dos programas criados por iniciativas de Estados e municípios" (Silva; Yazbek; Di Giovanni, 2004, p. 137). A unificação tinha o objetivo de construir um "mecanismo de gestão que deve ser colocado a serviço de um sistema de proteção social universal, capaz de atender todas as pessoas em situação de risco e vulnerabilidade, considerando a multidimensionalidade e o caráter estrutural da pobreza e da fome no Brasil" (Silva; Yazbek; Di Giovanni, 2004, p. 137).

O programa é destinado a famílias que tenham baixa renda, ou seja, renda *per capita* entre R$ 85,00 e R$ 170,00. Esse é o grupo familiar beneficiário do programa e tem "toda liberdade na aplicação do dinheiro recebido" (Silva; Yazbek; Di Giovanni, 2004,

p. 138). Na atualidade, o programa tem articulação direta com o Plano Brasil sem Miséria, instituído pelo Decreto n. 7.492, de 2 de junho de 2011, cujo objetivo é combater a miséria e a pobreza no Brasil (Brasil, 2011a). O referido plano prevê a atuação em três eixos: 1) transferência de renda; 2) acesso aos serviços públicos e às oportunidades de ocupação; e 3) garantia dos direitos sociais (Brasil, 2011a). Nesse âmbito, o PBF faz parte de um dos eixos, o de transferência de renda, atuando

> no alívio das necessidades materiais imediatas, transferindo renda de acordo com as diferentes características de cada família. [...] apoia o desenvolvimento das capacidades de seus beneficiários por meio do reforço ao acesso a serviços de saúde, educação e assistência social, bem como da articulação com um conjunto amplo de programas sociais. (Campello; Neri, 2013, p. 11)

O PBF prevê, para as famílias beneficiárias, condicionalidades que dizem respeito a três políticas públicas: assistência social, saúde e educação. No Quadro 2.4, a seguir, são mostradas as condicionalidades em cada política pública.

Quadro 2.4 – Condicionalidades do PBF

POLÍTICA PÚBLICA	USUÁRIOS	CONDICIONALIDADES
Educação	Crianças ou adolescentes de 6 a 15 anos de idade.	Matrícula e frequência mínima de 85% da carga horária escolar mensal.
	Adolescentes de 16 e 17 anos de idade, cujas famílias recebam o Benefício Variável Vinculado ao Adolescente (BVJ).	Matrícula e frequência mínima de 75% da carga horária escolar mensal.

(continua)

(Quadro 2.4 – conclusão)

POLÍTICA PÚBLICA	USUÁRIOS	CONDICIONALIDADES
Saúde	Gestantes e nutrizes.	Comparecimento às consultas de pré-natal e a assistência ao puerpério, visando à promoção do aleitamento materno e dos cuidados gerais com a alimentação e a saúde da criança.
	Crianças menores de 7 anos.	Cumprimento do calendário de vacinação e o acompanhamento do crescimento e desenvolvimento infantil.
Assistência social	Crianças e adolescentes de até 15 anos, em risco ou retiradas do trabalho infantil.	Frequência mínima de 85% da carga horária relativa aos Serviços de Convivência e Fortalecimento de Vínculos (SCFV).

Fonte: Elaborado com base em Brasil, 2015e.

As condicionalidades são vistas como uma forma de acesso aos direitos sociais por alguns autores e, por outros, como uma forma de controle dos beneficiários (Prates, 2013a). Se, por um lado, podem contribuir para o acesso a uma rede de proteção social, por outro, uma vez que são exigidas condicionalidades, podem ofuscar a lógica do direito social.

O PBF tem vários benefícios que são garantidos às famílias, dependendo de sua situação social e de sua composição. O valor que a família recebe mensalmente em seu cartão cidadão é a soma da quantia de benefícios a que tem direito. O Quadro 2.5, a seguir, revela a classificação desses benefícios e os critérios para sua concessão.

Quadro 2.5 – Benefícios do PBF

TIPO DE BENEFÍCIO	USUÁRIO	PAGAMENTO
Benefício básico	Pago apenas a famílias extremamente pobres (renda mensal *per capita* de até R$ 85,00).	R$ 85,00
Benefícios variáveis	• Benefício variável vinculado à criança ou ao adolescente de 0 a 15 anos: Pago às famílias com renda mensal de até R$ 70,00 *per capita* e que tenham crianças ou adolescentes de 0 a 15 anos de idade em sua composição. É exigida frequência escolar das crianças e adolescentes entre 6 e 15 anos de idade. • Benefício variável vinculado à gestante: Pago às famílias com renda mensal de até R$ 170,00 por pessoa e que tenham grávidas em sua composição. Pagamento de nove parcelas mensais. O benefício só é pago se a gravidez for identificada pela área de saúde para que a informação seja inserida no Sistema Bolsa Família na Saúde. • Benefício variável vinculado à nutriz: Pago às famílias com renda mensal de até R$ 170,00 por pessoa e que tenham crianças com idade entre 0 e 6 meses em sua composição, para reforçar a alimentação do bebê, mesmo nos casos em que o bebê não more com a mãe. Pagamento de seis parcelas mensais. Para que o benefício seja concedido, a criança precisa ter seus dados incluídos no Cadastro Único até o sexto mês de vida.	R$ 39,00 (até cinco pessoas contempladas por família)
Benefício variável vinculado ao adolescente	Pago às famílias com renda mensal de até R$ 170,00 por pessoa e que tenham adolescentes entre 16 e 17 anos em sua composição. É exigida frequência escolar dos adolescentes.	R$ 46,00 (até dois adolescentes por família)

(continua)

(Quadro 2.5 – conclusão)

TIPO DE BENEFÍCIO	USUÁRIO	PAGAMENTO
Benefício para superação da extrema pobreza, em valor calculado individualmente para cada família	Pago às famílias que continuem com renda mensal por pessoa inferior a R$ 85,00, mesmo após receberem os outros tipos de benefícios do programa.	O valor do benefício é calculado de acordo com a renda e a quantidade de pessoas da família, para garantir que a família ultrapasse o piso de R$ 85,00 de renda por pessoa.

Fonte: Elaborado com base em Brasil, 2015e.

Assim, o PBF é um programa de transferência de renda importante para o enfrentamento das condições extremas de miséria, pobreza e fome. Como o corte de renda é extremamente baixo e diante da condição de que a família perde o benefício quando sua renda *per capita* ultrapassar os valores exigidos, o programa, apesar de sua importância para aqueles que vivem em situação de miséria e pobreza, agrupa as pessoas em uma mesma condição: a da subalternidade.

Por ser um programa de transferência de renda e tendo em vista a quantia de renda oferecida, não possibilita mobilidade social nem saída real das condições de pobreza, apenas ameniza. O que ocorre é uma saída estatística da miséria e da pobreza, mas isso não significa que as pessoas não estarão mais em situação de pobreza. Portanto, o PBF, mesmo que, na perspectiva do governo, sirva para combater a pobreza e as desigualdades, na prática, não consegue satisfazer essa expectativa. Ainda assim, é um programa que deve ser mantido, fortalecido e, principalmente, que tenha a renda oferecida ampliada, para que a pessoa possa ter acesso a outros direitos e, assim, trilhe o caminho da cidadania, alcançando novas oportunidades. Para sair da situação de miséria e pobreza extrema, é preciso que os responsáveis pelo programa não fiquem apenas na operacionalização do sistema e no controle dos beneficiários, mas promovam formações e capacitações e articulem a rede de políticas públicas em prol das famílias beneficiárias.

2.2.1.6 Benefícios eventuais

Quando as famílias ou os cidadãos encontram-se em uma situação emergencial, o SUAS oferta os benefícios eventuais, que são "provisões suplementares e provisórias que integram organicamente as garantias do SUAS e são prestadas aos cidadãos e às famílias em virtude de nascimento, morte, situações de vulnerabilidade temporária e de calamidade pública" (Brasil, 1993, art. 22). Trata-se de benefícios utilizados no caso de emergência em algumas das situações ora mencionadas. Esses benefícios não podem ter um fim em si mesmos, ou seja, a família que os recebe precisa ser inserida no sistema de proteção social do SUAS. Eles compõem a proteção social básica, integram o SUAS e têm como princípios:

> I – integração à rede de serviços socioassistenciais, com vistas ao atendimento das necessidades humanas básicas;
>
> II – constituição de provisão certa para enfrentar com agilidade e presteza eventos incertos;
>
> III – proibição de subordinação a contribuições prévias e de vinculação a contrapartidas;
>
> IV – adoção de critérios de elegibilidade em consonância com a Política Nacional de Assistência Social – PNAS;
>
> V – garantia de qualidade e prontidão de respostas aos usuários, bem como de espaços para manifestação e defesa de seus direitos;
>
> VI – garantia de igualdade de condições no acesso às informações e à fruição do benefício eventual;
>
> VII – afirmação dos benefícios eventuais como direito relativo à cidadania;
>
> VIII – ampla divulgação dos critérios para a sua concessão; e
>
> IX – desvinculação de comprovações complexas e vexatórias de pobreza, que estigmatizam os benefícios, os beneficiários e a política de assistência social. (Brasil, 2007b, art. 2º)

Por meio do Decreto n. 6.307, de 14 de dezembro de 2007 (Brasil, 2007b), os municípios conseguiram implementar benefícios como cestas básicas, auxílio à documentação, à passagem e ao vestuário, entre outros, quando há situações de emergência. O decreto proíbe que os benefícios eventuais sejam garantidos à população por intermédio de contrapartida, ou seja, os benefícios são constituídos como direito social e não podem ser utilizados para campanhas de qualquer natureza, troca de favores ou para exaltar alguma personalidade. Cada concessão de benefício tem os próprios critérios, regulamentados em cada município, porém não devem contrariar os princípios ora descritos (Brasil, 2007b).

Entre os benefícios eventuais, a cesta básica é o mais comum (Bovolenta, 2017). Pessoas em situação de miséria e pobreza têm em comum a fome. Sané (2003, p. 29) observa que passar pela dor da fome é uma das mais cruéis violações dos direitos humanos:

> Das cinco famílias de direitos humanos – cívicos, políticos, culturais, econômicos e sociais – proclamados pela Declaração Universal dos Direitos do Homem como inerentes à pessoa humana, a pobreza constitui numa violação do quinto, sempre; do quarto, em geral; muitas vezes do terceiro e, às vezes, até mesmo do segundo e do primeiro.

E a fome é inerente à condição de miséria e pobreza, pois se alimentar é uma das necessidades humanas mais básicas.

Oferecer comida a quem tinha fome foi uma prática comum das ações assistencialistas ao longo da história e, inclusive, das ações do Estado. No entanto, após a legislação que configurou a assistência social como uma política pública, oferecer a cesta básica passou a ser uma ação emergencial. Assim, a ação em prol da pessoa que se encontra em situação extrema de miséria e fome não pode ser apenas a concessão de uma cesta básica. É necessário articular um conjunto de ações para intervir na condição social do cidadão.

Contudo, será que, quando a cesta básica passa a ser ofertada de forma continuada aos mesmos cidadãos, o sistema de proteção social está sendo efetivo no enfrentamento dessa demanda?

Bovolenta (2017, p. 509) considera que, "nesse caso, é necessário atentar se a cesta básica não vem cumprindo o papel de amenizar o sofrimento do cidadão diante da ausência de respostas mais efetivas por parte do Estado, na garantia e acesso a direitos socioassistenciais que os protejam e os atendam em suas desproteções sociais".

A alimentação é um direito humano básico previsto na CF de 1988, mas não é oferecendo ao usuário uma cesta básica todo mês que vai tirá-lo da situação de miséria e pobreza. É preciso inseri-lo no sistema de proteção social e garantir-lhe outros direitos e acessos para que ele tenha condições de adquirir a própria alimentação. O Estado consegue prover apenas o mínimo, porém se trata de "uma provisão pontual, isto é, o cidadão não é acompanhado ou mesmo encaminhado em suas necessidades aos serviços socioassistenciais complementares e necessários" (Bovolenta, 2017, p. 510). Se os profissionais não compreenderem essa dimensão do benefício eventual, a não concessão pode acarretar mais violações de direitos – de direitos humanos, nos termos de Sané (2003).

Para que um benefício eventual seja concedido, é preciso haver critérios, principalmente que o benefício eventual seja apenas a primeira ação de um conjunto de medidas tomadas junto à família ou à pessoa que requer o benefício. Assim, o ideal é que o serviço prestado possibilite à pessoa não carecer mais do benefício eventual, proporcionando-lhe acesso a melhores condições de vida e possibilidades de crescimento e desenvolvimento humano.

2.3 CREAS

A segunda modalidade de proteção social é a especial de média e alta complexidade. O equipamento que presta os serviços de proteção social especial de média complexidade é o Centro de Referência Especializado de Assistência Social (CREAS), que é uma "unidade pública estatal de abrangência municipal ou regional que tem como papel constituir-se em lócus de referência, nos territórios, da oferta de trabalho social especializado no SUAS a famílias e indivíduos em situação de risco pessoal ou social, por violação de direitos" (Brasil, 2011d, p. 23). O atendimento no CREAS segue os mesmos princípios no que se refere às seguranças, portanto, ele deve afiançar as seguranças de acolhida, convívio familiar, rendimento e autonomia. Com relação aos princípios norteadores do SUAS, o CREAS deve vivenciar as mesmas orientações.

Não são todos os municípios brasileiros que podem reivindicar a implantação do CREAS, pois esta "precisa considerar o diagnóstico socioterritorial com dados sobre a incidência de situações de risco pessoal e social, por violação de direitos, o levantamento das demandas e o mapeamento dos serviços, programas e projetos existentes no território" (Brasil, 2011d, p. 73). Para tanto, existem alguns critérios definidos com base no porte do município, como mostra a Figura 2.3, a seguir.

Figura 2.3 – Número de habitantes que compõem o porte dos municípios

Pequeno porte I	Pequeno porte II	Médio porte	Grande porte, metrópoles e DF
Até 20 mil habitantes.	De 20.001 a 50 mil habitantes.	De 50.001 a 100 mil habitantes.	Mais de 100.001 habitantes.

Fonte: Elaborado com base em Brasil, 2011d.

Tendo o critério de porte do município, este pode realizar o diagnóstico municipal para conhecer as demandas próprias para o CREAS. Para isso, o diagnóstico precisa apresentar informações que devem

> retratar a realidade e podem ser extraídas das estatísticas oficiais; do banco de dados do órgão gestor da assistência social, de serviços socioassistenciais e das demais políticas públicas setoriais; dos conselhos de políticas públicas e de direitos e das organizações não governamentais. Para além destas informações, a composição do diagnóstico poderá contemplar relatos e considerações das lideranças comunitárias, dos profissionais que já atuam nos territórios; dentre outras

fontes de informações que estejam disponíveis e que contribuam para a compreensão do território e sua dinâmica. (Brasil, 2011d, p. 73)

O diagnóstico é utilizado para a elaboração e a implantação de políticas públicas nos territórios. Trata-se de uma *"análise interpretativa* que possibilita ler e compreender a realidade social [...]. O diagnóstico ajuda na precisão das medidas adotadas, direcionando o atendimento às regiões necessitadas e oferecendo às famílias os serviços de que elas precisam e os benefícios a que têm direito" (Brasil, 2016a, p. 70, grifo do original). O diagnóstico compõe o ciclo para implementação de políticas públicas, conforme representado na Figura 2.4, a seguir.

Figura 2.4 – Ciclo das políticas públicas

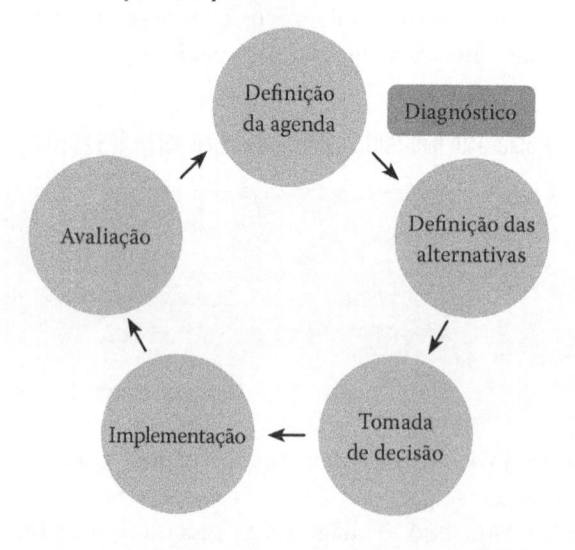

Fonte: Brasil, 2016a, p. 71.

O processo de implementação de políticas públicas tem um ciclo que envolve os cinco itens da figura anterior. Trata-se de uma "ferramenta analítica que permite conhecer as várias fases dos processos político-administrativos envolvidos na realização de uma política pública" (Brasil, 2016a, p. 71). Além de possibilitar uma implantação mais eficiente, "Facilita (embora não resolva) a investigação das relações de poder, das redes, bem como das práticas que se encontram tipicamente em cada fase, auxiliando na elaboração e na avaliação das políticas públicas" (Brasil, 2016a, p. 71). As relações de poder são as mais complexas na disputa por recursos para implementar políticas públicas, principalmente quando envolvem as relações da política partidária e seus interesses.

A elaboração de um diagnóstico socioterritorial permite que o órgão gestor identifique várias questões relevantes para a implementação do CREAS no território, como:

- Particularidades do território (história; cultura; aspectos geográficos – rodovias, fronteiras, extensão; movimentos sociais; rede preexistente; densidade populacional etc.);
- Dados da incidência de situações de risco pessoal e social, por violação de direitos, e suas especificidades: identificação de demandas, avaliação de relevância e pertinência de implantação da Unidade;
- Mapeamento da rede de serviços, programas e projetos que poderá ser articulada ao CREAS. (Brasil, 2011d, p. 76)

Após a identificação desses fatores, o gestor pode seguir os cinco passos do ciclo de políticas públicas e definir quantos CREAS são necessários para absorver as demandas das violações de direitos no território. Essa definição também é orientada com base na NOB/SUAS (Brasil, 2013b). A Figura 2.5, a seguir, mostra quantos CREAS podem ser implantados de acordo com o porte de cada município.

Figura 2.5 – Quantidade de CREAS por porte de município

Pequeno porte I	Pequeno porte II	Médio porte	Grande porte e metrópoles
Cobertura de atendimento em CREAS regional ou implantação de 1 CREAS, quando a demanda local justificar.	Implantação de pelo menos 1 CREAS.	Implantação de pelo menos 1 CREAS.	Implantação de pelo menos 1 CREAS a cada 200 mil habitantes.

Fonte: Elaborado com base em Brasil, 2011d.

Quando o município tem pequeno porte I e não apresenta demanda suficiente para implantar um CREAS sozinho, pode se juntar a outros municípios ao redor que estejam nas mesmas condições e propor um consórcio intermunicipal. Trata-se da implantação de um CREAS regional que atenderá a todos os municípios e será por eles financiado com a coparticipação do governo federal. No caso de não haver tais possibilidades, o CRAS recebe as demandas de violações de direitos e sua equipe técnica providencia o atendimento necessário para a pessoa e/ou família. Nesses casos, o atendimento das pessoas com seus direitos violados é precário, pois o CRAS não dispõe de recursos para suprir essa demanda, e a equipe técnica não é especializada para realizar esses atendimentos.

2.3.1 Serviços de proteção social especial de média complexidade prestados pelo CREAS

Para a PNAS, os serviços de proteção social especial de média complexidade são aqueles

> que oferecem atendimentos às famílias e indivíduos com seus direitos violados, mas cujos vínculos familiar e comunitário não foram rompidos. Neste sentido, requerem maior estruturação técnico-operacional e atenção especializada e mais individualizada, e, ou, de acompanhamento sistemático e monitorado [...]. (Brasil, 2005c, p. 38)

Segundo a Tipificação Nacional dos Serviços Socioassistenciais do SUAS (Brasil, 2009d, art. 1º, inciso II), o CREAS deve oferecer e garantir os seguintes serviços:

a) Serviço de Proteção e Atendimento Especializado a Famílias e Indivíduos (PAEFI);

b) Serviço Especializado em Abordagem Social;

c) Serviço de Proteção Social a Adolescentes em Cumprimento de Medida Socioeducativa de Liberdade Assistida (LA) e de Prestação de Serviços à Comunidade (PSC);

d) Serviço de Proteção Social Especial para Pessoas com Deficiência, Idosas e suas Famílias;
e) Serviço Especializado para Pessoas em Situação de Rua.

Esses serviços serão apresentados e discutidos a seguir.

2.3.1.1 Serviço de Proteção e Atendimento Especializado a Famílias e Indivíduos

O Serviço de Proteção e Atendimento Especializado a Famílias e Indivíduos (PAEFI) é referência para todos os demais serviços da proteção social especial. Trata-se de um

> Serviço de apoio, orientação e acompanhamento a famílias com um ou mais de seus membros em situação de ameaça ou violação de direitos. Compreende atenções e orientações direcionadas para a promoção de direitos, a preservação e o fortalecimento de vínculos familiares, comunitários e sociais e para o fortalecimento da função protetiva das famílias diante do conjunto de condições que as vulnerabilizam e/ou as submetem a situações de risco pessoal e social. (Brasil, 2009d, Anexo, item 4)

A proteção social especial de média complexidade é prevista para pessoas que estão com direitos violados, mas ainda não tiveram seus vínculos familiares e/ou comunitários rompidos. Para esse público, o CREAS tem a função de prestar os serviços especializados de assistência social com o objetivo de:

- Contribuir para o fortalecimento da família no desempenho de sua função protetiva;
- Processar a inclusão das famílias no sistema de proteção social e nos serviços públicos, conforme necessidades;
- Contribuir para restaurar e preservar a integridade e as condições de autonomia dos usuários;
- Contribuir para romper com padrões violadores de direitos no interior da família;
- Contribuir para a reparação de danos e da incidência de violação de direitos;
- Prevenir a reincidência de violações de direitos. (Brasil, 2009d, Anexo, item 4)

A violação de direitos consiste na violação da integridade que fira a dignidade da pessoa de qualquer idade, etnia ou classe social. Os direitos podem ser violados por diversas questões e, por isso, os objetivos citados visam enfrentar e sanar demandas oriundas das situações de:

- Violência física, psicológica e negligência;
- Violência sexual: abuso e/ou exploração sexual;
- Afastamento do convívio familiar devido à aplicação de medida socioeducativa ou medida de proteção;
- Tráfico de pessoas;
- Situação de rua e mendicância;
- Abandono;
- Vivência de trabalho infantil;
- Discriminação em decorrência da orientação sexual e/ou raça/etnia;
- Outras formas de violação de direitos decorrentes de discriminações/submissões a situações que provocam danos e agravos a sua condição de vida e os impedem de usufruir autonomia e bem-estar;
- Descumprimento de condicionalidades do PBF e do PETI [Programa de Erradicação do Trabalho Infantil] em decorrência de violação de direitos. (Brasil, 2009d, Anexo, item 4)

Essas violações devem ser enfrentadas por meio do serviço do PAEFI, a fim de restaurar a integridade e a dignidade da pessoa humana, garantindo-lhe as prerrogativas dos direitos humanos mediante a proteção social especial de média complexidade.

No CRAS e no CREAS, o acompanhamento familiar ocorre de forma diferente. No CRAS, esse acompanhamento deve ser feito às famílias que descumprem as condicionalidades do PBF ou outras situações específicas. No CREAS, deve ser feito com todas as famílias ou pessoas cujos direitos encontram-se violados. O acompanhamento é realizado em um período específico e, cessando esse período e tendo sido resolvida a situação da pessoa ou da família, encerra-se o acompanhamento.

A metodologia de trabalho social com famílias no PAIF e no PAEFI apresenta algumas etapas que podem ser construídas pela equipe de profissionais. Tanto o CRAS quanto o CREAS contemplam o trabalho social com a família e ambos devem realizar o acompanhamento familiar. O organograma a seguir (Figura 2.6) mostra essas etapas, que podem orientar a construção do trabalho social com famílias no CRAS/CREAS.

Figura 2.6 – **Etapas do acompanhamento de demandas por meio do PAEFI**

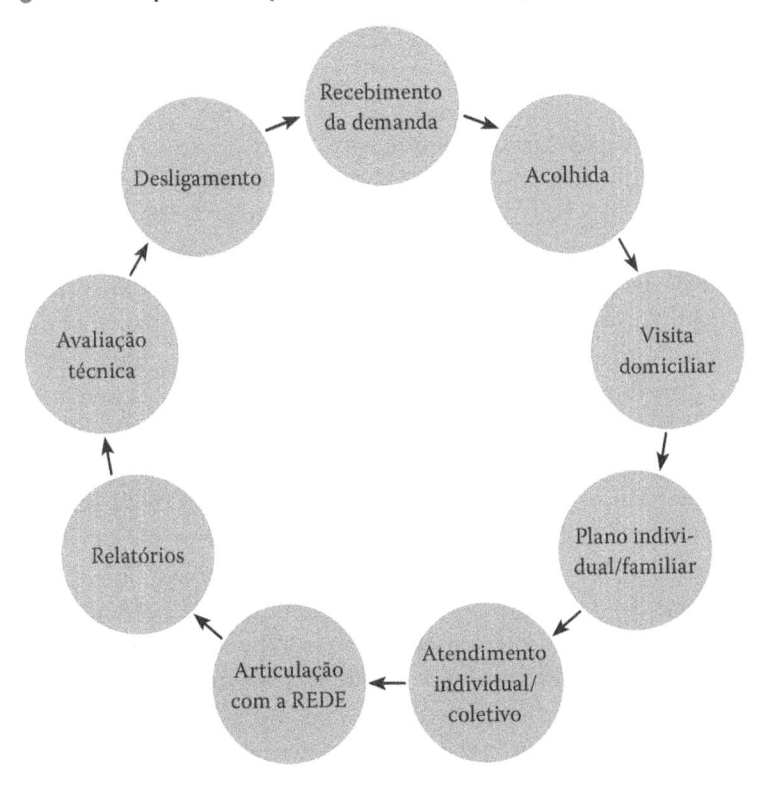

Recebimento da demanda → Acolhida → Visita domiciliar → Plano individual/familiar → Atendimento individual/coletivo → Articulação com a REDE → Relatórios → Avaliação técnica → Desligamento → (Recebimento da demanda)

As demandas do CRAS/CREAS são recebidas de forma espontânea, quando os usuários procuram o equipamento ou por meio de encaminhamentos da rede de políticas públicas do município. Também pode ser uma demanda identificada pelos profissionais desses equipamentos, que percebem a necessidade de acompanhar a pessoa ou a família.

Ao receber a demanda, a equipe do CRAS/CREAS provê o **acolhimento** e a **escuta qualificada** para conhecer mais sua densidade e complexidade e, assim, atender a pessoa e/ou a família com maior competência. A escuta qualificada é o primeiro passo para o atendimento efetivo. A palavra *acolhimento* trata "do ato ou efeito de acolher, acolhida, maneira de receber ou de ser recebido, recepção, consideração, abrigo gratuito e hospitalidade" (Prates, 2016, p. 289). Acolher a pessoa é o primeiro passo de uma etapa longa de atendimento social. Segundo Prates (2016, p. 289), "o acolhimento é mais do que um cumprimento, um sorriso ou um aperto de mão, é ir ao encontro das necessidades reais das pessoas. Quando se trata de serviços sociais públicos, o acolhimento diz respeito também às estruturas adequadas e qualificadas para acolher a pessoa e atender às suas necessidades". No processo de acolhimento, "o primeiro procedimento é a abordagem [...] que é um contato intencional de aproximação, através do qual criamos um espaço para o diálogo, para a troca de informações e/ou experiências [...]" (Sarmento, 1994, p. 276).

Após o acolhimento da pessoa, o profissional realiza a entrevista e a escuta qualificada, que "vai para além do simples ato de escutar o usuário [...] vai na direção de auscultar [...], ou seja, mais que ouvir é compreender e interpretar sua história, seus gestos e suas necessidades, mesmo aquelas que o sujeito não consegue expor" (Prates, 2016, p. 291). No processo de auscultar a pessoa, o profissional dimensiona sua interpretação da demanda com as significações que o próprio usuário lhe dá. No processo de interpretação de uma necessidade real, é fundamental considerar os significados que a pessoa que vive as necessidades dá a elas. Sobre isso, Lewgoy e Silveira (2007, p. 240) observam que "Ouvir é uma capacidade biológica que não exige esforço do nosso cérebro, enquanto escutar decreta trabalho intelectual, pois após ouvir há que se interpretar, avaliar, analisar e ter uma atitude ativa". É isso o que faz o serviço de escuta qualificada do CRAS e do CREAS.

Com o objetivo de aprofundar o conhecimento sobre a situação do usuário, sua demanda e a complexidade de seu entorno, os profissionais do CRAS/CREAS realizam a **visita domiciliar**. Segundo Amaro (2014, p. 19), a visita domiciliar:

> é uma técnica social, de natureza qualitativa, por meio da qual o profissional se debruça sobre a realidade social com a intenção de conhecê-la, descrevê-la, compreendê-la ou explicá-la. O seu diferencial em relação a outras técnicas é que tem por lócus o meio social, especialmente o lugar social mais privativo e que diz respeito ao território social do sujeito: a sua casa ou local de domicílio.

A visita domiciliar só tem sentido de ser realizada quando há objetivos e finalidades. Não deve ser uma técnica usada sem essas prerrogativas, muito menos para investigar a vida da pessoa com o objetivo de fiscalizá-la, porque isso seria violência e coerção para com o usuário, lembra Faleiros (2011). Nesse sentido, o profissional precisa ter clara a finalidade da visita e se esta é ou não necessária.

Conforme Silva e Moura (2016, p. 112), quando houver "a necessidade de ampliar a compreensão acerca da realidade social através do conhecimento do ambiente onde vivem os cidadãos e da observação direta das relações familiares, é um dos motivos que nos leva a optar pelo uso da visita domiciliar". Segundo as autoras, a visita somente é importante quando pode proporcionar maior compreensão da demanda e de sua complexidade, que envolve o cidadão atendido (Silva; Moura, 2016). Os elementos objetivos ou subjetivos que forem identificados durante a visita podem compor a condição social da pessoa e a violação de direitos que está sofrendo e devem ser registrados em instrumentais próprios do profissional que fez a visita, pois serão a base para compor seus futuros relatórios. Vale lembrar que cada profissional, orientado pela ética profissional, tem instrumentos e elementos neles registrados que são de cunho sigiloso. Nesse sentido, é necessário ter o cuidado de separar o que é ou não informação sigilosa.

As informações não sigilosas adquiridas a respeito da pessoa ou da família devem ser registradas no prontuário do SUAS, que consiste em um

> instrumento técnico que tem como objetivo contribuir para a organização e qualificação do conjunto de informações necessárias ao diagnóstico, planejamento e acompanhamento do trabalho social realizado com as famílias e indivíduos, sem com isso ferir o direito à autonomia no planejamento e exercício do trabalho do(a) profissional. (Brasil, 2014c, p. 13)

Trata-se de um instrumento que engloba diversas informações sobre o indivíduo ou a família e possui espaço para registrar o processo de evolução da situação do cidadão. Todas as intervenções realizadas pelos profissionais devem ser registradas nesse documento, como:

> os dados socioeconômicos e o histórico das famílias; os eventos decorrentes dos riscos pessoais e sociais, por violação de direitos; o acesso a programas, benefícios e serviços; as informações sobre a evolução do acompanhamento familiar; os encaminhamentos realizados e aspectos do acompanhamento dos encaminhamentos; o desligamento das famílias/indivíduos. (Brasil, 2011d, p. 69)

O registro das informações é fundamental para o setor da vigilância social desempenhar sua função e qualificar a gestão do SUAS.

Após a acolhida, a escuta qualificada e a visita domiciliar, o profissional realizará, junto à pessoa atendida, a elaboração de um **plano individual ou familiar de atendimento**, de acordo com a realidade identificada por meio dos procedimentos técnicos anteriores. Para Lewgoy e Silveira (2007, p. 236), "planejar significa organizar, dar clareza e precisão à própria ação; transformar a realidade numa direção escolhida; agir racionalmente e intencionalmente; explicitar os fundamentos e realizar um conjunto orgânico de ações". De forma geral, o plano consiste em um "documento mais abrangente e geral, que contém estudos, análises situacionais ou diagnósticos necessários à identificação dos pontos a serem atacados, dos programas e projetos necessários, dos objetivos, estratégias e metas [...]" (Teixeira, 2009, p. 556).

Nessa mesma direção, o plano de acompanhamento individual ou familiar do CRAS/CREAS deve conter desde os objetivos até as ações concretas que serão realizadas para o enfrentamento da situação demandada, inclusive as "estratégias e recursos que possam contribuir para o trabalho social, considerando as particularidades e o protagonismo de cada família e indivíduo" (Brasil, 2011d, p. 69). Portanto, é essencial que nesse plano esteja presente a forma de participação do usuário para tal enfrentamento. Trata-se de sua vida e, por isso, ele tem o direito de participar das decisões. É importante ressaltar que as ações que constituirão o processo de intervenção devem ser planejadas com o usuário, e não para ele.

Após a elaboração do plano, o próximo passo do processo de atendimento do PAIF/PAEFI é a execução de **atendimentos individuais e coletivos**, dependendo do que foi estabelecido no plano. Para esses atendimentos, a equipe de profissionais do CRAS/CREAS deve garantir ao usuário:

> Acolhida; escuta; estudo social; diagnóstico socioeconômico; monitoramento e avaliação do serviço; orientação e encaminhamentos para a rede de serviços locais; construção de plano individual e/ou familiar de atendimento; orientação sociofamiliar; atendimento psicossocial; orientação jurídico-social; referência e contrarreferência; informação, comunicação e defesa de direitos; apoio à família na sua função protetiva; acesso à documentação pessoal; mobilização, identificação da família extensa ou ampliada; articulação da rede de serviços socioassistenciais; articulação com os serviços de outras políticas públicas setoriais; articulação interinstitucional com os demais órgãos do Sistema de Garantia de Direitos; mobilização para o exercício da cidadania; trabalho interdisciplinar; elaboração de relatórios e/ou prontuários; estímulo ao convívio familiar, grupal e social; mobilização e fortalecimento do convívio e de redes sociais de apoio. (Brasil, 2009d, Anexo, item 4)

Nem tudo aquilo de que o usuário precisa para enfrentar a situação de violação de direitos a que ele foi submetido poderá ser oferecido pelo CREAS, do mesmo modo que nem todas as demandas identificadas entre os beneficiários do PBF e do BPC podem ser resolvidas pelo CRAS. Assim, a rede socioassistencial é fundamental, de modo que os profissionais do CRAS/CREAS possam encaminhar os usuários para que recebam um atendimento integralizado. A articulação em rede é uma estratégia das políticas públicas que visam oferecer um serviço mais completo para o enfrentamento concreto das demandas sociais. Nesse sentido, é importante que a equipe

> conheça efetivamente a rede existente no seu território de atuação, incluindo, por exemplo, visitas para conhecer o funcionamento dos serviços e Unidades que a compõem, objetivos, público atendido, atividades desenvolvidas, horários de funcionamento, equipes profissionais, dentre outras informações que permitam estabelecer e fortalecer o desenvolvimento de ações articuladas e complementares. (Brasil, 2011d, p. 61)

Além dos encaminhamentos que podem ser feitos, as equipes que compõem a rede socioassistencial podem, juntas, desenvolver estratégias de planejamento e estudos de caso, visando ao enfrentamento das violações de direitos dos usuários e de suas famílias e/ou de suas demandas específicas. Assim, para o desenvolvimento dos trabalhos no CRAS/CREAS, algumas articulações são essenciais, conforme indica a Figura 2.7, a seguir.

Figura 2.7 – Rede socioassistencial de articulação do CRAS/CREAS

Faz parte das etapas do atendimento de indivíduos e famílias no CRAS/CREAS a elaboração de relatórios sobre as ações realizadas. Geralmente, os casos encaminhados pela rede socioassistencial para o CREAS exigem um relatório sobre quais intervenções foram realizadas para enfrentar as violações de direitos. Quando a rede encaminha para o CRAS, também pode requerer um relatório. Por isso, é importante que, em cada etapa do processo de atendimento, sejam feitos registros claros. Conforme Lewgoy e Silveira (2007, p. 238), "o registro também tem como objetivo contribuir para a integralidade do atendimento e compartilhar o conhecimento com os demais trabalhadores da instituição. Quando for em prontuário único, deve ser sintético, sem perder a profundidade". Cada profissional do CRAS/CREAS elabora relatórios sobre os casos atendidos, tendo presentes as prerrogativas éticas de sua profissão.

Todo o trabalho desenvolvido pelos profissionais no CRAS/CREAS para cada caso em específico deve passar periodicamente por uma **avaliação técnica**, a fim de acompanhar o processo de evolução da pessoa. Dependendo do resultado dessa avaliação, novas estratégias são mobilizadas para continuar no processo de enfrentamento das violações de direitos e/ou das demandas específicas dos beneficiários do PBF e do BPC. Ao proceder a avaliação, o profissional retoma o plano de atendimento e o prontuário do SUAS e observa como os objetivos foram alcançados e como se processou a evolução ou não do caso. Lewgoy e Silveira (2007, p. 238) observam que "a avaliação da(s) entrevista(s) é o momento de retomar os objetivos e as expectativas do usuário, revisão dos diferentes momentos e de planejamento conjunto de novas estratégias". A avaliação pode ser feita com o usuário atendido para que ele mesmo se autoavalie e contribua com o profissional na construção de novas estratégias que possibilitem solucionar seu caso. Quando o plano de acompanhamento familiar foi executado e o problema da pessoa ou da família foi solucionado, é feito o desligamento do acompanhamento familiar.

2.3.1.2 Serviço Especializado em Abordagem Social

Consiste em um serviço que atende crianças, adolescentes, jovens, adultos, idosos e famílias que vivem em espaços públicos, como "praças, entroncamento de estradas, fronteiras, espaços públicos onde se realizam atividades laborais, locais de intensa circulação de pessoas e existência de comércio, terminais de ônibus, trens, metrô e outros" (Brasil, 2009d, Anexo, item 4), e fazem desses espaços um local de moradia e sobrevivência. O serviço é oferecido pelo equipamento "de forma continuada e programada com a finalidade de assegurar trabalho social de abordagem e busca ativa que identifique, nos territórios, a incidência de trabalho infantil, exploração sexual de crianças e adolescentes, situação de rua, dentre outras" (Brasil, 2009d, Anexo, item 4).

Pessoas que vivem nas ruas e nos espaços públicos, sem condições de trabalho, renda e habitação necessitam de atendimento imediato. Nesse sentido, a abordagem social é um serviço que "deve buscar a resolução de necessidades imediatas e promover a inserção na rede de serviços socioassistenciais e das demais políticas públicas na perspectiva da garantia dos direitos" (Brasil, 2009d, Anexo, item 4). Para os cidadãos que vivem nessas condições e, portanto, estão em situação de risco pessoal e social, o serviço de abordagem tem como objetivos:

- Construir o processo de saída das ruas e possibilitar condições de acesso à rede de serviços e a benefícios assistenciais;
- Identificar famílias e indivíduos com direitos violados, a natureza das violações, as condições em que vivem, estratégias de sobrevivência, procedências, aspirações, desejos e relações estabelecidas com as instituições;
- Promover ações de sensibilização para divulgação do trabalho realizado, direitos e necessidades de inclusão social e estabelecimento de parcerias;
- Promover ações para a reinserção familiar e comunitária. (Brasil, 2009d, Anexo, item 4)

Para abordar pessoas e oferecer um serviço, é preciso conhecer o território onde elas se encontram e planejar a forma de abordagem, pois, em um primeiro momento, trata-se de "um contato intencional de aproximação, através do qual criamos um espaço para o diálogo, para a troca de informações e/ou experiências [...]" (Sarmento, 1994, p. 276). O conhecimento do território é possível mediante o diagnóstico social, o qual contempla dados sobre pessoas que estão em situação de rua. É importante considerar que um vínculo de confiança não se adquire em um primeiro contato, mas por meio deste constroem-se as bases para o desenvolvimento do vínculo ao longo do trabalho com a pessoa que está em situação de risco. Nesse sentido, uma abordagem enviesada pode prejudicar o trabalho futuro com a pessoa abordada.

É necessário que os profissionais tenham clareza dos objetivos de sua abordagem e, ao chegarem até a pessoa, "iniciar com a apresentação, se ainda não há vínculo, e com a exposição do objetivo que nos trouxe ao local. Os usuários dos serviços precisam saber com quem estão falando, bem como ser esclarecidos sobre a finalidade da abordagem e sobre o seu caráter confidencial" (Silva; Moura, 2016, p. 116). A pessoa que está em situação de risco pessoal e social normalmente fica desconfiada de quem se aproxima, pois sofre diversas ameaças na rua. Por isso, no processo de abordar uma pessoa é importante a "escuta qualificada e construção de vínculo de confiança [...] para atender, acompanhar e mediar acesso à rede de proteção social" (Brasil, 2013c, p. 7).

Quando é feita a abordagem, dependendo de quem é a pessoa e suas necessidades, os profissionais iniciam o processo de atendimento individual ou coletivo para suprir suas demandas e cessar o risco pessoal e social pelo qual ela está passando. O serviço de abordagem social prevê atendimento especializado para cada pessoa e faixa etária, como crianças, adolescentes, adultos ou idosos (Brasil, 2013c).

2.3.1.3 Serviço de Proteção Social a Adolescentes em Cumprimento de Medida Socioeducativa de Liberdade Assistida e de Prestação de Serviços à Comunidade

Trata-se de um serviço destinado a adolescentes entre 12 e 18 anos e jovens de 18 a 21 anos que estejam cumprindo medidas socioeducativas de liberdade assistida (LA) ou de prestação de serviços à comunidade (PSC) aplicadas pela justiça. A finalidade desse serviço é:

> prover atenção socioassistencial e acompanhamento a adolescentes e jovens em cumprimento de medidas socioeducativas em meio aberto, determinadas judicialmente. Deve contribuir para o acesso a direitos e para a ressignificação de valores na vida pessoal e social dos(as) adolescentes e jovens. Para a oferta do serviço faz-se necessário a observância da responsabilização face ao ato infracional praticado, cujos direitos e obrigações devem ser assegurados de acordo com as legislações e normativas específicas para o cumprimento da medida. (Brasil, 2009d, Anexo, item 4)

É importante que, ao proceder com o cumprimento de medidas, elas tenham caráter pedagógico educativo, e não punitivo. Assim, para o alcance dessas finalidades, os objetivos do serviço são:

- Realizar acompanhamento social a adolescentes durante o cumprimento de medida socioeducativa de Liberdade Assistida e de Prestação de Serviços à Comunidade e sua inserção em outros serviços e programas socioassistenciais e de políticas públicas setoriais;
- Criar condições para a construção/reconstrução de projetos de vida que visem à ruptura com a prática de ato infracional;
- Estabelecer contratos com o(a) adolescente a partir das possibilidades e limites do trabalho a ser desenvolvido e normas que regulem o período de cumprimento da medida socioeducativa;
- Contribuir para o estabelecimento da autoconfiança e a capacidade de reflexão sobre as possibilidades de construção de autonomias;
- Possibilitar acessos e oportunidades para a ampliação do universo informacional e cultural e o desenvolvimento de habilidades e competências;

- Fortalecer a convivência familiar e comunitária. (Brasil, 2009d, Anexo, item 4)

Para o adolescente estar em condição de LA ou de PSC, precisa ter cometido um ato infracional, definido pelo Estatuto da Criança e do Adolescente (ECA) como "conduta descrita como crime ou contravenção penal" (Brasil, 1990, art. 103). Quando ocorre o ato infracional, a autoridade competente pode aplicar algumas das seguintes medidas:

> I – advertência;
>
> II – obrigação de reparar o dano;
>
> III – prestação de serviços à comunidade;
>
> IV – liberdade assistida;
>
> V – inserção em regime de semiliberdade;
>
> VI – internação em estabelecimento educacional;
>
> VII – qualquer uma das previstas no art. 101, I a VI. (Brasil, 1990, art. 112)

O serviço de proteção social a adolescentes que estão cumprindo as medidas de LA ou de PSC visa concretizar algumas etapas importantes para seu acompanhamento. O adolescente é um sujeito de direitos e é dever das instituições sociais garantir-lhe proteção social, conforme as prerrogativas da lei.

> É dever da família, da sociedade e do Estado assegurar à criança, ao adolescente e ao jovem, com absoluta prioridade, o direito à vida, à saúde, à alimentação, à educação, ao lazer, à profissionalização, à cultura, à dignidade, ao respeito, à liberdade e à convivência familiar e comunitária, além de colocá-los a salvo de toda forma de negligência, discriminação, exploração, violência, crueldade e opressão. (Brasil, 2010a, art. 227)

Para garantir esses direitos, os profissionais do CREAS cumprem alguns processos durante o acompanhamento, conforme mostrado na Figura 2.8, a seguir. O cumprimento das medidas de LA e de PSC deve servir de aprendizado para o cidadão e, por isso, o acompanhamento precisa ter o caráter pedagógico.

Figura 2.8 – Processos de acompanhamento de adolescentes que cumprem LA e PSC

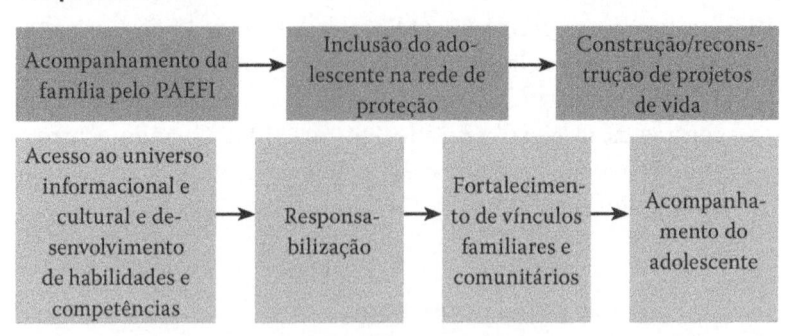

Acompanhamento da família pelo PAEFI → Inclusão do adolescente na rede de proteção → Construção/reconstrução de projetos de vida

Acesso ao universo informacional e cultural e desenvolvimento de habilidades e competências → Responsabilização → Fortalecimento de vínculos familiares e comunitários → Acompanhamento do adolescente

Proteger crianças e adolescentes é dever tanto da família quanto do Estado e da sociedade. É uma parceria entre esses três entes para garantir um processo de formação e desenvolvimento do indivíduo como cidadão e titular de direitos. Para isso, os profissionais precisam acionar o sistema de garantia de direitos dos adolescentes, que é o Sistema Nacional de Atendimento Socioeducativo (Sinase), uma política pública destinada a incluir os adolescentes em conflitos com a lei nas políticas públicas, conforme mostra a Figura 2.9, a seguir.

Figura 2.9 – Sistema de garantia de direitos dos adolescentes

- Sistema educacional
- Sistema de Justiça e Segurança Pública
- Sistema Nacional de Atendimento Socioeducativo (Sinase)
- Sistema Único de Saúde (SUS)
- Sistema Único de Assistência Social (SUAS)

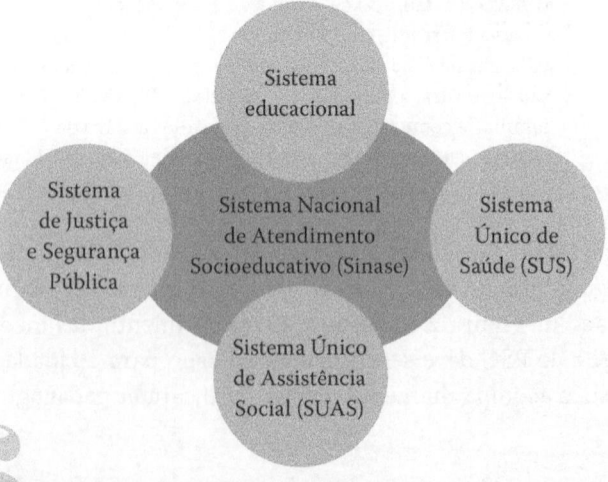

São esses quatro sistemas que devem articular-se para garantir proteção aos adolescentes em conflito com a lei. Crianças e, principalmente, adolescentes vivem em uma sociedade que oferece recorrentes riscos, especialmente a quem vive em territórios de risco e vulnerabilidades sociais. A violência, as drogas e o tráfico são ameaças constantes e, por isso, esses cidadãos requerem de agentes públicos intervenções que proporcionem mais segurança para seu convívio familiar e social e para seu crescimento e desenvolvimento saudável em condições dignas de vida. Precisamos lembrar que esses cidadãos ainda estão em processo de formação e devem ser protegidos.

2.3.1.4 Serviço de Proteção Social Especial para Pessoas com Deficiência, Idosas e suas Famílias

Consiste no serviço prestado pela proteção social de média complexidade do CREAS que busca ofertar

> atendimento especializado a famílias com pessoas com deficiência e idosos(as) com algum grau de dependência, que tiveram suas limitações agravadas por violações de direitos, tais como: exploração da imagem, isolamento, confinamento, atitudes discriminatórias e preconceituosas no seio da família, falta de cuidados adequados por parte do cuidador, alto grau de estresse do cuidador, desvalorização da potencialidade/capacidade da pessoa, dentre outras que agravam a dependência e comprometem o desenvolvimento da autonomia. (Brasil, 2009d, Anexo, item 4)

O CRAS também prevê a prestação de serviço para pessoas com deficiência e idosas, mas que não tenham dependência. Quando existe a dependência ou a violação de direitos, as pessoas e as famílias devem ser inseridas no serviço do CREAS e acompanhadas pela equipe especializada. Por meio das intervenções da equipe de profissionais do CREAS, o serviço objetiva:

- Promover a autonomia e a melhoria da qualidade de vida de pessoas com deficiência e idosos(as) com dependência, seus cuidadores e suas famílias;

- Desenvolver ações especializadas para a superação das situações violadoras de direitos que contribuem para a intensificação da dependência;
- Prevenir o abrigamento e a segregação dos usuários do serviço, assegurando o direito à convivência familiar e comunitária;
- Promover acessos a benefícios, programas de transferência de renda e outros serviços socioassistenciais, das demais políticas públicas setoriais e do Sistema de Garantia de Direitos;
- Promover apoio às famílias na tarefa de cuidar, diminuindo a sua sobrecarga de trabalho e utilizando meios de comunicar e cuidar que visem à autonomia dos envolvidos e não somente cuidados de manutenção;
- Acompanhar o deslocamento, viabilizar o desenvolvimento do usuário e o acesso a serviços básicos, tais como: bancos, mercados, farmácias etc., conforme necessidades;
- Prevenir situações de sobrecarga e desgaste de vínculos provenientes da relação de prestação/demanda de cuidados permanentes/prolongados. (Brasil, 2009d, Anexo, item 4)

Com esses objetivos, o serviço pretende melhorar as condições de vida e de acesso aos direitos de pessoas com dependência em razão de uma situação de deficiência ou da idade. Conforme Demeda e Romagna (2015, p. 9), "A situação de dependência é uma das resultantes da integração das pessoas com deficiência e idosos, o meio onde vive e as barreiras existentes (barreiras naturais ou impostas pelo homem, arquitetônicas, atitudinais, de comunicação, transporte, dentre outras)". A dependência pode variar de acordo com a situação em que a pessoa se encontra, o tipo e o grau de deficiência, a idade e suas condições de saúde. Esses fatores podem acarretar maior ou menor grau de dependência de seus cuidadores.

Segundo Demeda e Romagna (2015), as necessidades das pessoas com dependência envolvem duas dimensões, as quais devem ser consideradas no trabalho com pessoas com deficiência e idosas. São elas:

- **Básica** – diz respeito a apoios nas tarefas dos autocuidados, como arrumar-se, vestir-se, comer, fazer higiene pessoal, locomover-se e outros; e

- **Instrumental** – diz respeito aos apoios para atividades importantes para o desenvolvimento pessoal e social da pessoa com deficiência e idoso, como levar a vida da forma mais independente possível, favorecendo a integração e a participação do indivíduo no seu entorno, em grupos sociais, incentivo ao associativismo, dentre outros apoios. Relacionam-se com tarefas como fazer refeições, limpar a residência, fazer compras, pagar contas, manter compromissos sociais, usar meio de transporte, comunicar-se, cuidar da própria saúde e manter a sua integridade e segurança. (Demeda; Romagna, 2015, p. 9, grifo nosso)

O grau de dependência da pessoa pode refletir seu nível de vulnerabilidade e risco social e, nesse sentido, os profissionais especializados, por meio do serviço de média complexidade do CREAS, devem fazer intervenções, visando diminuir ou sanar a situação de vulnerabilidade e risco desses cidadãos.

O serviço deve contar com uma equipe de profissionais especializados para atender pessoas com essas especificações de demandas. Essa equipe deve organizar o serviço de forma multiprofissional, oferecendo atividades variadas que observem as especificidades do público em questão. Demeda e Romagna (2015), assistentes sociais da Prefeitura de Bento Gonçalves, sugerem um conjunto de ações que podem ser realizadas por meio do serviço, como:

- Mobilização dos usuários para acesso ao serviço;
- Acolhida e escuta qualificada;
- Construção do plano individual e/ou familiar de atendimento;
- Iniciativas de promoção de convívio e de organização da vida cotidiana;
- Desenvolvimento do convívio familiar, grupal e social;
- Promoção e apoio nos cuidados pessoais;
- Acesso a informação, comunicação e defesa de direitos;
- Orientação e encaminhamento para outros serviços da rede no território;
- Orientação sociofamiliar;
- Referência e contrarreferência;
- Apoio e orientação à família na sua função protetiva;

- Apoio e orientação aos cuidadores familiares para a autonomia no cotidiano do domicílio e na comunidade;
- Apoio na identificação de tecnologias assistivas de autonomia no serviço, no domicílio e na comunidade;
- Mobilização de família extensa ou ampliada;
- Mobilização e fortalecimento do convívio e de redes sociais de apoio;
- Mobilização para o exercício da cidadania e participação associativa;
- Acesso à documentação pessoal;
- Orientação sobre acesso ao Benefício de Prestação Continuada – BPC/LOAS, ao Cadastro Único e aos benefícios eventuais ofertados no município;
- Apoio e orientação nas situações de negligência, abandono e maus-tratos;
- Articulação com os serviços da área da saúde para garantia dos cuidados das questões de saúde do usuário;
- Articulação com os serviços da área de educação, inclusive educação especial, para garantia do atendimento educacional do usuário;
- Articulação da rede de serviços socioassistenciais e das demais políticas públicas setoriais ou ofertados por entidades privadas;
- Articulação interinstitucional com os demais serviços do Sistema de Defesa e de Garantia de Direitos;
- Elaboração de relatórios e/ou prontuários. (Demeda; Romagna, 2015, p. 13-14)

Essas ações podem compor o serviço especializado para pessoas com deficiência e idosas que apresentam alguma deficiência e são atendidas pelo CREAS em cada território. As autoras lembram que esse serviço requer articulação direta com outros, tanto da proteção social básica quanto da especial, visando ao atendimento integrado dos cidadãos em questão (Demeda; Romagna, 2015).

2.3.1.5 Serviço Especializado para Pessoas em Situação de Rua

Prestado pelo CREAS, esse serviço é ofertado:

> para pessoas que utilizam as ruas como espaço de moradia e/ou sobrevivência. Tem a finalidade de assegurar atendimento e atividades direcionadas para o desenvolvimento de sociabilidades, na perspectiva de fortalecimento de vínculos interpessoais e/ou familiares que oportunizem a construção de novos projetos de vida. (Brasil, 2009d, Anexo, item 4)

O público-alvo desse serviço são pessoas ou grupos de pessoas de qualquer idade que vivem nas ruas e fazem delas espaço de moradia e sobrevivência em meio às variadas situações de vulnerabilidade e risco pessoal. São seus objetivos:

- Possibilitar condições de acolhida na rede socioassistencial;
- Contribuir para a construção de novos projetos de vida, respeitando as escolhas dos usuários e as especificidades do atendimento;
- Contribuir para restaurar e preservar a integridade e a autonomia da população em situação de rua;
- Promover ações para a reinserção familiar e/ou comunitária. (Brasil, 2009d, Anexo, item 4)

Tendo em vista o aumento do número de pessoas em situação de rua nos últimos anos, o governo federal, por meio das demandas apresentadas pelos trabalhadores do SUAS e pelos participantes das inúmeras conferências nas três esferas de governo, percebeu que somente o CREAS não tem a possibilidade de fazer intervenções suficientes para sanar a situação de rua e todos os riscos que ela oferece à pessoa. Assim, publicou o Decreto n. 7.053, de 23 de dezembro de 2009 (Brasil, 2009a), que instituiu a Política Nacional para a População em Situação de Rua. Referido decreto estabelece que a população em situação de rua é um

> grupo populacional heterogêneo que possui em comum a pobreza extrema, os vínculos familiares interrompidos ou fragilizados e a inexistência de moradia convencional regular, e que utiliza os logradouros públicos e as áreas degradadas como espaço de moradia e

de sustento, de forma temporária ou permanente, bem como as unidades de acolhimento para pernoite temporário ou como moradia provisória. (Brasil, 2009a, art. 1º, parágrafo único)

Essa política visa à criação de Centro de Referência Especializado para População em Situação de Rua (Centro POP) nos municípios com número de habitantes igual ou superior a 250 mil. Os Centros POP são unidades públicas estatais diferentes do CREAS e devem funcionar em espaços também distintos do CREAS. Ao passo que este tem a função de atender uma diversidade de violações de direitos com variados públicos, o Centro POP tem a função específica de atender pessoas em situação de rua (Brasil, 2011e). Os objetivos do trabalho social desenvolvido pelos Centros POP são:

- Possibilitar condições de acolhida na rede socioassistencial;
- Contribuir para a construção ou reconstrução de novos projetos de vida, respeitando as escolhas dos usuários e as especificidades do atendimento;
- Contribuir para restaurar e preservar a integridade e a autonomia da população em situação de rua;
- Promover ações para a reinserção familiar e/ou comunitária. (Brasil, 2011e, p. 76)

O trabalho social desenvolvido no Centro POP apresenta três dimensões: a acolhida, o acompanhamento especializado e a articulação em rede de políticas públicas no território. Essas dimensões, representadas no Quadro 2.6, a seguir, devem ser consideradas pela equipe de profissionais de forma complementar.

Quadro 2.6 – Dimensões do trabalho social com pessoas em situação de rua

ACOLHIDA	Acolhida inicial dos(as) usuários(as)	- Recepção acolhedora por parte dos profissionais com postura de não discriminação de qualquer natureza. - Compreensão da situação e das demandas apresentadas. - Início da construção de vínculos.

(continua)

(Quadro 2.6 – continuação)

ACOLHIDA	Postura acolhedora durante o período de acompanhamento	- Essencial a toda a equipe, em todos os momentos da intervenção profissional. Refletida:
		  - na conformação dos ambientes do serviço;
		  - na organização democrática;
		  - na valorização da participação dos usuários;
		  - no respeito e consideração de suas trajetórias de vida.

ACOMPANHAMENTO ESPECIALIZADO	Plano de acompanhamento individual e/ou familiar	- Importante instrumento no trabalho com as pessoas em situação de rua. - Construído de forma participativa com os(as) usuários(as). - Deve ser flexível, dinâmico e repactuado sempre que necessário. - Reconhecimento da especificidade de cada situação atendida. - Reflete necessidades dos(as) usuários(as), bem como metas e objetivos traçados que se pretendam alcançar.
	Metodologias e técnicas possíveis ao acompanhamento	- Entrevista individual e/ou familiar. - Atendimento individual e/ou familiar. - Orientação e atendimento em grupo. - Orientação jurídico-social. - Estudos de caso. - Oficinas e atividades de convívio e socialização. - Ações de mobilização e participação social. - Encaminhamentos monitorados. - Registros de informações no serviço.

(Quadro 2.6 – conclusão)

ARTICULAÇÃO EM REDE	Serviços socioassistenciais de proteção social básica (PSB) e proteção social especial (PSE)	• Serviço Especializado em Abordagem Social. • Serviço de Acolhimento Institucional.
	Serviços de políticas públicas setoriais	• Saúde. • Habitação. • Trabalho e renda. • Educação. • Segurança alimentar.
	• Redes sociais locais e movimentos sociais em rede • Demais órgãos do sistema de garantia de direitos • Sistema de segurança pública • Instituições de ensino e pesquisa • Serviços, programas e projetos de instituições não governamentais e comunitárias • Articulação para acesso à documentação pessoal • Inclusão das pessoas em situação de rua no Cadastro Único	• Ministério Público, Defensoria Pública, centros de defesa, entre outros.

Fonte: Elaborado com base em Brasil, 2011e.

O trabalho social realizado com pessoas em situação de rua visa afiançar as seguranças de acolhida, de convívio ou vivência familiar, comunitária e social e de desenvolvimento de autonomia individual, familiar e social, a fim de que a pessoa que está em situação de rua saia das condições de vulnerabilidade e risco social. O Centro POP é o local de apoio e segurança do cidadão e tem a função de garantir-lhe proteção social e acesso aos direitos sociais.

2.4 Serviços de proteção social especial de alta complexidade

Esses serviços são prestados por equipamentos especializados próprios, dada a complexidade das demandas atendidas. São serviços "que garantem proteção integral – moradia, alimentação, higienização e trabalho protegido para famílias e indivíduos que se encontram sem referência e, ou, em situação de ameaça, necessitando ser retirados de seu núcleo familiar e, ou, comunitário" (Brasil, 2005c, p. 38). Estão divididos em quatro modalidades:

1. Serviço de Acolhimento Institucional (abrigo institucional, casa-lar, casa de passagem e residência inclusiva);
2. Serviço de Acolhimento em República;
3. Serviço de Acolhimento em Família Acolhedora;
4. Serviço de Proteção em Situações de Calamidades Públicas e Emergências.

2.4.1 Serviço de Acolhimento Institucional

Trata-se do serviço que abrange o abrigo institucional, a casa-lar ou de passagem e a residência inclusiva. O público acolhido deve ser formado por um grupo pequeno para favorecer o atendimento personalizado e o convívio familiar e comunitário. As características do local devem ser como de uma residência, com ambiente acolhedor e estrutura, móveis e equipamentos, adequada para receber os cidadãos.

Segundo a Tipificação Nacional dos Serviços Socioassistenciais (Brasil, 2009d), deve ser um local seguro que pode acolher crianças, adolescentes, adultos, famílias, mulheres em situação de violência, jovens e adultos com deficiência e idosos, e cada público tem seu abrigo específico. O serviço é destinado a famílias e/ou indivíduos com vínculos familiares rompidos ou fragilizados, a fim de garantir proteção integral. A organização do serviço deverá garantir privacidade, o respeito aos costumes, às tradições e à diversidade de: ciclos de vida, arranjos familiares, raça/etnia, religião, gênero e orientação sexual. (Brasil, 2009c, anexo 5)

Quando se trata de crianças e adolescentes, o acolhimento deve ser "provisório e excepcional [...] [quando estes estiverem] em situação de risco pessoal e social, cujas famílias ou responsáveis encontrem-se temporariamente impossibilitados de cumprir sua função de cuidado e proteção" (Brasil, 2009d, Anexo, item 5). Existem duas modalidades desse acolhimento: 1) pode ser realizado em uma residência com a presença de um casal de cuidador, cujo grupo seja de até 10 crianças e/ou adolescentes; 2) pode ser realizado por uma unidade institucional, mas que tenha as características de uma residência, na qual haja cuidadores, profissionais capacitados para a função, para um grupo de até 20 crianças e/ou adolescentes. O caráter provisório do abrigamento deve-se à não violação do direito básico de crianças e adolescentes estabelecido pelo ECA: "É direito da criança e do adolescente ser criado e educado no seio de sua família e, excepcionalmente, em família substituta, assegurada a convivência familiar e comunitária, em ambiente que garanta seu desenvolvimento integral" (Brasil, 1990, art. 19).

Para adultos e famílias, o acolhimento também deve ser "provisório com estrutura para acolher com privacidade pessoas do mesmo sexo ou grupo familiar. É previsto para pessoas em situação de rua e desabrigo por abandono, migração e ausência de residência ou pessoas em trânsito e sem condições de autossustento" (Brasil, 2009d, Anexo, item 5). Para esse público, também existem duas modalidades de abrigamento: 1) uma unidade institucional que tenha as características de uma residência e que possa acolher até 50 pessoas; 2) uma unidade institucional que tenha as características de residência e que funcione como casa de passagem, na qual as pessoas recebem o acolhimento e o atendimento emergencial de suas necessidades.

No caso de mulheres em situação de violência familiar doméstica, o acolhimento também deve ser "provisório para mulheres, acompanhadas ou não de seus filhos, em situação de risco de morte ou ameaças em razão da violência doméstica e familiar, causadora de lesão, sofrimento físico, sexual, psicológico ou dano moral" (Brasil, 2009d, Anexo, item 5). Essa residência deve estar em local sigiloso, a fim de garantir que o agressor não descubra para onde a mulher foi. De acordo com as Diretrizes Nacionais para o Abrigamento de Mulheres em Situação de Risco e Violência,

> O conceito de **abrigamento** [...] diz respeito à gama de possibilidades (serviços, programas, benefícios) de acolhimento provisório destinado a mulheres em situação de violência (violência doméstica e familiar contra a mulher, tráfico de mulheres, etc.) que se encontrem sob ameaça e que necessitem de proteção em ambiente acolhedor e seguro. (Brasil, 2011f, p. 15, grifo do original)

Nesse local, as mulheres são atendidas e acompanhadas pelos profissionais especializados para trabalhar com a demanda, normalmente advogados, assistentes sociais e psicólogos.

Quando se trata de jovens e adultos com deficiência, o acolhimento é previsto para aqueles que "não dispõem de condições de autossustentabilidade, de retaguarda familiar temporária ou permanente ou que estejam em processo de desligamento de instituições de longa permanência" (Brasil, 2009d, Anexo, item 5). Esse tipo de residência é para acolher pessoas que se encontram com seus vínculos familiares e comunitários rompidos ou fragilizados. Consiste em uma residência inclusiva, uma "unidade que oferta Serviço de Acolhimento Institucional, no âmbito da Proteção Social Especial de Alta Complexidade do SUAS, para jovens e adultos com deficiência, em situação de dependência, que não disponham de condições de autossustentabilidade ou de retaguarda familiar [...]" (Brasil, 2014a, p. 9). Essas residências devem ser adaptadas às necessidades de acessibilidade das pessoas, de acordo com as orientações básicas para a inclusão de pessoas com deficiência (Brasil, 2006a). Os objetivos da residência inclusiva são:

1. Ofertar de forma qualificada a proteção integral de jovens e adultos com deficiência, em situação de dependência;
2. Promover a inclusão de jovens e adultos com deficiência, em situação de dependência, na vida comunitária e social;
3. Contribuir para a interação e superação de barreiras;
4. Contribuir para a construção progressiva da autonomia, com maior independência e protagonismo no desenvolvimento das atividades da vida diária. (Brasil, 2014a, p. 12)

Por fim, para idosos, com 60 anos ou mais, o acolhimento também deve ser provisório e,

> excepcionalmente, de longa permanência quando esgotadas todas as possibilidades de autossustento e convívio com os familiares.
>
> É previsto para idosos(as) que não dispõem de condições para permanecer com a família, com vivência de situações de violência e negligência, em situação de rua e de abandono, com vínculos familiares fragilizados ou rompidos. (Brasil, 2009c, anexo 5)

O acolhimento para esse público também apresenta duas modalidades: 1) unidade residencial com profissionais capacitados para atender a um grupo de até 10 idosos; 2) uma unidade institucional, mas que tenha as características de uma residência, para atender a um grupo de idosos seguindo as orientações da vigilância sanitária. Conforme a Resolução n. 283, de 26 de setembro de 2005 (Brasil, 2005a), o número de cuidadores especializados e a quantidade de idosos a serem acolhidos são determinados de acordo com o grau de dependência destes últimos.

Para cada público, existem ações diferenciadas realizadas por equipes de profissionais especializadas para atender a demandas específicas. Assim, os objetivos do serviço são:

- Acolher e garantir proteção integral;
- Contribuir para a prevenção do agravamento de situações de negligência, violência e ruptura de vínculos;
- Restabelecer vínculos familiares e/ou sociais;
- Possibilitar a convivência comunitária;

- Promover acesso à rede socioassistencial, aos demais órgãos do Sistema de Garantia de Direitos e às demais políticas públicas setoriais;
- Favorecer o surgimento e o desenvolvimento de aptidões, capacidades e oportunidades para que os indivíduos façam escolhas com autonomia;
- Promover o acesso a programações culturais, de lazer, de esporte e ocupacionais internas e externas, relacionando-as a interesses, vivências, desejos e possibilidades do público. (Brasil, 2009d, Anexo, item 5)

O acolhimento institucional deve ser a última estratégia de proteção social ao indivíduo, pois é com a família, por excelência, que ele deve ficar para viver e se desenvolver. O acolhimento é recomendável em casos de pessoas que não têm família ou vínculo familiar ou em que o ambiente familiar significa risco e desproteção. A convivência familiar é um direito do cidadão e, portanto, o trabalho social deve ser desenvolvido de modo a primar pela restauração dos vínculos afetivos com a família.

2.4.2 Serviço de Acolhimento em República

Consiste no serviço destinado a acolher pessoas ou grupos de pessoas entre 18 e 21 anos e, também, adultos e idosos que estejam em processo de saída das ruas ou em situação de "abandono, situação de vulnerabilidade e risco pessoal e social, com vínculos familiares rompidos ou extremamente fragilizados e sem condições de moradia e autossustentação" (Brasil, 2009d, Anexo, item 5). Esse serviço deve oferecer proteção e moradia a fim de "apoiar a construção e o fortalecimento de vínculos comunitários, a integração e participação social e o desenvolvimento da autonomia das pessoas atendidas" (Brasil, 2009d, Anexo, item 5). A oferta do serviço precisa proporcionar o gradual desenvolvimento dessas pessoas para o alcance de sua autonomia e independência. Para isso, a equipe de profissionais que atuam no local deve "contribuir com a gestão coletiva da moradia (administração financeira e funcionamento) e para acompanhamento psicossocial dos usuários e encaminhamento para outros serviços, programas e benefícios da rede socioassistencial e das demais políticas públicas" (Brasil, 2009d, Anexo, item 5).

É importante que, quando possível, a definição de quem vai morar junto em uma república seja feita com a participação da equipe de profissionais que vão atuar e, também, dos moradores, uma vez que estes vão conviver na mesma residência. Os objetivos desse serviço são:

- Proteger os usuários, preservando suas condições de autonomia e independência;
- Preparar os usuários para o alcance da autossustentação;
- Promover o restabelecimento de vínculos comunitários, familiares e/ou sociais;
- Promover o acesso à rede de políticas públicas. (Brasil, 2009d, Anexo, item 5)

O serviço deve proporcionar a esses cidadãos acesso aos direitos sociais e formação e qualificação profissional, visando à sua autonomia e à construção de projetos de vida.

2.4.3 Serviço de Acolhimento em Família Acolhedora

É o serviço destinado a crianças e adolescentes que foram afastados da família originária por medidas de proteção aplicadas por autoridade competente, conforme o ECA (Brasil, 1990). É disponibilizado por meio da proteção social especial de alta complexidade e "previsto até que seja possível o retorno à família de origem ou, na sua impossibilidade, o encaminhamento para adoção. O serviço é o responsável por selecionar, capacitar, cadastrar e acompanhar as famílias acolhedoras, bem como realizar o acompanhamento da criança e/ou adolescente acolhido e sua família de origem" (Brasil, 2009d, Anexo, item 5). Segundo o ECA (Brasil, 1990), o processo de acolhimento de crianças e adolescentes em família substituta ocorre por meio de guarda, tutela ou adoção. Os objetivos desse serviço são:

- Promover o acolhimento familiar de crianças e adolescentes afastadas temporariamente de sua família de origem;
- Acolher e dispensar cuidados individualizados em ambiente familiar;
- Preservar vínculos com a família de origem, salvo determinação judicial em contrário;
- Possibilitar a convivência comunitária e o acesso à rede de políticas públicas;
- Apoiar o retorno da criança e do adolescente à família de origem. (Brasil, 2009d, Anexo, item 5)

Cada família pode acolher apenas uma criança ou um adolescente por vez, exceto quando se tratar de um grupo de irmãos, que não podem ser separados (Brasil, 2009c). Para que uma família possa candidatar-se a acolher uma pessoa, passa por um processo de seleção e capacitação realizado pela equipe técnica do serviço. A alternativa de família acolhedora é utilizada somente quando não há possibilidade de retorno da criança ou do adolescente à família de origem. É importante frisar:

> Todos os esforços devem ser empreendidos no sentido de manter o convívio com a família (nuclear ou extensa, em seus diversos arranjos), a fim de garantir que o afastamento da criança ou do adolescente do contexto familiar seja uma medida excepcional, aplicada apenas nas situações de grave risco à sua integridade física e/ou psíquica. (Brasil, 2009c, p. 18)

O ECA define que as crianças e os adolescentes têm o direito a crescer e a desenvolver-se em uma família, de preferência sua família de origem. Quando não é possível que uma criança permaneça com sua família de origem, por uma série de questões, inclusive violação de direitos, ela deve ser colocada em família substituta. Questões relacionadas à pobreza jamais podem ser motivo de retirada de uma criança ou de um adolescente de sua família, pois a "falta ou a carência de recursos materiais não constitui motivo suficiente para a perda ou a suspensão do pátrio poder"

(Brasil, 1990, art. 23). No capítulo anterior, constatamos que, para uma família exercer a função protetiva de seus membros, precisa ser protegida pelo Estado Democrático de Direito. Dessa forma, a situação de vulnerabilidade e risco não pode motivar a retirada de crianças e adolescentes de sua família.

2.4.4 Serviço de Proteção em Situações de Calamidades Públicas e Emergências

Trata-se do serviço que promove:

> apoio e proteção à população [...] com a oferta de alojamentos provisórios, atenções e provisões materiais, conforme as necessidades detectadas.
>
> Assegura a realização de articulações e a participação em ações conjuntas de caráter intersetorial para a minimização dos danos ocasionados e o provimento das necessidades verificadas. (Brasil, 2009d, Anexo, item 5)

Tal serviço tem se tornado cada vez mais comum no Brasil, dadas as condições ambientais proporcionadas pela destruição da natureza, que gera uma das mais novas expressões da questão social: a questão ambiental, a qual tem acarretado aumento da vulnerabilidade social das famílias que vivem em locais de risco.

Em situações de calamidade pública e emergência, o serviço tem como objetivos:

- Assegurar acolhimento imediato em condições dignas e de segurança;
- Manter alojamentos provisórios, quando necessário;
- Identificar perdas e danos ocorridos e cadastrar a população atingida;
- Articular a rede de políticas públicas e redes sociais de apoio para prover as necessidades detectadas;
- Promover a inserção na rede socioassistencial e o acesso a benefícios eventuais. (Brasil, 2009d, Anexo, item 5)

Esse serviço é destinado a famílias e indivíduos que foram:

- Atingidos por situações de emergência e calamidade pública (incêndios, desabamentos, deslizamentos, alagamentos, dentre outros) que tiveram perdas parciais ou totais de moradia, objetos ou utensílios pessoais, e se encontram temporária ou definitivamente desabrigados;
- Removidos de áreas consideradas de risco, por prevenção ou determinação do Poder Judiciário. (Brasil, 2009c, anexo 5)

Nessas ocasiões, por meio da proteção social básica ofertada pelo CRAS, os profissionais oferecem os benefícios eventuais, os quais são os mais utilizados, pois envolvem situações urgentes e emergências. Depois, inserem famílias e indivíduos nos demais serviços de proteção social básica e de proteção social especial, de acordo com as necessidades dos cidadãos.

Estudo de caso

Em determinado município do interior do Brasil, o prefeito aprovou a instalação de um CRAS no centro da cidade, na casa alugada de um amigo. A casa não atende aos requisitos mínimos para a instalação desse equipamento, mas, como a prefeitura não tem dinheiro para construí-lo, propôs alugar o imóvel. Quando a proposta foi colocada em pauta no Conselho Municipal de Assistência Social (CMAS), não foi aprovada em razão da forma como foi feita, bem como do motivo pelo qual a casa foi escolhida, além de sua estrutura não estar de acordo com o previsto pela legislação. A principal crítica dos conselheiros foi ao fato de a casa não estar locada em território de maior vulnerabilidade e risco social. Desconsiderando as críticas do CMAS, o prefeito deliberou pela instalação do CRAS na referida casa.

Com base nessa situação, reflita:

- Qual era a relação do prefeito com o CMAS?
- Por que os conselheiros posicionaram-se contra a proposta, mesmo com o município precisando de mais um CRAS?

> **Comentário**
>
> O prefeito dessa cidade não desenvolvia uma relação democrática com os conselhos de política. Embora os conselhos sejam espaços de vivência democrática e tenham a função de fiscalizar a gestão, quando o governo não segue os princípios democráticos, pode fazer valer sua vontade em detrimento da vontade coletiva. O equipamento de assistência social deve ser instalado no território de maior vulnerabilidade social, portanto, próximo à população usuária, motivo pelo qual os conselheiros posicionaram-se contra a proposta.

Síntese

No Brasil, a assistência social, ao lado das políticas de previdência social e saúde, integra o tripé da seguridade social. A referida política tem como função prover proteção social aos indivíduos que estão em situação de vulnerabilidade e risco social.

Com esse objetivo, a política conta com equipamentos específicos para prover serviços e benefícios a essa população. São unidades públicas estatais instaladas em territórios de maior vulnerabilidade e risco social, justamente para estar mais próximas da população que vivencia essas condições. O CRAS tem o papel de ofertar serviços e benefícios de proteção social básica, visando à prevenção das situações de risco e vulnerabilidade social. O CREAS tem a função de ofertar serviços de proteção social especial de média complexidade, objetivando enfrentar as violações de direitos e destinando-se, nesses casos, a pessoas e grupos que estão com seus direitos violados, mas que ainda não perderam seus vínculos familiares e sociais. Também conta com equipamentos específicos para prover atendimentos, acompanhamentos e serviços de alta complexidade para pessoas que estão com direitos violados e já perderam seus vínculos familiares e sociais, motivo pelo qual precisam ser acolhidas.

Constatamos, assim, que, para cada público, há um equipamento específico, com equipes de profissionais especializados para atender às suas demandas.

Questões para revisão

1. As modalidades de proteção social oferecidas pela PNAS são:
   I) Proteção social básica e proteção social especial de média e alta complexidade;
   II) Programas, projetos, vigilância socioassistencial e centralidade da família;
   III) Descentralização, proteção social e controle social;
   IV) Defesa de direitos, proteção social e vigilância socioassistencial.
   Assinale a alternativa que apresenta somente os itens corretos:
   a) I apenas.
   b) I e II.
   c) I, II e III.
   d) I e IV.
   e) I, II, III e IV.

2. Os dois principais equipamentos de prestação de serviços socioassistenciais nos territórios são:
   I) Centro de Referência Especializado de Assistência Social;
   II) Centro de Referência Especializado para Pessoas em Situação de Rua;
   III) Centro Dia;
   IV) Centro de Referência de Assistência Social.
   Assinale a alternativa que apresenta os itens corretos:
   a) I e II.
   b) I e IV.
   c) II e III.
   d) II e IV.
   e) Nenhuma das alternativas anteriores.

3. Os serviços específicos de proteção social básica prestados pelos CRAS são:
   a) o Serviço de Proteção Social a Adolescentes em Cumprimento de Medida Socioeducativa de Liberdade Assistida (LA) e de Prestação de Serviços à Comunidade (PSC).
   b) os serviços de proteção social de média e alta complexidade.
   c) o Serviço de Proteção e Atendimento Especializado a Famílias e Indivíduos (PAEFI) e o Serviço Especializado em Abordagem Social.
   d) o Programa de Atenção Integral à Família (PAIF), o Serviço de Convivência e Fortalecimento de Vínculos e o Serviço de Proteção Social Básica no Domicílio para Pessoas com Deficiência e Idosas.
   e) o Serviço de Proteção Básica ao Idoso e à Pessoa com Deficiência.

4. Quais são os principais benefícios prestados pelos CRAS?

5. Quais são os serviços prestados pelos CREAS?

Questões para reflexão

1. De que forma a proteção social ofertada na assistência social pode prevenir situações de risco e vulnerabilidade social decorrentes de inúmeras situações geradas e mantidas pelo modo de produção capitalista?

2. Reflita sobre o direito do cidadão de ter suas necessidades humanas sanadas quando estas não são plenamente satisfeitas pela via do trabalho.

3. De quem é a obrigação de ofertar serviços e benefícios de acordo com as demandas da população, evitando que os profissionais sejam obrigados a selecionar usuários com necessidades mais urgentes que outros?

Para saber mais

Para aprofundar seus estudos sobre os equipamentos de proteção social e os benefícios que eles devem ofertar, sugerimos a leitura das seguintes obras:

COUTO, B. R. et al (Org.). **O Sistema Único de Assistência Social no Brasil**: uma realidade em movimento. 2. ed. São Paulo: Cortez, 2011.

NASCIMENTO, M. A. C. (Org.). **Tempo de bolsas**: estudos sobre programas de transferência de renda. Campinas: Papel Social, 2015.

SOUZA, C. G. de. **Sistema Único de Assistência Social**: a proteção e o atendimento à família. Ponta Grossa: Ed. UEPG, 2018.

VIANA, A. L. d'Á.; ELIAS, P. E. M.; IBAÑEZ, N. (Org.). **Proteção social**: dilemas e desafios. São Paulo: Hucitec, 2005.

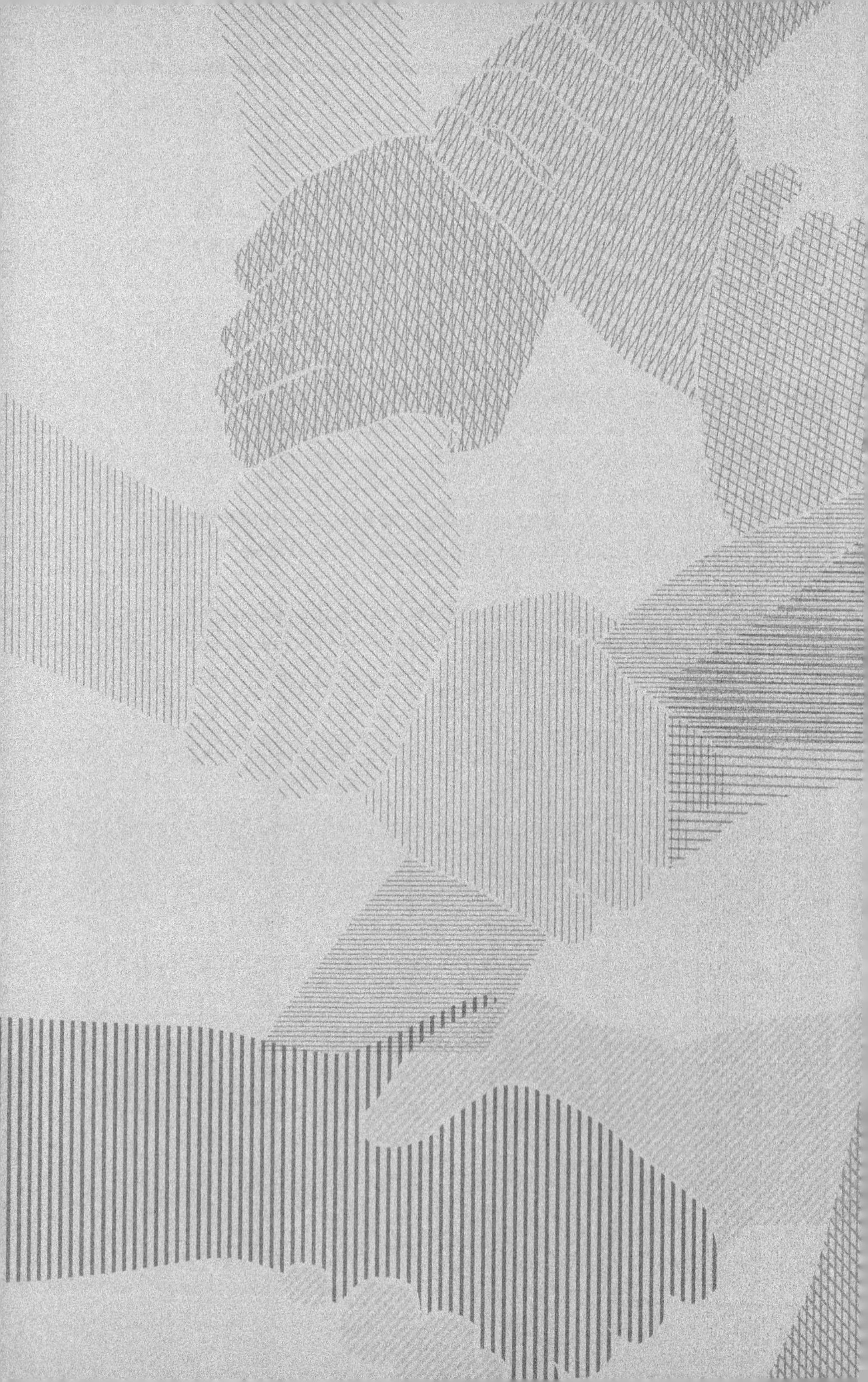

CAPÍTULO 3

Gestão financeira e do trabalho no SUAS

Conteúdos do capítulo:

- Gestão financeira e do trabalho no SUAS.
- Gestão financeira na Administração Pública.
- Gestão financeira na assistência social.
- Gestão do trabalho no SUAS.
- Alocação dos trabalhadores no SUAS.
- Planos de Carreira, Cargos e Salários no SUAS.
- Política Nacional de Educação Permanente do SUAS.

Após o estudo deste capítulo, você será capaz de:

1. compreender quem financia e como são articulados os recursos para custear a PNAS em todo o território nacional;
2. reconhecer que o planejamento financeiro da assistência social articula-se com o da Administração Pública de cada esfera federativa;
3. entender como se efetiva a gestão do trabalho no SUAS;
4. identificar os critérios para a alocação de trabalhadores, como estão organizados os planos de carreiras, cargos e salários e como se efetiva o processo de capacitação permanente dos trabalhadores do SUAS.

> A busca por um mundo e uma humanidade cada vez melhores é uma longa e eterna jornada. Nada é fácil e simples no que diz respeito aos homens, às mulheres e à humanidade [...]. Nisso reside nosso maior desafio, mas, também, nossa maior contribuição.
> (Vasconcelos, 2015, p. 586-587)

Neste capítulo, vamos discutir o financiamento da Política Nacional de Assistência Social (PNAS), bem como sobre a Política de Recursos Humanos e a Política Nacional de Educação Permanente do Sistema Único de Assistência Social (SUAS). Para analisar o financiamento da PNAS, partimos do entendimento de sua dinâmica no âmbito da gestão pública. Em seguida, evidenciamos como ocorre a gestão financeira do SUAS, cujos instrumentos de gestão são: pacto de aprimoramento; Plano de Assistência Social (PAS); orçamento ligado ao Plano Plurianual (PPA), à Lei de Diretrizes Orçamentárias (LDO) e à Lei Orçamentária Anual (LOA) da gestão pública; financiamento; gestão da informação; monitoramento e avaliação; relatório de gestão. Depois, apresentamos como se efetiva a gestão do trabalho no SUAS, caracterizando as equipes de referência necessárias para a prestação de serviços nos diversos equipamentos espalhados por todo o território brasileiro, assim como os Planos de Carreira, Cargos e Salários (PCCS) de cada trabalhador. Por fim, analisamos historicamente a Política Nacional de Educação Permanente dos trabalhadores do SUAS, apontando seus objetivos e princípios éticos, sua dinâmica de financiamento e a articulação para sua execução.

3.1 Gestão financeira da Administração Pública

Antes de discutir o financiamento da PNAS, é importante compreender como ocorre o processo de financiamento na gestão pública, da qual a assistência social faz parte. De acordo com Assumpção (2007, p. 43), o orçamento da gestão pública é "um instrumento de planejamento da ação governamental composto das despesas fixadas pelo Poder Legislativo e que autoriza o Poder Executivo a realizá-las durante o exercício financeiro, mediante a arrecadação de receitas suficientes e previamente estimadas".

Segundo a Constituição Federal (CF) de 1988, em seu art. 165, o Plano Diretor, o PPA, a LDO e a LOA constituem instrumentos de gestão, nos quais constam o orçamento da gestão pública. Bernardoni (2010) observa que a elaboração do **Plano Diretor** é o primeiro passo para o planejamento municipal, que deve ser realizado por todos os municípios com mais de 20 mil habitantes. Esse plano deve estar em harmonia com a Lei Orgânica do Município e com a Lei de Responsabilidade Fiscal (LRF). Suas atualizações devem ser feitas pelo menos a cada dez anos. Os demais instrumentos devem ser norteados pelas diretrizes contidas no Plano Diretor, o qual consiste

> no principal instrumento de planejamento sustentável desses municípios, contribuindo na formação de diretrizes para expansão urbana e desenvolvimento nas mais diversas áreas, visando sempre ao interesse da coletividade. É por meio do Plano Diretor que as normas para utilização dos demais instrumentos da política urbana municipal serão inseridas no planejamento municipal, possibilitando que estes sejam utilizados. (Bernardoni, 2010, p. 51)

O **PPA** deve ser cumprido em médio prazo, e sua validade é de quatro anos. Segundo Assumpção (2007, p. 55), é um plano "que visa atender às grandes metas do governo, refletindo, em linhas gerais, as propostas de campanha do agente político". Ele tem a vigência no início do segundo ano de mandato de um governo e finaliza no primeiro ano de mandato de seu sucessor. Assim, "o próprio chefe do Executivo herda o último ano de vigência do PPA do mandato anterior" (Bernardoni, 2010, p. 53).

A **LDO** é um planejamento feito em curto prazo e busca o equilíbrio entre as receitas e as despesas de cada ano. É um elo entre o PPA e a LOA. Quando o gestor municipal a elabora, deve considerar todas as metas definidas no PPA. A LRF (Brasil, 2000), portanto, foi criada para regular a LDO e lhe confere algumas atribuições, como:

> estabelecimento de critérios para limitação de empenho, no caso de frustração da arrecadação que possa levar ao desequilíbrio nas contas públicas; estabelecimento de critérios para a implantação da contabilidade de custos na administração pública; determinação de condições para a realização de transferências de recursos a entidades públicas e privadas; estipulação de metas e riscos fiscais com o objetivo de prevenir situações que possam levar ao desequilíbrio das contas públicas; instauração obrigatória de equilíbrio entre as receitas arrecadadas e as despesas legalmente empenhadas. (Assumpção, 2007, p. 56)

A **LOA** também é um planejamento para ser cumprido em curto prazo e deve ter por base a LDO. Segundo Assumpção (2007), o PPA e a LDO são documentos de planejamento; e a LOA é a indicação de como esse planejamento deve ser executado. Para a elaboração da LOA, o administrador precisa pensar em várias questões, entre elas está "sua capacidade de arrecadação e expressa essa estimativa em números na LOA. Já as receitas são fixadas, isto é, a LOA expressa, em termos numéricos, o valor máximo da despesa para cada item do orçamento. Portanto, enquanto a **receita** é **prevista**, a **despesa** é **fixada**" (Assumpção, 2007, p. 58, grifo do original). Esses três documentos – PPA, LDO e LOA – devem conter em si uma completa integração de ações e de previsão orçamentária. Um depende do outro para que se consolidem, pois "fixam-se os valores necessários para a concretização dos projetos de governo que vão atender às necessidades da população, bem como indica-se a fonte de onde os recursos necessários sairão para fazer frente às despesas" (Assumpção, 2007, p. 60).

Segundo Bernardoni (2010), a LOA é constituída de orçamento fiscal, orçamento de seguridade social e investimentos, conforme exposto no Quadro 3.1, a seguir.

Quadro 3.1 – Orçamentos pertinentes à LOA

LEI ORÇAMENTÁRIA ANUAL	Orçamento fiscal	É o principal dos três orçamentos e refere-se os poderes da União, seus fundos órgãos e entidades da Administração Pública direta e indireta, inclusive fundações instituídas e mantidas pelo Poder Público.
	Orçamento de seguridade social	É o orçamento que abrange todas as entidades e os órgãos da Administração Pública direta e indireta, vinculados à saúde, à previdência e à assistência social, ou seja, à seguridade social, bem como os fundos e as fundações instituídos e mantidos pelo Poder Público.
	Investimentos	É o orçamento que registra os investimentos. Refere-se aos investimentos das empresas em que a União, direta ou indiretamente, detém a maioria do capital social com direito a voto.

Fonte: Elaborado com base em Bernardoni, 2010.

Bernardoni (2010) elucida que a Administração Pública é organizada em direta e indireta. A Administração direta diz respeito aos setores internos das prefeituras, câmaras e procuradorias. Já a indireta "refere-se às entidades como autarquias, fundações, empresas públicas e sociedade de economia mista" (Prates, 2013b, p. 4). A Administração Pública é organizada na forma de um ciclo, que Assumpção (2007) denomina *ciclo orçamentário*. Ele inicia-se na elaboração dos documentos mencionados e perpassa sua execução e seu controle, conforme representado na Figura 3.1, a seguir.

Figura 3.1 – Ciclo do orçamento público

```
    Elaboração
    da proposta    ───────▶   Aprovação
    orçamentária
         ▲                         │
         │                         ▼
    Execução        ◀─────    Veto, sanção,
    e controle                promulgação
                              e publicação
```

Fonte: Elaborado com base em Assumpção, 2007.

A elaboração da proposta do PPA, da LDO e da LOA é de responsabilidade do Poder Executivo, que deve encaminhá-la ao Poder Legislativo para que eles sejam discutidos e, posteriormente, aprovados. O Legislativo pode aprovar diretamente ou propor algumas alterações em forma de emendas. Depois, a proposta retorna ao Executivo para que sejam feitas as alterações sugeridas por meio de vetos e/ou sanções. O Executivo também tem a responsabilidade de promulgar e publicar os documentos que nortearão a gestão. Por fim, a última fase é a execução e o controle, ou seja, o momento de colocar em prática tudo o que foi previsto. Segundo Assumpção (2007, p. 61), tal "controle deve ser exercido pelo sistema de controle interno da entidade, pelo Poder Legislativo, com o auxílio dos Tribunais de Contas, bem como pelo controle social". Vale ressaltar que o processo de discussão e aprovação desses documentos deve ser colaborativo, ou seja, tanto os conselheiros quanto a população devem participar.

Assim, o PPA, a LDO e a LOA são instrumentos do planejamento público que dão sustentação e diretriz a toda a ação do governo. Neles, devem estar previstos todos os programas, os projetos e as ações a serem desenvolvidos, assim como o recurso a ser utilizado pelo gestor. Vejamos:

> **PLANOS**: Consiste na definição das diretrizes gerais do governo. Deve ser orientado por uma visão estratégica capaz de conferir foco às principais demandas, que deverão ser atendidas em um determinado horizonte temporal.
>
> **PROGRAMAS**: Os programas decorrem sempre de um plano-mestre. Consistem em um conjunto de ações denominadas de projetos, atividades, operações especiais e ações não orçamentárias, como objetivos preestabelecidos, visando a solução de um problema da sociedade e/ou ao aproveitamento de uma oportunidade de investimento [...].
>
> **AÇÃO**: Compreende os projetos, as atividades, as operações especiais e as ações não orçamentárias de um determinado programa [...]. (Bernardoni, 2010, p. 34-37, grifo nosso)

Cada plano, programa ou ação deve conter a justificativa, os objetivos, o público-alvo, a forma de execução e o valor a ser gasto. De acordo com Bernardoni (2010, p. 39),

> por parte do planejador, o processo de planejamento pressupõe uma visão holística de todo o cenário que envolve as políticas públicas, como também uma capacidade de gestão para integrar toda a estrutura da administração (organização, pessoas, equipamentos e recursos financeiros), possibilitando a proposição de um conjunto de ações que atendam aos anseios da sociedade em geral.

É dessa forma que ocorre todo o planejamento da gestão pública, na qual estão inclusas as políticas públicas, como a assistência social.

3.2 Gestão financeira da PNAS

No capítulo anterior, analisamos como está estruturada a PNAS. Agora, evidenciaremos por que isso não pode ser executado sem recursos financeiros. Não existe política pública sem dinheiro, assim como não há destinação de recursos para a política pública sem que exista previsão orçamentária.

A gestão do SUAS é feita em cada município ou estado brasileiro com base em sete instrumentos, os quais podem ser visualizados na Figura 3.2, a seguir.

Figura 3.2 – Instrumentos de gestão do SUAS

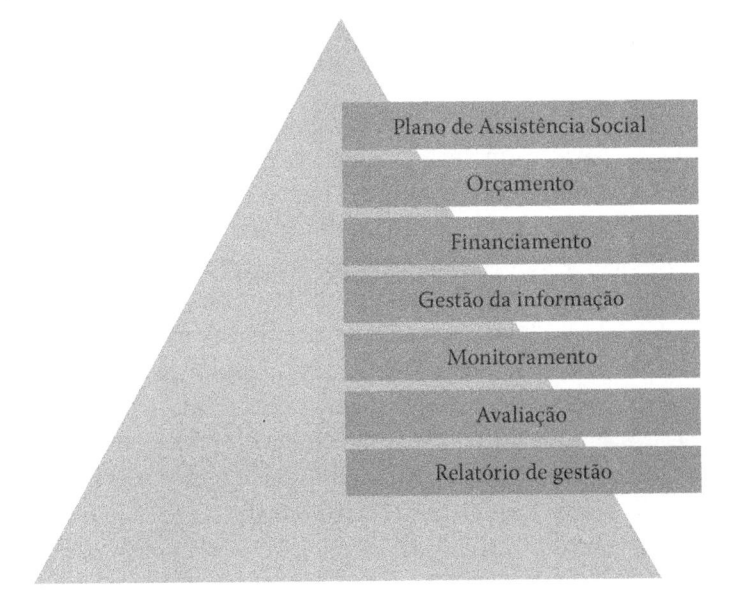

- Plano de Assistência Social
- Orçamento
- Financiamento
- Gestão da informação
- Monitoramento
- Avaliação
- Relatório de gestão

Fonte: Elaborado com base em Brasil, 2005c.

Os governos dos três entes federativos firmaram um pacto de gestão no decorrer de toda a constituição legal da PNAS e do SUAS, denominado *pacto de aprimoramento*.

> O Pacto de Aprimoramento do SUAS firmado entre a União, os Estados, o Distrito Federal e os Municípios é o instrumento pelo qual se materializam as metas e as prioridades nacionais no âmbito do SUAS, e se constitui em mecanismo de indução do aprimoramento da gestão, dos serviços, programas, projetos e benefícios socioassistenciais. (Brasil, 2013b, art. 23)

Isso significa que os governos federal, estadual e municipal têm responsabilidades compartilhadas no processo de aprimoramento da gestão do sistema. A elaboração desse documento é feita a cada quatro anos, mas passa por um processo de revisão anual.

3.2.1 Plano de Assistência Social

O primeiro instrumento da gestão do SUAS é o Plano de Assistência Social (PAS), "um instrumento de planejamento estratégico que organiza e norteia as ações para a execução da Política de Assistência Social. Quem elabora o plano é o órgão gestor e depois passa pelo conselho para que este possa discutir, solicitar ajustes se for o caso e aprovar" (TCU, citado por Prates, 2013b, p. 5). Nesse plano, constam as prioridades elencadas pelo órgão público para serem executadas naquele período. Todo o processo deve ser acompanhado e fiscalizado pelo Conselho de Assistência Social. Segundo Prates (2013b, p. 5), "Quando existem irregularidades o conselho pode questionar e solicitar ajustes e/ou reformulações. Caso não seja, ele pode não aprovar a aplicação dos recursos do município". A elaboração do plano é condição para que haja o repasse de recursos fundo a fundo (Brasil, 2013b).

O PAS é um documento cuja estrutura básica contém os elementos mostrados na Figura 3.3, a seguir.

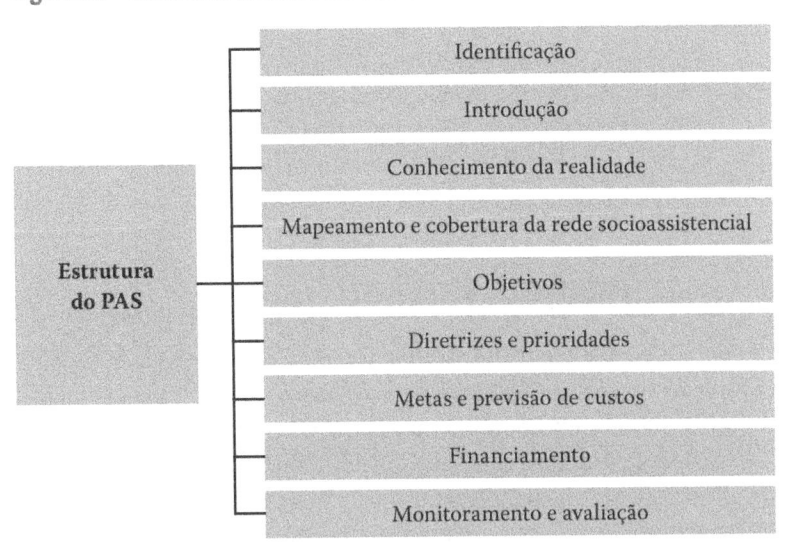

Figura 3.3 – **Elementos da estrutura básica de um PAS**

Estrutura do PAS
- Identificação
- Introdução
- Conhecimento da realidade
- Mapeamento e cobertura da rede socioassistencial
- Objetivos
- Diretrizes e prioridades
- Metas e previsão de custos
- Financiamento
- Monitoramento e avaliação

Fonte: Elaborado com base em Araújo et al., 2009; Brasil, 2008b.

3.2.1.1 Identificação

O primeiro elemento é a identificação, que traz dados básicos, como o título do plano, quem foi o responsável por sua elaboração e equipe de colaboradores. Também contempla dados gerais sobre o órgão gestor e a pessoa que ocupa o cargo de gestor da assistência social. Por fim, elenca dados sobre o Fundo Municipal de Assistência Social (FMAS).

3.2.1.2 Introdução

O segundo elemento do plano é a introdução, na qual se registra, de forma breve e resumida, a apresentação do documento e a justificativa sobre a necessidade de elaboração de um plano específico para a assistência social. Também é na introdução que se indica a metodologia utilizada para sua elaboração, quem foram os atores que participaram e em que consistiu essa participação.

É importante frisar que, por mais que a responsabilidade de elaboração do plano seja do órgão gestor, é fundamental que este não elabore o plano de forma individual e isolada, porque todos os trabalhadores que executam a política no município devem ter participação ativa nesse processo. Inclusive, é imprescindível que as deliberações de conferências municipais de assistência social sejam incluídas nas metas e nas prioridades do plano.

3.2.1.3 Conhecimento da realidade

O conhecimento da realidade é o terceiro elemento para a elaboração do plano. Nesse espaço, devem ser registradas informações sobre a composição da equipe de trabalhadores do órgão gestor, a caracterização do Conselho Municipal de Assistência Social (CMAS), sua secretaria executiva e sua última conferência municipal de assistência social. Feito isso, o passo seguinte é o conhecimento da realidade socioeconômica do município por meio de dados coletados nas plataformas de pesquisas oficiais e/ou dados colhidos do diagnóstico municipal, este último uma "*análise interpretativa* que possibilita ler e compreender a realidade social" (Brasil, 2016a, p. 70, grifo do original). Esses dados também podem ser coletados dos documentos do setor de vigilância social, cuja função é o monitoramento e a avaliação das situações de vulnerabilidade e risco social nos territórios, bem como da oferta dos serviços e benefícios socioassistenciais. O conhecimento da realidade é a base para a constituição de metas e prioridades para o desenvolvimento das ações da assistência social no município.

3.2.1.4 Mapeamento e cobertura da rede social

O quarto elemento para a elaboração do PAS é o mapeamento e a cobertura da rede socioassistencial. As políticas públicas são executadas nos municípios seguindo a prerrogativa de rede. As organizações da sociedade civil seguem a mesma lógica e são parceiras das políticas em cada território. Nesse sentido, é fundamental que se conheça a rede socioassistencial do município para saber com quem se pode contar para a execução das ações previstas no plano. Assim, é importante mapear tanto as organizações da sociedade civil prestadoras de serviços quanto os equipamentos públicos, além dos equipamentos próprios da assistência social. Ainda, é essencial que se conheça toda a rede, suas especificidades na proteção social básica ou especial, seus serviços e os benefícios ofertados para a população usuária.

3.2.1.5 Objetivos

O quinto elemento para a elaboração do plano é a constituição de seus objetivos gerais e específicos. Os objetivos gerais são amplos e contemplam o objeto de intervenção da assistência social no município. Os objetivos específicos são desdobramentos dos gerais e fixam seu alcance de modo particular e detalhado.

3.2.1.6 Diretrizes e prioridades

O sexto elemento para a elaboração do plano é a fixação de diretrizes e a eleição de prioridades a serem atingidas pelas ações da assistência social. A diretriz dá norte à ação, e a prioridade é eleita tendo-se como referência o diagnóstico que mostrou o que é mais urgente no processo de intervenção social. A Lei Orgânica da Assistência Social (LOAS) aponta que as diretrizes da assistência social são:

> I – descentralização político-administrativa para os Estados, o Distrito Federal e os Municípios, e comando único das ações em cada esfera de governo;
>
> II – participação da população, por meio de organizações representativas, na formulação das políticas e no controle das ações em todos os níveis;
>
> III – primazia da responsabilidade do Estado na condução da política de assistência social em cada esfera de governo. (Brasil, 1993, art. 5º)

Portanto, ao definir as diretrizes do plano, há de se considerar as diretrizes nacionais para a execução da PNAS em cada município ou Estado. Tanto os objetivos quanto as metas e prioridades devem estar em consonância com o que está previsto e aprovado no PPA da gestão pública.

Na eleição de prioridades, é importante que seja ponderado o diagnóstico e que haja participação dos trabalhadores que estão em contato direto com o público-alvo da assistência, pois eles conhecem as demandas e a realidade de cada território. Vale frisar que, para cada objetivo elencado, deve-se considerar a diretriz iluminadora e, principalmente, as prioridades a serem atingidas.

3.2.1.7 Metas e previsão de custos

O sétimo elemento do plano é a definição de metas e a previsão de custos para o alcance dessas metas a curto, médio e longo prazos. A previsão do orçamento da política deve estar em consonância com o orçamento previsto e aprovado na LOA da gestão pública. É fundamental que a equipe de profissionais do órgão gestor e os trabalhadores dos equipamentos de assistência social compreendam que os gastos precisam ser previstos nos instrumentos da gestão pública (PPA, LOA e LDO), bem como que tais gastos devem ser feitos de acordo com a LRF (Brasil, 2000) e as rubricas próprias para cada orçamento.

Na gestão do orçamento, é imprescindível uma equipe de trabalhadores eficiente, que esteja atenta aos prazos e aos processos licitatórios e que tenha clareza de toda a burocracia que envolve os recursos públicos, para que possa gastá-los, desde que previstos, e de acordo com o planejamento realizado, de modo a atender às demandas sociais em cada território. Os recursos que não forem gastos no tempo estabelecido devem ser devolvidos para a fonte. Se algum recurso for gasto em rubrica diferente daquela para a qual foi destinado, o gestor público pode sofrer punições nos termos da LRF.

3.2.1.8 Financiamento

O oitavo elemento para a elaboração do plano é o financiamento das ações da assistência social. Trata-se do registro preciso e claro de todas as fontes de financiamento, suas rubricas específicas e o objeto de cada uma delas. É feito o registro da destinação desse recurso para cada equipamento público da assistência social e para as entidades que prestam serviços ao SUAS. O detalhamento do financiamento depende do que foi registrado no PPA, na LDO e na LOA da gestão pública. A assistência social será custeada com base no que foi registrado e aprovado nesses documentos.

3.2.1.9 Monitoramento e avaliação

Por fim, o nono elemento para a elaboração do plano é o monitoramento e a avaliação das ações da assistência social. Por meio do monitoramento, é feito o acompanhamento da execução do plano em todas as suas fases. Trata-se de um processo de

> acompanhamento contínuo ou periódico de um programa ou política pública. É realizado por meio da coleta e análise sistemática de dados e informações sobre a execução do programa, com a finalidade de verificar se o desenvolvimento de sua implementação está de acordo com os padrões esperados [...]. (Brasil, 2016b, p. 10)

Ele pode ocorrer de duas formas: 1) o servidor público ou a equipe responsável pelo monitoramento coleta dados de documentos ou da plataforma sobre o programa, o projeto ou a política, entre outros; 2) o servidor público ou a equipe responsável pelo monitoramento realiza esse processo de forma presencial, acompanhando a execução das ações. O importante é que qualquer uma das formas resulte em registro das informações, as quais embasarão a avaliação das ações executadas. Quando o município tem organizado o setor de vigilância socioassistencial, o monitoramento é uma de suas funções, mas quando não tem, é necessário destinar uma equipe para monitorar as ações ou demandar que a equipe executora crie estratégias para desenvolver essa função.

A avaliação é o momento de identificar o resultado e/ou o impacto das ações realizadas. Ela permite atribuir valor e, por meio dela, é possível

> focalizar diferentes aspectos de um programa, política ou serviço, como relevância, eficiência, efetividade, resultados e impactos. Seu objetivo é melhorar a qualidade dos processos de implementação ou verificar seus resultados, dando também subsídios para o planejamento, a programação e a tomada de decisões futuras. (Vaitsman, 2009, p. 158)

A avaliação pode ser feita antes, durante ou depois da execução das ações de determinado programa, projeto ou política pública.

Depois de discutir os elementos que compõem o PAS, voltamos a analisar os instrumentos da gestão do SUAS.

3.2.2 Orçamento

O segundo instrumento da gestão do SUAS é o orçamento, que se constitui em uma ferramenta "da administração pública indispensável para a gestão da Política de Assistência Social e expressa o planejamento financeiro das funções de gestão e da prestação de serviços, programas, projetos e benefícios socioassistenciais à população usuária" (Brasil, 2013b, art. 46). As diretrizes, os objetivos, as metas e os recursos financeiros definidos para a execução das ações da assistência social devem ser colocados nos instrumentos supracitados para que sigam a tramitação oficial e possam ser submetidos ao controle social. Na Figura 3.4, a seguir, é possível observar o que deve ser colocado em cada instrumento orçamentário da gestão pública.

Figura 3.4 – **Definições estratégicas da assistência social nos instrumentos orçamentários da gestão pública**

No PPA	Serão apresentadas **as diretrizes, os objetivos e as metas** para os serviços e benefícios socioassistenciais da Assistência Social para o período de quatro anos, conforme o Plano de Assistência Social.
Na LDO	Serão elencadas **as metas e as prioridades**, ente os programas dispostos no PPA, para o próximo ano. A inclusão dos programas e ações de Assistência Social garantem suas prioridades na destinação orçamentária.
Na LOA	Serão definidos os **recursos** necessários para as ações.

Fonte: Brasil, 2015d, p. 20, grifo do original.

Nenhum recurso da assistência social pode ser gasto sem a aprovação das instâncias deliberativas, isto é, dos conselhos. Da mesma forma, a prestação de contas de determinado recurso também depende de sua aprovação. Isso se chama *controle social dos gastos públicos*. Para que possa haver o repasse via fundo, é necessário que o município tenha em pleno funcionamento o CMAS e o FMAS, além de ter elaborado o PAS. As transferências ocorrem somente mediante as seguintes condições:

- ter a comprovação orçamentária dos recursos próprios do município destinados à assistência social alocados em seus respectivos Fundos de Assistência Social;
- cumprir as obrigações assumidas;
- ter regularidade na aplicação dos recursos; e
- ter as contas do exercício anterior aprovadas pelo respectivo Conselho. (Brasil, 2013e, p. 56)

Para que o município tenha tudo isso em funcionamento, precisa planejar constantemente suas ações. O planejamento da assistência social deve, necessariamente, integrar o PPA, a LDO e a LOA, que são instrumentos orçamentários da gestão pública. Segundo Baptista (2000), o planejamento apresenta algumas etapas que configuram um processo racional, dinâmico e contínuo, conforme a Figura 3.5, a seguir.

Figura 3.5 – Processo de planejamento

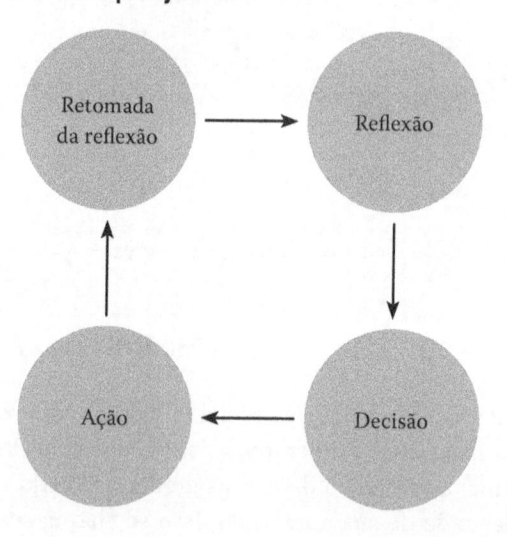

```
    Retomada          Reflexão
    da reflexão   →
         ↑                ↓
       Ação       ←    Decisão
```

Fonte: Elaborado com base em Baptista, 2000.

A **reflexão** é o primeiro passo para planejar a ação. É por meio dela que os profissionais constroem o diagnóstico da realidade social na qual almejam intervir.

O segundo passo é a **decisão** de agir, que envolve o planejamento das ações com base nas demandas identificadas no diagnóstico e utiliza os recursos disponíveis, os quais demonstram a exequibilidade das ações. Nesse momento, podem ser elaborados planos, programas e projetos e pode ser feita a proposição de implantação de serviços diversos. O plano consiste no

> documento mais abrangente e geral, que contém estudos, análises situacionais ou diagnósticos necessários à identificação dos pontos a serem atacados, dos programas e projetos necessários, dos objetivos, estratégias e metas de um governo, de um ministério, de uma secretaria ou de uma unidade. (Teixeira, 2009, p. 556)

O plano contém as diretrizes e as metas da política pública que está em execução. Já o programa "é o documento que indica um conjunto de projetos cujos resultados permitem alcançar o objetivo maior de uma política pública" (Teixeira, 2009, p. 556). O projeto consiste na "menor unidade do processo de planejamento. Trata-se de um instrumento técnico-administrativo de execução de empreendimentos específicos, direcionados para as mais variadas atividades interventivas e de pesquisa no espaço público e no espaço privado" (Teixeira, 2009, p. 556). Vale ressaltar que o programa tem um caráter permanente e contínuo, e o projeto, um período específico para seu desenvolvimento.

O terceiro passo é a **ação**, ou seja, a execução do planejamento, acompanhado de estratégias de monitoramento e processos avaliativos.

Por fim, o quarto passo é a **retomada da reflexão**, feita com base nos documentos produzidos no processo de monitoramento e avaliação das ações. Dessa forma, o ciclo é retomado, porque, no processo de execução, monitoramento e avaliação das ações, os profissionais conseguem identificar os impactos de suas intervenções, mensurar a necessidade de outras estratégias e identificar com maior clareza as demandas sociais que carecem de intervenções.

3.2.3 Financiamento

O financiamento do SUAS é o terceiro eixo estruturante e é compartilhado entre os três entes federados: União, estados e municípios, sendo "viabilizado por meio de transferências regulares e automáticas entre os fundos de assistência social, observando-se a obrigatoriedade da destinação e alocação de recursos próprios pelos respectivos entes" (Brasil, 2013b, art. 50).

O custeio da PNAS é feito com recursos do orçamento da seguridade social (Brasil, 1988, art. 204), que é pago por toda a sociedade, por meio de recursos arrecadados pela União, pelos estados e pelos municípios, de forma direta ou indireta, de contribuições sociais vindas:

> I – do empregador, da empresa e da entidade a ela equiparada na forma da lei, incidentes sobre:
> a) a folha de salários e demais rendimentos do trabalho pagos ou creditados, a qualquer título, à pessoa física que lhe preste serviço, mesmo sem vínculo empregatício;
> b) a receita ou o faturamento;
> c) o lucro;
> II – do trabalhador e dos demais segurados da previdência social, não incidindo contribuição sobre aposentadoria e pensão concedidas pelo regime geral de previdência social de que trata o art. 201;
> III – sobre a receita de concursos de prognósticos;
> IV – do importador de bens ou serviços do exterior, ou de quem a lei a ele equiparar. (Brasil, 1988, art. 195)

Portanto, todos os cidadãos participam direta ou indiretamente do custeio da seguridade social e, consequentemente, da assistência social, motivo pelo qual têm direito a ela quando necessitar. Segundo Salvador (2010, p. 35):

> As outras fontes de custeio são: contribuição de segurados individuais, dos clubes de futebol profissional, do empregador doméstico, do produtor rural, parte da arrecadação do Sistema Integrado de Pagamento de Impostos e Contribuições das Microempresas e das Empresas de Pequeno Porte (Simples).

O financiamento da seguridade social, garantido constitucionalmente desde 1988, é a base do financiamento da PNAS. Para que estados, Distrito Federal e municípios recebam recursos da União, é imprescindível que eles tenham:

> I – conselho de assistência social instituído e em funcionamento;
> II – plano de assistência social elaborado e aprovado pelo conselho de assistência social;

III – fundo de assistência social criado em lei e implantado; e

IV – alocação de recursos próprios no fundo de assistência social. (Brasil, 2013b, art. 52)

As instâncias de representação desse financiamento são os fundos de assistência social organizados nas três esferas de governo (municipal, estadual e federal). Portanto, existe o Fundo Nacional de Assistência Social (FNAS), o Fundo Estadual de Assistência Social (FEAS) e o FMAS, os quais são controlados pelos conselhos de assistência social em cada esfera. Os fundos de assistência social são "instrumentos de gestão orçamentária e financeira da União, dos Estados, do Distrito Federal e dos municípios, nos quais devem ser alocadas as receitas e executadas as despesas relativas ao conjunto de ações, serviços, programas, projetos e benefícios de assistência social" (Brasil, 2013b, art. 48). De acordo com essas prerrogativas, "Qualquer recurso que seja destinado ao município, em última instância, deve, necessariamente, ser repassado via fundo. Isso garante que os conselhos, também nas três esferas, tenham controle sobre os gastos, uma vez que, estando no fundo, facilita a prestação de contas para a comunidade" (Prates, 2013b, p. 5).

O trato com os recursos destinados aos usuários ocorre de forma diferente, pois "o financiamento dos benefícios se dá de forma direta aos seus destinatários [...]" (Brasil, 2005c, p. 49). Entretanto, os recursos destinados às entidades seguem o mesmo fluxo fundo a fundo:

> bem como de repasses de recursos para projetos e programas que venham a ser considerados relevantes para o desenvolvimento da política de assistência social em cada esfera de governo, de acordo com os critérios de partilha e elegibilidade de municípios, regiões e, ou, estados e o Distrito Federal, pactuados nas comissões intergestoras e deliberados nos conselhos de assistência social. (Brasil, 2005c, p. 49)

O financiamento da PNAS está organizado por meio de blocos, que são "conjuntos de recursos destinados ao cofinanciamento federal das ações socioassistenciais, calculados com base no somatório dos componentes que os integram e vinculados a uma finalidade" (Brasil, 2015b, art. 2º, inciso I). Esses blocos são apresentados na Figura 3.6, a seguir.

Figura 3.6 – Blocos de financiamento do SUAS

I – Bloco da Proteção Social Básica	II – Bloco da Proteção Social Especial de Média Complexidade	III – Bloco da Proteção Social Especial de Alta Complexidade	IV – Bloco da Gestão do SUAS	V – Bloco da Gestão do Programa Bolsa Família e do Cadastro Único

Fonte: Elaborado com base em Brasil, 2015b, art. 7º.

Os blocos I, II e III são compostos pelos serviços socioassistenciais que foram tipificados e outros que possam ser criados no âmbito da proteção social. O bloco IV tem como componente o Índice de Gestão Descentralizada do Sistema Único de Assistência Social (IGD/SUAS), um indicador desenvolvido pelo Ministério do Desenvolvimento Social (MDS) para avaliar a qualidade da gestão do Programa Bolsa Família (PBF) e do Cadastro Único em cada estado, município e Distrito Federal. O IGD/SUAS é dividido em duas modalidades: 1) Índice de Gestão Descentralizada dos Municípios (IGD-M), a ser aplicado aos municípios e ao Distrito Federal; e 2) Índice de Gestão Descentralizada dos Estados (IGD-E), a ser aplicado aos estados.

A transferência de recursos por meio dos fundos de assistência social é feita com base na avaliação do IGD/SUAS. Cada rubrica de financiamento tem destinação especificada nos blocos e nos respectivos pisos, e o orçamento somente poderá ser executado de acordo com essa previsão. Esses blocos estão contemplados e organizados no PAS e também no PPA, na LDO e na LOA dos estados e dos municípios. Todo o orçamento – sua execução e a prestação de contas – é acompanhado, monitorado e fiscalizado pelos conselhos de assistência social nas três esferas federativas.

3.2.4 Gestão da informação

O quarto instrumento da gestão do SUAS é a gestão da informação, que ocorre por meio do Sistema Nacional de Informações do Sistema Único de Assistência Social (Rede SUAS). Segundo Tapajós (2007, p. 73), a "Rede SUAS é um sistema de informação resultante da integração de vários instrumentos de produção, recebimento, armazenamento e entrega de dados e informação com escopos diferenciados no arcabouço da gestão, no controle social e financiamento da política". Esse sistema foi elaborado e implantado com base nas deliberações das conferências de assistência social que ocorreram ao longo da história. Todas elas reivindicavam um sistema de informações como esse.

> A gestão da informação, nesse sentido, é um dos instrumentos identificados como imprescindíveis para o alcance da missão do SNAS em curso: construir e consolidar um sistema descentralizado e participativo nos moldes de um sistema único e unificador dessa política em todo o território nacional. (Tapajós, 2007, p. 71)

No processo de gestão da informação, contempla-se a associação de dois elementos: a gestão estratégica da política e as tecnologias de informação, tendo em vista a produção de conhecimentos sobre a política pública e seu aprimoramento. Nesse sentido, a gestão da informação é

> desempenhada pelo processamento de dados provenientes de múltiplas fontes, mais frequentemente acionada a partir de um conjunto de aparatos tecnológicos de grande monta e complexidade, de forma a poder gerar informação relevante e útil para o tempo e necessidades da gestão. (Tapajós, 2007, p. 71)

Essa gestão é operacionalizada utilizando-se inúmeros dados registrados pelos instrumentos de gestão do SUAS. Por meio deles, é possível obter "uma clara definição de estratégias referentes a produção, armazenamento, organização, classificação e disseminação dos dados, obedecendo a um padrão nacional e eletrônico definido no âmbito da assistência social" (Tapajós, 2007, p. 72).

A gestão dessas informações é realizada pela Secretaria de Avaliação e Gestão da Informação (Sagi) do MDS. Essa secretaria é responsável por monitorar e avaliar programas, projetos e serviços prestados pelo SUAS em todo o território nacional.

O setor de vigilância socioassistencial de cada município é responsável por alimentar esses dados na Rede SUAS e, quando o município não tem esse setor organizado, essa função fica a cargo do órgão gestor. A vigilância socioassistencial conta com alguns instrumentos e ferramentas que são fontes de informações. O acesso a essas ferramentas é permitido a quatro sujeitos distintos: cidadão, técnico pesquisador, gestores estadual e municipal e servidores do MDS. Cada um desses instrumentos apresenta especificidade de acesso a esses sujeitos. No Quadro 3.2, a seguir, é possível conferir as ferramentas de coleta, integração e visualização de dados.

Quadro 3.2 – Ferramentas para coleta, integração e visualização de dados

FERRAMENTAS	CARACTERÍSTICAS
CadSUAS – Cadastro Nacional do SUAS	Aplicativo eletrônico que comporta todas as informações cadastrais dos órgãos gestores de assistência social, das unidades públicas e da rede prestadora de serviços, dos fundos, dos conselhos e dos trabalhadores do SUAS.
Censo SUAS – Censo do Sistema Único de Assistência Social	Um dos principais instrumentos de avaliação e monitoramento dos serviços, programas e benefícios ofertados pelo SUAS.
RMA – Registro Mensal de Atendimentos	Aplicativo que institui parâmetros nacionais para o registro das informações relativas aos serviços ofertados no CRAS e no CREAS.
Prontuário SUAS	Instrumento técnico que visa auxiliar o trabalho dos profissionais, organizando as informações indispensáveis à realização do trabalho social com as famílias e registrando o planejamento e o histórico do acompanhamento familiar.
CadÚnico e Cecad	Ferramentas que permitem realizar consultas, tabulações e extrações de dados do Cadastro Único para Programas Sociais do Governo Federal. Possibilitam conhecer a realidade socioeconômica das famílias e reúnem informações do domicílio e de cada membro.

(continua)

(Quadro 3.2 – continuação)

FERRAMENTAS	CARACTERÍSTICAS
IDV – Sistema de Identificação de Domicílios em Vulnerabilidade	Aplicativo que permite a elaboração de mapas de vulnerabilidade e risco social de estados e municípios e por setor censitário.
MI Social – Matriz de Informação Social	Ferramenta que reúne as informações oriundas de diferentes aplicativos em um único local. Permite realizar, por meio de indicadores gerenciais, o monitoramento de programas, projetos e ações desenvolvidos pelo MDS.
RI Social – Relatório de Informação Social	Aplicativo que gera relatórios e boletins com dados específicos sobre a gestão dos principais programas do MDS. Ele fornece somente informações por município, ou seja, não é possível realizar consulta por estado nem por região.
SUASweb – Informações do cofinanciamento federal	Ferramenta criada para agilizar a transferência regular e automática de recursos financeiros do FNAS para os fundos estaduais, municipais e do Distrito Federal.
Mops – Mapa de Oportunidades e Serviços Públicos	Ferramenta de integração de dados dos serviços públicos disponíveis nos municípios nas áreas de assistência social, educação, saúde e trabalho. Disponibiliza informações sobre vagas de emprego e oportunidade de inclusão produtiva.
Mapa SAN – Mapeamento de Segurança Alimentar e Nutricional	Ferramenta de pesquisa anual de informações sobre a gestão do Sistema de Segurança Alimentar e Nutricional no âmbito dos estados e dos municípios.
Tab Social – Tabulador de Microdados	Reúne um conjunto de aplicativos que produzem tabulações simples e cruzadas de dados a partir das principais bases de microdados do MDS.
Mapas Temáticos de Vulnerabilidade Social	Aplicativo que permite a construção de mapas temáticos de indicadores relacionados à condição de vulnerabilidade social intramunicipal para todos os municípios brasileiros.
MDS em mapas	Sistema que permite a visualização de um ou mais mapas que versam sobre diversas temáticas da área social. Contém dois sistemas: um para visualizar dados sociais por meio de mapas, outro para construir mapas customizados. Os mapas são criados com base na demanda das secretarias do MDS que desejam visualizar seus dados em mapas.

(Quadro 3.2 – continuação)

FERRAMENTAS	CARACTERÍSTICAS
MI Vetor	Ferramenta de visualização de dados estaduais e municipais com a série histórica. São disponibilizados: informações municipais (estimativa da população, IDH, PIB municipal e transferências do Tesouro aos municípios); dados demográficos (população urbana/rural, por faixa etária); informações estaduais (transferências do Tesouro aos estados); transferência de renda (auxílio gás, bolsa família, bolsa alimentação, bolsa escola).
Atlas Social	Permite que o usuário construa mapas em tempo real com a distribuição espacial de um programa social sobre determinadas áreas ou em todo o país e também disponibiliza mapas com indicadores sobre os estados e os municípios (por exemplo, IDH, Gini, PIB).
PAA Data	Tem o objetivo de dar subsídios ao planejamento, à gestão e ao monitoramento do Programa de Aquisição de Alimentos (PAA) para todos os executores do Programa: Companhia Nacional de Abastecimento (Conab), estados e municípios.
Gestão SUAS	Portal que reúne diferentes ferramentas de gestão do SUAS. É voltado para gestores municipais e estaduais e tem acesso a usuários cadastrados, inclusive o SUASweb.
RMM	Aplicativo em que são registradas as atividades de mobilização realizadas pelo município no âmbito do programa Acessuas Trabalho.
Pronatec	Espaço destinado a prestar apoio às equipes de assistência social dos municípios participantes do Pronatec/Brasil Sem Miséria (BSM). Nesse sistema, é possível realizar mapeamento de cursos e vagas para pactuação e adesão ou alteração de interlocutores municipais.
Sisplansan – Sistema de Monitoramento do Plano Nacional de Segurança Alimentar e Nutricional	Sistema que tem a finalidade de acompanhar e monitorar a execução das metas do Plano Nacional de Segurança Alimentar e Nutricional (Plansan/SAN).
Cifam – Consulta a informações integradas sobre famílias e indivíduos	Sistema que permite consultar informações sobre o acesso a programas, serviços e benefícios das políticas de desenvolvimento social por indivíduos e famílias inscritos no Cadastro Único.

(Quadro 3.2 – conclusão)

FERRAMENTAS	CARACTERÍSTICAS
SUAS Visor	Reúne inúmeras ferramentas de busca a partir do município selecionado: boletins de informação, painel de monitoramento e Mops. Traz dados sobre os CRAS, os CREAS e os Centros POP, além de informações do contexto socioeconômico em que operam.

Fonte: Elaborado com base em Tapajós, 2007.

O acesso a essas ferramentas na Rede SUAS permite construir indicadores sobre a realidade social ou acerca da prestação de serviços socioassistenciais, tendo em vista o planejamento das ações e a execução orçamentária da assistência social. Os indicadores "são medidas usadas para permitir a operacionalização de um conceito abstrato ou demanda de interesse programático na área social" (Jannuzi, 2009, p. 22). Segundo o autor, eles indicam realidades que se queira conhecer, a fim de produzir um diagnóstico territorial. Nesse sentido, eles

> subsidiam as atividades de planejamento público e a formulação de políticas sociais nas diferentes esferas de governo, possibilitam o monitoramento das condições de vida e bem-estar da população por parte do poder público e sociedade civil e permitem o aprofundamento da investigação acadêmica sobre a mudança social e sobre os determinantes dos diferentes fenômenos sociais. (Jannuzzi, 2009, p. 22)

3.2.5 Monitoramento

O quinto instrumento da gestão do SUAS é o monitoramento, que consiste no

> acompanhamento contínuo ou periódico de um programa ou política pública. É realizado por meio da coleta e análise sistemática de dados e informações sobre a execução do programa, com a finalidade de verificar se o desenvolvimento de sua implementação está de acordo com os padrões esperados [...]. (Brasil, 2015e, p. 10)

Esse processo pode ser feito por meio da coleta de dados na Rede SUAS, utilizando a definição dos indicadores ou fazendo o acompanhamento presencial das ações e posterior registro. No Quadro 3.3, a seguir, é possível visualizar os instrumentos e a indicadores para o desenvolvimento do processo de monitoramento das ações no SUAS.

Quadro 3.3 – Instrumentos e indicadores de monitoramento

FERRAMENTAS	CARACTERÍSTICAS
Data Social	Sistema que disponibiliza dados e indicadores para a elaboração de diagnósticos atualizados e o monitoramento das políticas do MDS, além de informações dos contextos social, demográfico e econômico de municípios, estados, regiões e Brasil.
Portal Brasil sem Miséria no seu Município	Permite ao usuário acesso integrado ao conjunto de ferramentas, relatórios e informações sobre as ações e os programas do Plano Brasil sem Miséria no estado selecionado. Usuários: gestores estaduais e municipais.
RMA – Registro Mensal de Atendimentos	Aplicativo que institui parâmetros nacionais para o registro das informações relativas aos serviços ofertados no CRAS e no CREAS.
Monib – Painel de monitoramento do Plano Brasil sem Miséria	Aplicativo que permite construção e consulta de painéis de indicadores para o acompanhamento de ações do Plano Brasil sem Miséria e outros programas do MDS.
PM – Painel de monitoramento do MDS	Portal que disponibiliza painéis temáticos que reúnem diferentes informações, sistemas e ferramentas.
Painel de acompanhamento da conjuntura e programas sociais	Aplicativo que apresenta de forma articulada indicadores da conjuntura socioeconômica brasileira e de diferentes aspectos dos programas nas áreas de transferência de renda, assistência social e segurança alimentar.

Fonte: Elaborado com base em Tapajós, 2007.

3.2.6 Avaliação

O sexto instrumento da gestão do SUAS é a avaliação, que faz parte das etapas do processo de planejamento de uma política pública. A avaliação consiste em um

> conjunto de procedimentos técnicos para produzir informação e conhecimento, em perspectiva interdisciplinar, para desenho ex-ante (prévio), implementação e validação ex-post (posterior) de programas e projetos sociais, por meio das diferentes abordagens metodológicas da pesquisa social, com a finalidade de garantir o cumprimento dos objetivos de programas e projetos (eficácia), seus impactos mais abrangentes em outras dimensões sociais, ou seja, para além dos públicos-alvo atendidos (efetividade) e a custos condizentes com a escala e complexidade da intervenção (eficiência). (Jannuzzi, citado por Brasil, 2015c, p. 15)

Nesse sentido, a avaliação de um programa, projeto ou serviço pode e deve ser feita antes, durante e depois de sua execução, a fim de identificar sua viabilidade, seus impactos e sua efetividade como ação que proporciona mudança ou transformação no objeto de intervenção.

Na pesquisa de avaliação, são utilizados métodos como estudo de caso, levantamento de campo, etnografia e história de vida. Existem vários procedimentos técnicos para realizar uma avaliação, como entrevista, observação participante, pesquisa documental, uso de censos, entre outros (Brasil, 2015c). São diversas as possibilidades e as técnicas que podem ser empregadas para fazer uma avaliação das ações. A avaliação possibilita à equipe de profissionais reconhecer o resultado de seu trabalho e identificar quais aspectos precisam ser melhorados, bem como quais estratégias podem ser adotadas para isso. Quem não avalia suas ações corre um sério risco de incorrer em rotina e não conseguir desvencilhar-se dela.

Na Rede SUAS, há várias ferramentas para a coleta de dados sobre programas, projetos e serviços socioassistenciais, como é possível visualizar no Quadro 3.4, a seguir.

Quadro 3.4 – Instrumentos para avaliação, capacitação e disseminação das informações

FERRAMENTAS	CARACTERÍSTICAS
Pesquisas e estudos de avaliação	Portal no qual é possível consultar fichas técnicas, sumários executivos e microdados de pesquisas de avaliação de outros estudos realizados pela SAGI.
Portal de programas de desenvolvimento social	Portal que reúne informações, em um único local, sobre os principais programas sociais do MDS.
Oficinas EaD Sagi	Disponibilizam capacitação com abrangência nacional a técnicos e gestores, especialmente da assistência social.
Publicações e pesquisas	Elaboradas em diferentes linguagens, a fim de atender os diferentes públicos (pesquisadores e sociedade em geral) dos programas do MDS.
Biblioteca do MDS e acervo digital	Tem um acervo de mais de 5 mil exemplares de livros, periódicos, relatórios e material multimídia na área de políticas de desenvolvimento social: transferência de renda, assistência social, segurança alimentar e nutricional e inclusão produtiva.
Etec – Estudos técnicos da Sagi	Têm a função de sistematizar notas técnicas, estudos exploratórios, produtos técnicos, relatórios de consultoria e reflexões analíticas produzidas pela Sagi.
Rede Nacional de Capacitação e Educação Permanente do SUAS	Portal que funciona como canal de informações sobre a rede, sendo esta composta pelas instituições de ensino superior para ofertar cursos em variados níveis e modalidades.
Sima – Sistema de Monitoramento Acadêmico	Ferramenta gerencial que tem o objetivo de monitorar a oferta dos cursos de programas de capacitação da Sagi.

Fonte: Elaborado com base em Tapajós, 2007.

A maior parte das plataformas do Quadro 3.4 pode ser acionada por qualquer cidadão que procure informações a respeito da política pública. Já as ferramentas indicadas no Quadro 3.5, a seguir, são próprias da gestão da Sagi, portanto, são acionadas somente pelos profissionais técnicos dessa secretaria.

Quadro 3.5 – Ferramentas de gestão interna da Sagi

FERRAMENTAS	CARACTERÍSTICAS
Roni – Registro de Oportunidades, Notícias e Inovações	Ferramenta que permite o registro de notícias para serem publicadas no Portal Sagi. É de uso restrito.
Visicon – Visualizador de Convênios	Ferramenta que permite a realização de pesquisas sobre os convênios firmados pelo MDS com os estados e os municípios.
Sige – Sistema de Gestão de Estratégias da Sagi	Aplicativo que possibilita a gestão estratégica de projetos, com especificações em até cinco níveis: plano, estratégia, macroprocesso, projeto e atividade.
Gerenciador de conteúdos	Constrói a estrutura do Portal da Sagi e alimenta-o com conteúdo. Por meio dele, é possível criar e editar os elementos desse portal.

Fonte: Elaborado com base em Tapajós, 2007.

3.2.7 Relatório de gestão

O sétimo instrumento da gestão do SUAS é o Relatório Anual de Gestão, no qual devem ser demonstradas as realizações, os resultados ou os produtos obtidos em razão das metas prioritárias estabelecidas no PAS; a aplicação dos recursos; e os resultados obtidos, a fim de revelar os avanços e/ou obstáculos que dificultaram a execução das ações. Esse é um documento produzido pelo órgão gestor. É importante que o município crie uma forma de produzir esse relatório que envolva tanto a participação das equipes de profissionais dos equipamentos quanto as entidades parceiras da assistência social e, principalmente, os usuários. Existem os relatórios parciais, elaborados a cada trimestre, e o Relatório Anual de Gestão, elaborado no término do exercício anual da gestão e entregue no início do ano subsequente.

O Relatório Anual de Gestão é composto por: identificação, apresentação, análise avaliativa, síntese físico-financeira e fluxo de encaminhamento.

Na **identificação**, são apresentados dados gerais do órgão gestor, indicando local de funcionamento e profissional responsável, entre outras informações.

A **apresentação** deve conter uma descrição objetiva dos aspectos mais importantes dos resultados obtidos na execução das ações de assistência social previstas no PAS e/ou a ele incorporadas.

Na **análise avaliativa**, são mostradas as realizações, os resultados e as melhorias obtidas em razão das ações previstas no PAS, destacando os avanços obtidos e os obstáculos que dificultaram o alcance dos resultados para cada ação de assistência social. Nesse item do relatório, são avaliadas: a qualidade das ações desenvolvidas em projetos, programas, serviços e benefícios; a estrutura física; quais melhorias puderam ser efetivadas; os recursos humanos e como ocorreu a respectiva capacitação; os recursos materiais e financeiros e a aplicação dos investimentos do dinheiro público.

Também devem ser discutidas a capacidade de gestão, a forma como o gestor solucionou os problemas que emergiram durante o processo de execução do plano e como foi sua relação com as demais políticas públicas em uma perspectiva de rede socioassistencial e intersetorial.

Avalia-se, ainda, como ocorreu o controle social por parte dos conselhos de assistência social, explicando como o conselho desempenhou suas atribuições no exercício do controle social da referida política, como foi sua relação com o órgão gestor, quais foram as deliberações das conferências de assistência social e de que forma o órgão gestor incorporou-as a seu plano. São fornecidos dados sobre a qualificação profissional das equipes do SUAS, o número de usuários atendidos durante o ano e número de pessoas que procuraram os serviços e não foram atendidas. Portanto, demonstram-se qual foi a demanda descoberta de proteção social e outros dados que revelem como os usuários tiveram mais acesso aos direitos sociais, aos programas, projetos e serviços ofertados em cada equipamento e como isso lhes proporcionou melhores condições de vida.

Na **síntese físico-financeira**, relata-se como foram gastos os recursos financeiros previstos na LDO e na LOA, conforme o planejamento físico-financeiro da assistência social. O recurso que não foi gasto durante a execução financeira anual deverá ser devolvido à fonte, justificando-se os motivos pelos quais eles não foram executados. É comum que os municípios devolvam dinheiro às fontes quando verificada a má gestão do processo de execução orçamentária, sobretudo com relação aos prazos licitatórios.

Por fim, o **fluxo de encaminhamento** ocorre da seguinte maneira: depois de elaborado o Relatório Anual de Gestão, que deve ser assinado pelo contador da unidade, o documento é encaminhado ao Conselho de Assistência Social para aprovação. Sendo aprovado, é devolvido para o gestor acompanhado da resolução do conselho que atesta sua aprovação, e esta deve ser publicada no Diário Oficial do município. Em seguida, o gestor encaminha o relatório com a resolução ao gestor estadual para consolidação, bem como para a Comissão Intergestora Bipartite (CIB), para conhecimento. Caso o Conselho Municipal não aprove o relatório, este é devolvido para o gestor para que faça os ajustes, as complementações, as reformulações ou os esclarecimentos que o conselho julgou necessários. Depois que o órgão gestor atende ao que o conselho solicitou, encaminha novamente o relatório e o ciclo inicia-se mais uma vez, até que seja aprovado para ser encaminhado à instância superior.

Após analisarmos como se processa a gestão do SUAS, constatamos que ela só pode ocorrer com a colaboração de uma equipe de profissionais qualificados que atuam no sistema. Nesse sentido, a seção a seguir trata da gestão do trabalho no SUAS e de todas as suas prerrogativas legais.

3.3 Gestão do trabalho no SUAS

Falar em gestão do trabalho é imprescindível diante da desestruturação dos direitos trabalhistas e da crise do mundo laboral, sobretudo o trabalho, que é protegido por legislação nacional. Os últimos acontecimentos nacionais provocaram o desmonte da proteção social ao trabalho, o qual não afeta apenas os trabalhadores do setor privado, mas também os do setor público, inclusive os da assistência social.

A Consolidação das Leis do Trabalho (CLT), instituída pelo Decreto-Lei n. 5.452, de 1º de maio de 1943, sancionado pelo então presidente Getúlio Vargas (Brasil, 1943), foi reformulada com a nova Lei das Terceirizações. O decreto-lei trouxe proteção social aos trabalhadores e às relações de trabalho, já a Lei das Terceirizações, a Lei n. 13.429, de 31 de março de 2017 (Brasil, 2017a), sancionada por Michel Temer, permite que todas as funções de uma empresa possam ser terceirizadas.

De acordo com o art. 2º da Lei das Terceirizações, "Trabalho temporário é aquele prestado por pessoa física contratada por uma empresa de trabalho temporário que a coloca à disposição de uma empresa tomadora de serviços, para atender à necessidade de substituição transitória de pessoal permanente ou à demanda complementar de serviços" (Brasil, 2017a, art. 2º). Essa lei fragiliza ainda mais as relações de trabalho, tornando a precarização comum e viável para o empregador. Quem de fato vai sofrer com essa nova lei são os trabalhadores, pois eles não poderão contar com a proteção social nas relações de trabalho, em razão da fragilização e do aumento da flexibilização dessa relação. Por isso, discutir a gestão de trabalho no SUAS é urgente e fundamental diante do desmonte da proteção social ao trabalhador.

A Política de Recursos Humanos é um dos eixos estruturantes do SUAS. Para que a assistência social se tornasse política pública, dever do Estado e direito do cidadão, sua profissionalização era essencial. Nesse sentido, sociedade, governo e defensores da assistência social atuaram, ao longo dos anos, para consolidar uma Política de Recursos Humanos, que teve início com a aprovação da Norma Operacional Básica de Recursos Humanos do SUAS (NOB-RH/SUAS) em 2006 (Brasil, 2006b), publicada em janeiro de 2007. A aprovação dessa norma representou um grande avanço para a profissionalização da assistência social e rompeu com o ranço político no tipo de locação de seus trabalhadores. Proporcionou, inclusive, um rompimento legal com os cargos de cunho político, como o primeiro-damismo (Torres, 2002) e outros que tinham o objetivo de funcionar como cabo eleitoral dos governantes.

Com a publicação da NOB-RH/SUAS, passou-se a exigir que os trabalhadores da assistência social fossem qualificados e preparados para atuar na política, pois não é qualquer pessoa que está sem função nas prefeituras que pode assumir cargos na política. A NOB-RH/SUAS prima pela qualificação dos profissionais e por sua permanente atuação, ou seja, ela determina que os trabalhadores da assistência social sejam concursados. Assim, com profissionais qualificados e atuando de forma permanente, a política tende a consolidar-se como direito do cidadão. Nesse sentido, "A gestão do trabalho no âmbito do SUAS contribui para aprimorar a gestão do sistema e a qualidade da oferta dos serviços na perspectiva de consolidar o direito socioassistencial" (Ferreira, 2011, p. 15).

Dado o caráter público da prestação de serviços da assistência social, a gestão do trabalho no SUAS deve "garantir a 'desprecarização' dos vínculos dos trabalhadores do SUAS e o fim da terceirização, garantir a educação permanente dos trabalhadores, realizar planejamento estratégico, garantir a gestão participativa com controle social, integrar e alimentar o sistema de informação" (Ferreira, 2011, p. 17). Percebemos que as prerrogativas dessa norma contrariam a nova Lei das Terceirizações publicada recentemente. Considerando as condições do mundo do trabalho na atualidade, é fundamental defender a materialização da NOB-RH/SUAS.

A referida norma prevê que a equipe de referência deve ser composta por profissões "de nível superior orientadas por códigos de ética e, portanto, [que] agregam essa dimensão aos serviços e benefícios, à gestão do SUAS" (Ferreira, 2011, p. 19). Esses profissionais devem ser alocados nos equipamentos de assistência social via concurso público, garantindo, assim, o caráter permanente de sua intervenção nas demandas dos usuários presentes em cada território.

Segundo a NOB-RH/SUAS, os princípios éticos que orientam a intervenção dos profissionais do SUAS são:

    a) Defesa intransigente dos direitos socioassistenciais;

    b) Compromisso em ofertar serviços, programas, projetos e benefícios de qualidade que garantam a oportunidade de convívio para o fortalecimento de laços familiares e sociais;

c) Promoção aos usuários do acesso a informação, garantindo conhecer o nome e a credencial de quem os atende;
d) Proteção à privacidade dos usuários, observado o sigilo profissional, preservando sua privacidade e opção e resgatando sua história de vida;
e) Compromisso em garantir atenção profissional direcionada para construção de projetos pessoais e sociais para autonomia e sustentabilidade;
f) Reconhecimento do direito dos usuários a ter acesso a benefícios e renda e a programas de oportunidades para inserção profissional e social;
g) Incentivo aos usuários para que estes exerçam seu direito de participar de fóruns, conselhos, movimentos sociais e cooperativas populares de produção;
h) Garantia do acesso da população à política de assistência social sem discriminação de qualquer natureza (gênero, raça/etnia, credo, orientação sexual, classe social, ou outras), resguardados os critérios de elegibilidade dos diferentes programas, projetos, serviços e benefícios;
i) Devolução das informações colhidas nos estudos e pesquisas aos usuários, no sentido de que estes possam usá-las para o fortalecimento de seus interesses;
j) Contribuição para a criação de mecanismos que venham desburocratizar a relação com os usuários, no sentido de agilizar e melhorar os serviços prestados. (Brasil, 2006b, item III. 3)

São esses os princípios éticos que regem o trabalho dos profissionais que atuam no SUAS, independentemente da profissão e do código de ética específico. Cada profissional, além dos princípios de seu código de ética, deve observar tais princípios, os quais enfatizam a defesa que os profissionais devem oferecer aos usuários. Embora contratados pela instituição, o compromisso dos profissionais é com os usuários.

É importante que, no exercício de sua profissão, os profissionais busquem mediar os direitos dos trabalhadores na instituição, e não funcionem como fiscalizadores da vida dos usuários, como uma atividade policialesca de controle (Faleiros, 2010). Ao usuário, devem ser ofertados serviços de qualidade, que produzam mudanças em sua vida, ampliem sua autonomia e protagonismo e possibilitem o desenvolvimento humano, social e político para o exercício da cidadania. Tudo o que o usuário não carece é de profissionais que, servindo de porta-vozes da instituição, vasculhem sua vida para procurar delitos que justifiquem o não acesso aos direitos sociais.

Com base nesses princípios éticos, o usuário tem o direito de ser bem atendido e entender os critérios de acesso aos serviços e benefícios, pois esse conhecimento lhe possibilita encontrar os caminhos de acesso e fortalece-o na luta por seus direitos. Inclusive, os usuários têm o direito de conhecer as informações registradas sobre ele no prontuário. É a respeito da vida dele que o registro se refere e, por isso, ele pode ter acesso a seu conteúdo.

3.3.1 Equipes de referência para a gestão do SUAS

Os trabalhadores do SUAS são organizados por equipes de referência, "constituídas por servidores efetivos responsáveis pela organização e oferta de serviços, programas, projetos e **benefícios** de proteção social básica e especial, levando-se em consideração o número de famílias e indivíduos referenciados, o tipo de atendimento e as aquisições que devem ser garantidas aos usuários" (Ferreira, 2011, p. 25, grifo nosso). As equipes precisam de profissionais efetivos que, aos poucos, construam laços afetivos com os usuários, pois se constituem em referência para eles. Conforme Ferreira (2011, p. 25), "sempre que o cidadão tiver uma necessidade de proteção de assistência social haverá um serviço para atendê-lo. Isso produz para o cidadão um sentimento de segurança [...]. Essa certeza é a primeira ideia que devemos fixar quando queremos construir referência". Para a autora, a ideia de referência também diz respeito a um rumo que o profissional pode oferecer para construir com o usuário novas perspectivas de vida, de direitos sociais e de cidadania.

Esses rumos podem ser construídos na perspectiva da emancipação humana, muito mais que política (Ferreira, 2011).
Quando falamos em *emancipação política*, estamos nos referindo ao acesso dos trabalhadores usuários aos direitos sociais, civis e políticos dentro da sociabilidade construída sob a égide do capital. A emancipação política pode ser concebida com os usuários e é importante para a cidadania desses cidadãos (Souza, 2012). Quando falamos de *emancipação humana*, aludimos à plena liberdade e ao trabalho associado (que rompe com o trabalho assalariado e alienado), mas que é possível somente em uma sociabilidade comunista (Tonet, 2005). É preciso que sejam elaboradas, com os usuários, perspectivas para essa emancipação, pois eles são os protagonistas desse processo como classe trabalhadora. Nesse sentido, mais do que mediar a garantia de direitos sociais, é essencial firmar a concepção de uma sociedade emancipada social e politicamente (Silva, 2013).

A gestão do SUAS requer organização e divisão de tarefas, além de funções específicas nos órgãos gestores municipais, estaduais, federais e do Distrito Federal, conforme é possível observar no Quadro 3.6, a seguir.

Quadro 3.6 – Quadro de profissionais para funções essenciais da gestão do SUAS

GESTÃO	FUNÇÕES ESSENCIAIS
Gestão Municipal	▪ Gestão do Sistema Municipal de Assistência Social ▪ Coordenação da Proteção Social Básica ▪ Coordenação da Proteção Social Especial ▪ Planejamento e Orçamento ▪ Gerenciamento do Fundo Municipal de Assistência Social ▪ Gerenciamento dos Sistemas de Informação ▪ Monitoramento e Controle da Execução dos Serviços, Programas, Projetos e Benefícios ▪ Monitoramento e Controle da Rede Socioassistencial ▪ Gestão do Trabalho ▪ Apoio às instâncias de Deliberação

(continua)

(Quadro 3.6 – conclusão)

GESTÃO	FUNÇÕES ESSENCIAIS
Gestão Estadual	- Gestão do Sistema Estadual de Assistência Social - Coordenação da Proteção Social Básica - Coordenação da Proteção Social Especial - Planejamento e Orçamento - Gerenciamento do Fundo Estadual de Assistência Social - Gerenciamento dos Sistemas de Informação - Monitoramento e Controle da Execução dos Serviços, Programas, Projetos e Benefícios - Cooperação Técnica/Assessoria aos Municípios - Gestão do Trabalho e Educação Permanente em Assistência Social (Capacitação) - Apoio às Instâncias de Pactuação e Deliberação
Gestão do DF	- Gestão do Sistema de Assistência Social do DF - Coordenação da Proteção Social Básica - Coordenação da Proteção Social Especial - Planejamento e Orçamento - Gerenciamento do Fundo de Assistência Social do DF - Gerenciamento dos Sistemas de Informação - Monitoramento e Controle da Execução dos Serviços, Programas, Projetos e Benefícios - Gestão do Trabalho e Educação Permanente em Assistência Social (Capacitação) - Apoio às Instâncias de Pactuação e Deliberação
Gestão Federal	- Gestão do Sistema Único de Assistência Social - Coordenação da Proteção Social Básica - Coordenação da Proteção Social Especial - Coordenação de Gestão de Rendas e Benefícios - Planejamento e Orçamento - Gerenciamento do Fundo Nacional de Assistência Social - Monitoramento e Controle da Execução dos Serviços, Programas, Projetos e Benefícios - Gestão dos Sistemas de Informação - Apoio (cooperação/assessoria) à Gestão Descentralizada do SUAS - Gestão do Trabalho e Educação Permanente em Assistência Social (Capacitação) - Apoio às Instâncias de Pactuação e Deliberação

Fonte: Ferreira, 2011, p. 36-37.

No município, quando há povos e comunidades tradicionais, como indígenas, quilombolas, seringueiros, entre outros, a equipe estadual de apoio ao município precisa contar com profissionais formados nas áreas de "ciências sociais com habilitação em antropologia ou graduação concluída em qualquer formação, acompanhada de especialização, mestrado e/ou doutorado em antropologia" (Ferreira, 2011, p. 38).

Cada equipamento do SUAS deve conter profissionais com qualificação específica e na quantidade suficiente para atender às famílias referenciadas. Para o SUAS, *família referenciada*

> é aquela que vive em áreas caracterizadas como de vulnerabilidade, definidas a partir de indicadores estabelecidos por órgão federal, pactuados e deliberados. A unidade de medida "família referenciada" é adotada para atender situações isoladas e eventuais relativas a famílias que não estejam em agregados territoriais atendidos em caráter permanente, mas que demandam do ente público proteção social. (Brasil, 2006b, item XIII)

Para cada quantidade de famílias referenciadas, existe um número adequado de profissionais. O CRAS determina um número específico de famílias para um número também determinado de profissionais, conforme o Quadro 3.7, a seguir.

Quadro 3.7 – Quadro de profissionais para proteção social básica

PEQUENO PORTE I	PEQUENO PORTE II	MÉDIO, GRANDE, METRÓPOLE E DF
Até 2.500 famílias referenciadas	Até 3.500 famílias referenciadas	A cada 5.000 famílias referenciadas
2 técnicos de nível superior, sendo um profissional assistente social e outro preferencialmente psicólogo.	3 técnicos de nível superior, sendo dois profissionais assistentes sociais e preferencialmente um psicólogo.	4 técnicos de nível superior, sendo dois profissionais assistentes sociais, um psicólogo e um profissional que compõe o SUAS.
2 técnicos de nível médio	3 técnicos nível médio	4 técnicos de nível médio

Fonte: Ferreira, 2011, p. 30.

Da mesma forma, a composição das equipes para prestar serviços na proteção social de média complexidade é formada por profissionais específicos para uma quantidade também determinada de usuários atendidos, conforme o Quadro 3.8, a seguir.

Quadro 3.8 – Quadro de profissionais para a proteção social de média complexidade

MUNICÍPIOS EM GESTÃO INICIAL E BÁSICA	MUNICÍPIOS EM GESTÃO PLENA E ESTADOS COM SERVIÇOS REGIONAIS
Capacidade de atendimento de 50 pessoas/indivíduos	Capacidade de atendimento de 80 pessoas/indivíduos
1 coordenador	1 coordenador
1 assistente social	2 assistentes sociais
1 psicólogo	2 psicólogos
1 advogado	1 advogado
2 profissionais de nível superior ou médio (abordagem dos usuários)	4 profissionais de nível superior ou médio (abordagem dos usuários)
1 auxiliar administrativo	2 auxiliares administrativos

Fonte: Ferreira, 2011, p. 32.

Para a prestação de serviços na proteção social de alta complexidade, também são necessários profissionais com formações específicas, conforme o Quadro 3.9, a seguir.

Quadro 3.9 – Quadro de profissionais para a proteção social de alta complexidade

ATENDIMENTO EM PEQUENOS GRUPOS (ABRIGO INSTITUCIONAL, CASA-LAR E CASA DE PASSAGEM)		
Equipe de referência para atendimento direto:		
Profissional/Função	Escolaridade	Quantidade
Coordenador	nível superior ou médio	1 profissional referenciado para até 20 usuários acolhidos em, no máximo, 2 equipamentos.

(continua)

(Quadro 3.9 – continuação)

Cuidador	nível médio e qualificação específica	1 profissional para até 10 usuários, por turno. A quantidade de cuidador por usuário deverá ser aumentada quando houver usuários que demandem atenção específica (com deficiência, com necessidades específicas de saúde, pessoas soropositivas, idade inferior a um ano, pessoa idosa com Grau de Dependência II ou III, dentre outros). Para tanto, deverá ser adotada a seguinte relação: a) 1 cuidador para cada 8 usuários, quando houver 1 usuário com demandas específicas; b) 1 cuidador para cada 6 usuários, quando houver 2 ou mais usuários com demandas específicas.
Auxiliar Cuidador	nível fundamental e qualificação específica	1 profissional para até 10 usuários, por turno. A quantidade de cuidador usuário deverá ser aumentada quando houver usuários que demandem atenção específica (com deficiência, com necessidades específicas de saúde, pessoas soropositivas, idade inferior a um ano, pessoa idosa com Grau de Dependência II ou III, dentre outros). Para tanto, deverá ser adotada a seguinte relação: a) 1 auxiliar de cuidador para cada 8 usuários, quando houver 1 usuário com demandas específicas; b) 1 auxiliar de cuidador para cada 6 usuários, quando houver 2 ou mais usuários com demandas específicas.

Equipe de Referência para atendimento psicossocial, vinculada ao órgão gestor:

Profissional/ Função	Escolaridade	Quantidade
Assistente Social	nível superior	1 profissional para atendimento a, no máximo, 20 usuários acolhidos em até dois equipamentos da alta complexidade para pequenos grupos.
Psicólogo	nível superior	1 profissional para atendimento a, no máximo, 20 usuários acolhidos em até dois equipamentos da alta complexidade para pequenos grupos.

FAMÍLIA ACOLHEDORA

Equipe de Referência para atendimento psicossocial, vinculada ao órgão gestor:

Profissional/ Função	Escolaridade	Quantidade
Coordenador	nível superior	1 profissional referenciado para até 45 usuários acolhidos.

(Quadro 3.9 – conclusão)

Assistente Social	nível superior	1 profissional para acompanhamento de até 15 famílias acolhedoras e atendimento a até 15 famílias de origem dos usuários atendidos nesta modalidade.
Psicólogo	nível superior	1 profissional para acompanhamento de até 15 famílias acolhedoras e atendimento a até 15 famílias de origem dos usuários atendidos nesta modalidade.

REPÚBLICA

Equipe de Referência para atendimento psicossocial, vinculada ao órgão gestor:

Profissional/Função	Escolaridade	Quantidade
Coordenador	nível superior	1 profissional referenciado para até 20 usuários.
Assistente Social	nível superior	1 profissional para atendimento a, no máximo, 20 usuários em até dois equipamentos.
Psicólogo	nível superior	1 profissional para atendimento a, no máximo, 20 usuários em até dois equipamentos.

INSTITUIÇÕES DE LONGA PERMANÊNCIA PARA IDOSOS – ILPS's

Equipe de referência para atendimento direto:

Profissional/Função	Escolaridade
1 Coordenador	nível superior ou médio
Cuidadores	nível médio
1 Assistente Social	nível superior
1 Psicólogo	nível superior
1 Profissional para desenvolvimento de atividades socioculturais	nível superior
Profissional de limpeza	nível fundamental
Profissional de alimentação	nível fundamental
Profissional de lavanderia	nível fundamental

Fonte: Ferreira, 2011, p. 33-35.

É importante lembrar que tanto as unidades públicas estatais quanto as entidades que prestam serviços para a assistência social devem seguir as mesmas prerrogativas legais para a gestão do trabalho. Todos esses profissionais devem ser alocados nos equipamentos de proteção social básica e especial em ambas as modalidades, por meio de concurso público e com previsão de Plano de Carreira, Cargos e Salários (PCCS), conforme discutiremos na seção a seguir.

3.3.2 PCCS dos trabalhadores do SUAS

Todos os profissionais alocados na assistência social via concurso público devem ingressar no PCCS, instituído nas esferas municipal e estadual e no Distrito Federal de forma democrática e com a participação dos trabalhadores do SUAS. Segundo Ferreira (2011, p. 45), os PCCS "expressam o modo como a administração pública compromete-se com o desenvolvimento profissional dos servidores públicos para melhorar a qualidade dos serviços prestados à população".

Os princípios que regem os PCCS são divididos em nove modalidades. A primeira delas é a **universalização dos planos**, ou seja, todos os trabalhadores, independentemente do nível de formação, têm direito a participar dos PCCS. A segunda é a **equivalência dos cargos e empregos**, que significa que os trabalhadores são divididos por categorias e recebem remuneração de acordo com o nível de formação, o cargo ou a função desenvolvida. A terceira é a **forma de acesso ao cargo via concurso público**, portanto, não se pode mais contratar por outra via, como contratos temporários, testes seletivos, pregão eletrônico, entre outras. A quarta é a **mobilidade do trabalhador**, sendo-lhe assegurado o direito de trânsito entre as esferas de governo sem prejuízo e/ou perda em sua carreira. A quinta é a **adequação funcional**, quando o gestor tem a obrigação de adequar o cargo ou a função às particularidades do trabalhador, respeitando sua qualificação apropriada para o cargo. A sexta modalidade é a **gestão compartilhada das carreiras**, segundo a qual os trabalhadores têm o direito de participar do processo de desenvolvimento de sua carreira. A sétima é sobre os **PCCS como instrumento de gestão**, os quais devem estar integrados ao planejamento da política. A oitava é a **educação**

permanente, realizada por meio de capacitação e qualificação dos trabalhadores, o que significa que eles têm o direito e o dever de participar das propostas formativas oferecidas pelo gestor e investir em sua formação pessoal, pois a capacitação continuada é um compromisso ético da maioria das profissões. Por fim, a nona modalidade trata do **compromisso solidário** firmado "entre gestores e representantes dos trabalhadores em prol da qualidade dos serviços, do profissionalismo e da garantia pelos empregadores das condições necessárias à realização dos serviços, programas, projetos e benefícios da assistência social" (Ferreira, 2011, p. 49).

Os PCCS abrangem todos os trabalhadores do SUAS, desde aqueles que atuam diretamente na gestão estatal até os que são contratados pelas entidades socioassistenciais prestadoras de serviços. Uma forma que os gestores têm de valorizar seus trabalhadores, tendo em vista seu crescimento pessoal e profissional para prestar serviços de qualidades aos usuários, é elaborar, aprovar e manter os PCCS em pleno funcionamento. Para isso, a gestão do trabalho "deve pautar o debate em torno das estratégias necessárias para a construção de referenciais, em conjunto com as entidades de classe, que orientem a tomada de decisão quanto à isonomia salarial dos trabalhadores do SUAS, considerando as especificidades locais, regionais e estaduais" (Ferreira, 2011, p. 50). Trabalhadores formados, bem remunerados e respeitados atuam de forma mais efetiva para a garantia da qualidade dos serviços prestados pelo SUAS.

Os profissionais devem manter-se atualizados para que possam preservar e aprimorar a qualidade dos serviços. Nesse sentido, o SUAS deve ofertar formação continuada a esses trabalhadores. É o que discutiremos a seguir.

3.3.3 Política Nacional de Educação Permanente do SUAS

Desde 2011, quando o SUAS ganhou força de lei (Brasil, 2011b), a gestão do trabalho e a educação permanente dos trabalhadores foram incorporadas como objetivo estratégico, visando ao aprimoramento dos trabalhadores e à qualidade dos serviços prestados. Para que o Estado possa garantir que os serviços de assistência social sejam prestados com qualidade, é preciso que seus trabalhadores sejam qualificados.

A necessidade de uma política de capacitação permanente dos trabalhadores do SUAS foi pautada em praticamente todas as conferências de assistência social desde 1995. No entanto, em 2011, quando foi realizada a VIII Conferência Nacional de Assistência Social, com o lema "Consolidar o SUAS e valorizar seus trabalhadores", abriram-se as discussões e um leque de possibilidades para construir uma política de trabalho e de educação permanente no SUAS. Com a aprovação da Resolução CNAS n. 8, de 16 de março de 2012 (Brasil, 2012a), que instituiu o Programa Nacional de Capacitação do SUAS (CapacitaSUAS), o qual tem vigência de dez anos (2015-2025), as capacitações começaram a ocorrer por meio de parcerias com as instituições de ensino superior (IES) do país que se propõem a executar as capacitações em suas regiões de abrangência. Conforme Colin (2015, p. 7), "a concepção político-pedagógica da educação permanente no SUAS tem como foco o trabalho cotidiano e a valorização do profissional da assistência social, quer seja em conselhos, centros de referência ou na gestão".

A Resolução CNAS n. 4, de 13 de março de 2013, instituiu a Política Nacional de Educação Permanente do SUAS destinada "aos trabalhadores do SUAS com Ensino Fundamental, Médio e Superior que atuam na rede socioassistencial governamental e não governamental, assim como aos gestores e agentes de controle social no exercício de suas competências e responsabilidades" (Brasil, 2013a, Anexo, item 3). O objetivo dessa política é "institucionalizar, no âmbito do SUAS, a perspectiva político-pedagógica e a cultura da educação permanente, estabelecendo suas diretrizes e princípios e definindo os meios, mecanismos, instrumentos e arranjos institucionais necessários à sua operacionalização e efetivação" (Brasil, 2013a, Anexo, item 4).

A capacitação dos trabalhadores deve ser realizada por meio de um processo continuado, por isso, os gestores devem liberá-los para participar, sem prejuízo de carga horária ou remuneração

(Brasil, 2006b). Os parâmetros que fundamentam a educação permanente desses profissionais estabelecem que a capacitação deve ser:

a) **sistemática e continuada**: por meio da elaboração e implementação de planos anuais de capacitação;

b) **sustentável**: com a provisão de recursos financeiros, humanos, tecnológicos e materiais adequados;

c) **participativa**: com o envolvimento de diversos atores no planejamento, execução, monitoramento e avaliação dos planos de capacitação, aprovados por seus respectivos conselhos;

d) **nacionalizada**: com a definição de conteúdos mínimos, respeitando as diversidades e especificidades;

e) **descentralizada**: executada de forma regionalizada, considerando as características geográficas dessas regiões, Estados e municípios;

f) **avaliada e monitorada**: com suporte de um sistema informatizado e com garantia do controle social. (Brasil, 2006b, item V. 5, grifo do original)

A NOB-RH/SUAS determina que os gestores em cada esfera de governo devem prever e garantir recursos para financiar as capacitações de seus trabalhadores. O governo federal cofinancia essas capacitações, transferindo recursos para os estados que aderirem às capacitações pela via fundo a fundo. Quem executa as capacitações são as IES que integram a Rede Nacional de Capacitação e Educação Permanente do SUAS (Renep/SUAS). As responsabilidades e os recursos devem ser compartilhados entre as esferas federativas, assim como "o planejamento, a oferta e a implementação de ações de formação e capacitação necessitam contar com a participação de todos os envolvidos, com responsabilidades compartilhadas entre trabalhadores e gestores das três esferas de governo" (Colin, 2015, p. 7). Dado o crescimento vertiginoso da assistência social nas últimas décadas, uma Política Nacional de Capacitação Permanente se faz urgente e necessária para garantir a qualificação dos trabalhadores que são continuamente alocados na política para prestar serviços em seus diversos e heterogêneos equipamentos.

Estudo de caso

O gestor de determinado município do Brasil está sendo pressionado pelo CMAS para promover um concurso público com o objetivo de contratar assistentes sociais, psicólogos e advogados para as equipes de referência dos CRAS. O conselho está cobrando essa pauta porque foi uma deliberação da Conferência Municipal de Assistência Social do último ano, em razão da insuficiência de profissionais para atender às demandas do SUAS. Em uma das reuniões realizadas entre o CMAS e o gestor, este explicou ao conselho que não poderá promover referido concurso porque não houve previsão orçamentária para essa demanda. Ao elaborar o PAS, o gestor não considerou as deliberações do CMAS e, quando o plano passou pela reunião do conselho, os conselheiros não se atentaram a isso.

Considerando essa situação, reflita:

- Como resolver a situação mencionada, sabendo que o município precisa de profissionais, mas não pode contratar via concurso público?
- Caso venha a contratar por tempo determinado, o município estaria contrariando as prerrogativas da gestão do trabalho?
- Qual a parcela de responsabilidade do CMAS nesse caso?
- Como o CMAS pode garantir que as deliberações das conferências municipais sejam alocadas no PAS, no PPA, na LOA e na LDO?

Comentário

Todas as deliberações das conferências municipais de assistência social devem ser consideradas e alocadas no PAS, no PPA, na LDO e na LOA. Tendo feito isso, o prefeito tem a obrigatoriedade de fazer cumprir o que consta nesses documentos. Dessa forma, é fundamental que os conselheiros fiquem

> atentos no momento de analisar o PMAS para perceber se suas demandas foram inseridas. É importante, também, que o conselho acompanhe a apresentação dos demais documentos, pois o que não constar neles não poderá ser executado no exercício da gestão.

Síntese

Em todo o território nacional, o custeio da PNAS é feito com os impostos arrecadados em todas as esferas da federação. Existe um planejamento realizado periodicamente nessas esferas, que envolve a arrecadação e o custeio das despesas, incluindo o custeio das políticas públicas, entre elas a assistência social. Todos os cidadãos participam desse custeio direta ou indiretamente, e todo cidadão poderá usufruir da assistência social em virtude de situação de vulnerabilidade e/ou risco social, já que ela é destinada a quem dela necessitar. Portanto, o cidadão em situação de vulnerabilidade e risco que necessita da assistência social também contribuiu para a arrecadação do montante de recursos alocados no fundo público. Assim, é obrigação do Estado garantir recursos para custear a prestação de serviços no SUAS. Para o desenvolvimento do processo de planejamento, execução, monitoramento e avaliação das ações da assistência social, existem instrumentos próprios e adequados, que são elaborados e submetidos ao controle social.

Com vistas à execução das ações planejadas no âmbito do SUAS, é necessário haver uma equipe técnica especializada em cada equipamento. Por isso, a gestão do trabalho é a mais nova estratégia para o aprimoramento do sistema, a fim de prestar serviços de forma continuada e com qualidade. Os profissionais que formam as equipes devem ser alocados na assistência social via concurso público, com PCCS claros e definidos. Esses profissionais precisam estar em constante formação para o aprimoramento de seu exercício profissional no SUAS por meio da Política Nacional de Educação Permanente.

Questões para revisão

1. Os principais documentos da gestão pública são:
   a) o Plano Plurianual (PPA) e o Plano Municipal de Assistência Social (PMAS).
   b) a Lei de Diretrizes Orçamentárias (LDO), o Plano Municipal de Assistência Social (PMAS) e o Plano de Carreira, Cargos e Salários (PCCS).
   c) o Plano Plurianual (PPA), a Lei de Diretrizes Orçamentárias (LDO) e a Lei Orçamentária Anual (LOA).
   d) a Lei Orçamentária Anual (LOA) e o Plano Municipal de Assistência Social (PMAS).
   e) os Planos de Carreira, Cargos e Salários (PCCS) e os relatórios de gestão.

2. As modalidades que regem os PCCS dos trabalhadores do SUAS são:
   I) os planos de carreira, a justificativa para concurso público e a promoção de classe;
   II) a afiliação em sindicato e a participação no processo de gestão pública;
   III) a universalização dos planos, a equivalência dos cargos e empregos, a forma de acesso ao cargo via concurso público, a mobilidade do trabalhador, a adequação funcional, a gestão compartilhada das carreiras, os PCCS como instrumento de gestão, a educação permanente e o compromisso solidário.

   Assinale a alternativa que apresenta apenas os itens corretos:
   a) I e II.
   b) I, II e III.
   c) I apenas.
   d) II apenas.
   e) III apenas.

3. A principal estratégia proposta pelo SUAS para a qualificação de seus trabalhadores é:
   a) a formação oferecida periodicamente para os trabalhadores.
   b) o incentivo para os trabalhadores continuarem estudando.

c) a liberação dos trabalhadores para participar de cursos de formação.
d) a Política Nacional de Educação Permanente.
e) a capacitação periódica.

4. Como ocorre o processo de planejamento da gestão pública?

5. Por que o planejamento da gestão do SUAS deve estar em sintonia com o planejamento da gestão pública?

Questões para reflexão

1. A assistência social é ou não uma política pública, dever do Estado e direito do cidadão? Por quê?

2. Reflita sobre a necessidade de o planejamento da assistência social estar em sintonia com o planejamento da gestão pública para que a execução das ações seja possível.

3. De que forma os trabalhadores do SUAS devem ser alocados para atuar na Política de Assistência Social?

4. Qual é o papel do Estado quanto aos PCCS?

5. Por que é direito e dever dos trabalhadores estar em constante formação?

Para saber mais

A NOB-RH/SUAS, aprovada em 2007, traz todos os detalhes de como o gestor do SUAS deve proceder com seus trabalhadores. Stela da Silva Ferreira fez um trabalho importante apresentando essa norma com anotações e comentários, vale a pena conferir:

FERREIRA, S. da S. **NOB-RH/SUAS**: anotada e comentada. Brasília: Ministério do Desenvolvimento Social/Secretaria Nacional de Assistência Social, 2011.

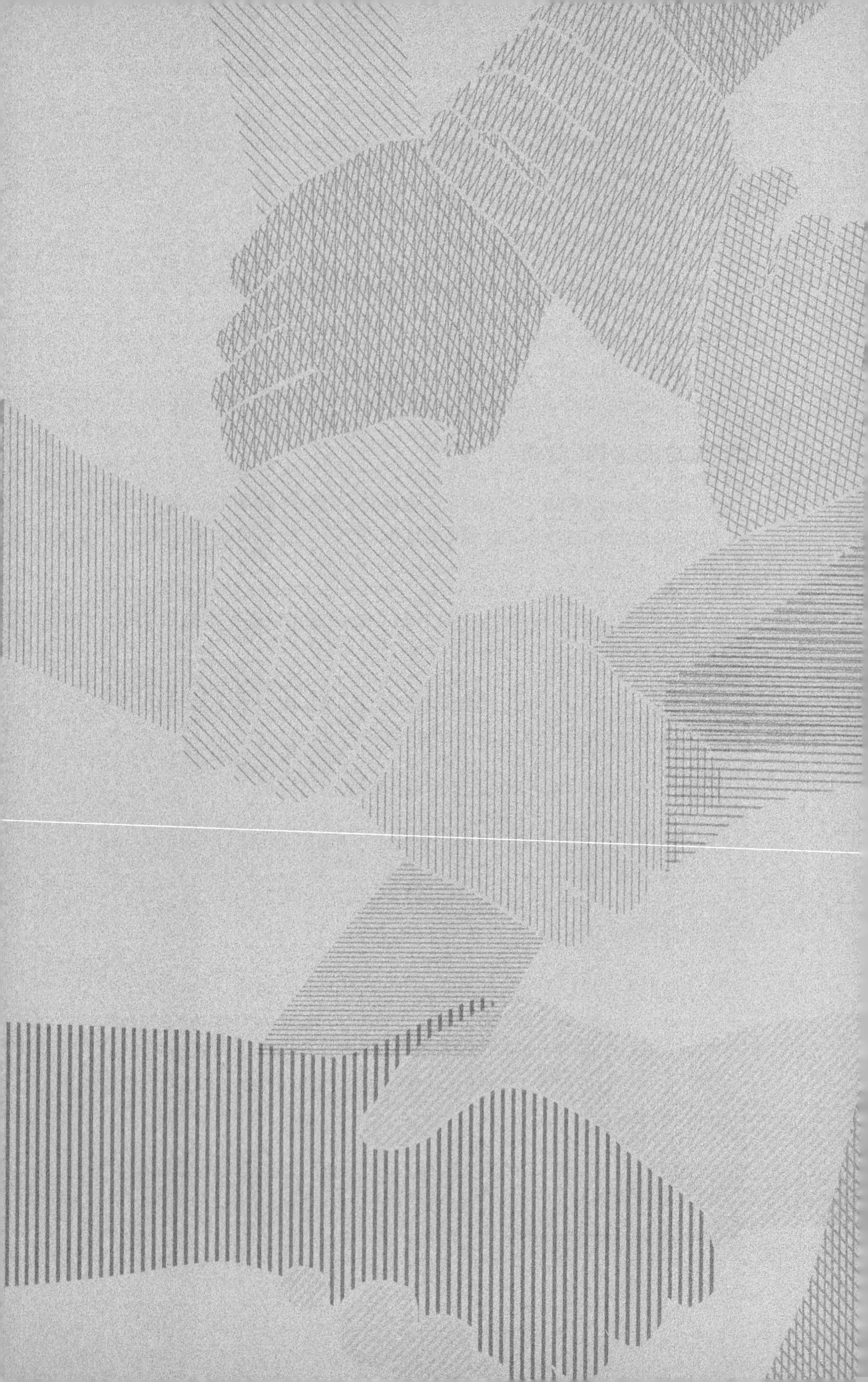

CAPÍTULO 4

Controle social no SUAS

Conteúdos do capítulo:

- Discussões que perpassam o conceito de controle social no SUAS.
- O SUAS como uma forma eficaz para ajudar os governos a aprimorar a gestão das políticas.
- Formas de participação popular e sua importância para o exercício do controle social na PNAS.
- Os conselhos como espaços para a vivência da democracia e a ampliação dos direitos sociais.

Após o estudo deste capítulo, você será capaz de:

1. conceituar controle social e apontar como ele se articula com a gestão democrática das políticas públicas;
2. reconhecer a importância da participação popular nos espaços dos conselhos de assistência social como instâncias de controle social por excelência;
3. compreender como ocorre a fiscalização das entidades prestadoras de serviços socioassistenciais no SUAS por parte dos conselhos de assistência social.

> [....] todo ato histórico não pode deixar de ser realizado pelo "homem coletivo", isto é, pressupõe a conquista de uma unidade "cultural-social" pela qual uma multiplicidade de vontades desagregadas, com fins heterogêneos, solda-se conjuntamente na busca de um mesmo fim.
> (Gramsci, 2011, p. 399)

Neste capítulo, analisaremos as novas bases para a relação entre Estado e sociedade civil, o controle social no Sistema Único de Assistência Social (SUAS) e o desafio da participação popular. Nesse sentido, o objetivo do capítulo é debater o exercício do controle social por parte da sociedade civil, especialmente pelos trabalhadores usuários da assistência social, por meio da participação popular nos espaços do Conselho de Assistência Social. Vale ressaltar que, no Brasil, os cidadãos ainda estão em processo de aprendizado da democracia, que se baseia na participação popular.

4.1 Controle social: conceito e exercício de cidadania

Controle social é um conceito que está no centro das discussões dos conselhos das políticas, dos direitos sociais e da participação popular. Conforme Calvi (2008) e Souza (2009), antes da aprovação da Constituição Federal (CF) de 1988, conhecida como *Constituição Cidadã*, o controle social era exercido pelo capital e pelo Estado sobre a sociedade civil. O capital utilizava-se do Estado para manter-se e crescer. Esse poder foi sentido fortemente pela população durante a ditadura militar, em que o Estado controlava a sociedade "via imposição de decretos, atos institucionais e repressão a qualquer movimento contrário ao governo" (Calvi, 2008, p. 14). A sociedade civil não podia reivindicar qualquer direito sem ser duramente reprimida. Esse tipo de controle era e ainda é defendido pelo segmento conservador do país.

Já o controle social defendido pelos progressistas "favorecia o controle da sociedade civil sobre as ações do Estado no campo das políticas sociais e públicas" (Calvi, 2008, p. 14). Assim, "o controle social caracteriza-se, aqui, pela participação popular em instâncias do aparelho do Estado, órgãos, agências ou serviços públicos responsáveis pelas políticas públicas, tornando-se instrumento necessário e indispensável para que haja eficácia dos direitos positivados em lei" (Battini, 2003, p. 49).

O *controle social*, portanto, é uma ação da sociedade civil sobre as ações do Estado. É "uma forma de compartilhamento de poder de decisão entre Estado e sociedade sobre as políticas, um instrumento e uma expressão da democracia e da cidadania. Trata-se da capacidade que a sociedade tem de intervir nas políticas públicas" (Pólis, 2008, p. 1). Por meio dessa intervenção, a sociedade consegue informar ao Estado quais são suas demandas e quais devem ser as prioridades.

Existem vários espaços de participação que podem ser ocupados pela população, como orçamentos participativos, conferências, conselhos gestores, fóruns de debates, audiências públicas, entre outros (Carvalho, 1998; Kauchakje, 2002). Para Pólis (2008, p. 2), esses espaços são "de diálogo e deliberação direta entre representantes da sociedade civil e do governo". Nesse sentido, o controle social deve perpassar todo o processo das políticas públicas, uma vez que pode ser "realizado tanto no momento da definição das políticas a serem implementadas quanto no momento da fiscalização, do acompanhamento e da avaliação das condições de gestão, execução das ações e aplicação dos recursos financeiros destinados à implementação de uma política pública" (Pólis, 2008, p. 1).

Nogueira (2005, p. 67) defende a necessidade de uma reforma de Estado diferente da que o projeto neoliberal implementou e propõe que "o Estado precisa ser inventado de novo, reestatizado, fundado novamente. Se um Estado é indispensável, não é porque a sociedade, a democracia ou a sociedade civil precisem de um 'tutor', mas o contrário: é porque essa é uma das condições para que elas sejam mais autônomas e potentes". Assim, consideramos que o Estado Democrático de Direito é uma construção coletiva tanto dos atores sociais que o representam como daqueles que fazem parte da sociedade civil. Cuidar da coisa pública é papel de toda a sociedade, porém o papel do Estado como representante dos interesses dos cidadãos não pode ser retirado, pois "certamente o Estado forte de que uma sociedade democrática necessita, dentro de uma perspectiva progressista, está relacionado com o grau de intervenção que este Estado passa a ter na regulação das desigualdades sociais" (Costa, 2006, p. 220).

Mesmo um Estado Democrático de Direito contém em si contradições decorrentes de um movimento dialético entre interesses de atores diversos (GECD[1], 1999). Se, por um lado, a sociedade civil exige um Estado forte, presente e efetivo, por outro, existe um sistema neoliberal que requer dele fragilidade, menos presença e pouca efetividade. Isso se deve ao pensamento neoliberal, que não vê sentido em investir na questão social porque ela não dá retorno, ou seja, não é lucrativa.

No entanto, como se trata de um movimento contraditório entre pensamento neoliberal, Estado democrático e sociedade civil, precisamos acreditar que a democracia é possível, e um Estado forte também, pois as próprias políticas públicas nasceram com uma nova proposta de Estado, trazendo em seu bojo possibilidades de controle social, participação e fortalecimento dos espaços democráticos com vistas à ampliação da atuação estatal nas demandas sociais. Pólis (2008, p. 2) defende que "A participação da sociedade debatendo em suas organizações, dialogando com o Estado e realizando o controle social é muito importante para garantir que as políticas atendam, de fato, às necessidades prioritárias da população, para melhorar os níveis de oferta e de qualidade dos serviços e também para fiscalizar a aplicação dos recursos públicos". Vale ressaltar que a vivência da democracia também acontece por meio do exercício do controle social.

---

1 Grupo de Estudos sobre a Construção Democrática.

4.2 A participação popular e o protagonismo dos atores sociais

Nas últimas décadas, a sociedade brasileira tem desenvolvido a habilidade de participação. De acordo com Moura (2009) e Siqueira (2006), nos anos 1970, durante a ditadura militar, entrou em voga a discussão sobre o conceito de democracia participativa. Foi nesse contexto que começaram os debates sobre a possibilidade de uma reforma democrática, enfatizada pelos movimentos sociais atuantes na época. Tratava-se de uma nova maneira de fazer política, que se contrapunha à forma vigente naquele momento. Moura (2009, p. 47) observa que, no "debate quanto à reforma da democracia, a ideia de participação de grupos e camadas da população tidas como pouco representadas constituiria incentivo para estimular o melhor funcionamento das instituições políticas".

Com o intuito de provocar mudanças na realidade social brasileira, os movimentos sociais, compostos de atores organizados, exerceram pressão sobre o Estado e o capital. Siqueira (2006, p. 48) ressalta que "a busca pelo reconhecimento do direito de se ter direitos foi o imperativo desses movimentos. Busca-se ainda o direito de participar e de decidir sobre as ações estatais, influenciando as políticas e fiscalizando a operacionalização dos serviços sociais".

Para Souza (2009), existem três concepções básicas no que diz respeito à participação: **comunitária**, **popular** e **social**. A primeira surgiu no século XX e tinha uma conotação conservadora por enfatizar a execução de atividades sem a preocupação de pensar as ações e eleger as prioridades. A segunda nasceu durante a efervescência dos movimentos sociais nos anos 1970 e teve um caráter reivindicatório, que apontava a urgência de fiscalizar as ações estatais. Por último, a terceira surgiu com o processo de redemocratização vivenciado pela sociedade brasileira no fim dos anos 1980. Souza (2009) considera, ainda, que a forma de participação popular concentra-se na preocupação com a gestão das políticas na busca da consolidação dos direitos sociais.

A consolidação da reivindicação dos movimentos sociais teve início com a institucionalização da participação popular na CF de 1988, a qual estabelece que "Todo o poder emana do povo, que o exerce por meio de representantes eleitos diretamente [...]" (Brasil, 1988, art 1º, parágrafo único).

No que se refere à assistência social, a CF de 1988 deixou ainda mais claras algumas diretrizes, como "II – participação da população, por meio de organizações representativas, na formulação das políticas e no controle das ações em todos os níveis." (Brasil, 1988, art. 204).

Na concepção de Moura (2009, p. 43), existem três formas de participação. Uma delas é a **pseudoparticipação**, quando "os indivíduos apenas são consultados sobre algum assunto e endossam as decisões do líder, ou seja, não ocorre, de fato, participação alguma na tomada de decisão [...]". Nesse caso, quem toma a decisão é o líder. A segunda forma é a **participação parcial** e refere-se ao momento em que "muitos tomam parte no processo decisório, mas o poder final de decidir pertence a apenas uma das partes [...]", que tem a palavra final. A terceira forma apontada pela autora é a **participação plena**, na qual "cada membro isoladamente tem igual poder de determinar o resultado final das decisões [...]". Esta última é o tipo de participação popular que se espera da sociedade para exercer o controle social sobre as ações do Estado, especialmente quanto às ações da assistência social.

A participação popular plena é fundamental para a construção da democracia, pois capacita "as pessoas para avaliar melhor tanto a esfera pública como privada [...]" (Moura, 2009, p. 43). Dessa maneira, para a participação popular podem existir vários modos e instâncias, objetivos e metas, circunstâncias e motivações. As formas e os espaços de participação variam conforme o contexto histórico e a cultura de cada sociedade. Nesse sentido, a participação pode ser compreendida como um

> processo social, no qual o homem se descobre enquanto sujeito político, capaz de estabelecer uma relação direta com os desafios sociais [...] é constituída de contradições que desafiam o homem, fazendo-o assumir, dependendo da conjuntura, posições de enfrentamento ou a elaboração de proposições políticas para a melhoria das condições de vida e trabalho da população. (Souza, 2009, p. 170)

A participação social requer que os indivíduos compreendam-se como sujeitos coletivos que apresentam necessidades comuns e, por isso, sentem a necessidade de articular-se conjuntamente. Avelar (2004, p. 225) acrescenta que a participação popular é uma ação de indivíduos com um objetivo comum, "que se desenvolve em solidariedade com outros no âmbito do Estado ou de uma classe, com o objetivo de modificar ou conservar a estrutura (e, portanto, valores) de um sistema de interesses dominantes". Nessa perspectiva, aqueles que participam "são partes que desejam ser parte ou tomar parte de algo" (Nogueira, 2005, p. 129). Isso significa que aqueles que participam do controle das ações do Estado na assistência social tomam parte dela como direito social.

Na concepção de Nogueira (2005), existem quatro formas de participação: assistencialista, corporativa, eleitoral e política. A **assistencialista** está relacionada à filantropia ou à solidariedade, cuja forma ocorria antes da afirmação dos direitos sociais, constituindo-se em

> uma atividade universal, encontrável em todas as épocas, como extensão da natureza gregária e associativa do ser humano, e que se mostra particularmente relevante entre os segmentos sociais mais pobres e marginalizados (em que funciona como estratégia de sobrevivência) ou nos momentos históricos em que crescem a miséria e a falta de proteção. (Nogueira, 2005, p. 130)

Essa forma de participação esteve presente na história da assistência social no Brasil antes de sua institucionalização como política pública, dever do Estado e direito do cidadão.

A **participação corporativa** está relacionada às categorias de profissionais que defendem determinados interesses, sendo uma característica específica da época do sindicalismo. Nogueira (2005,

p. 131) observa que se trata de "uma participação fechada em si, que se objetiva sobretudo com um propósito particular, em maior ou menor medida excludente: ganham apenas os que pertencem ao grupo ou à associação". Essa forma de participação depende das condições de organização de determinado segmento.

A **participação eleitoral** está significativamente relacionada ao processo eleitoral e ao voto em si, o que caracteriza sua limitação. Ainda é vigente no Brasil a concepção de democracia apenas atrelada ao voto, por isso, o exercício dela parece ocorrer apenas a cada dois anos, quando o eleitorado comparece às urnas para definir quem vai representá-lo. Segundo Nogueira (2005), ao se prender apenas à questão eleitoral, o cidadão está individualizando as decisões. Para Hirschmann (citado por Nogueira, 2005, p. 132), "por mais que os rumos políticos de um país resultem do voto, tal 'método de combinar preferências' termina por limitar o envolvimento do cidadão. Trata-se de uma limitação inerente ao processo democrático; na medida em que constrange o 'exercício da paixão política', pode acabar por 'gerar decepção e, via de consequência, despolitização'". Mais do que comparecer às urnas em período eleitoral, é necessário que o eleitor acompanhe o exercício do mandato de seu representante, cobre dele a execução das propostas eleitorais, fiscalize, enfim, exerça o controle social.

Por fim, a **participação política** inclui tanto a participação eleitoral como a corporativa. Esse tipo de participação considera a comunidade como um todo, procura defender os interesses coletivos e está relacionada ao Estado e ao controle de suas ações.

> Ela é, assim, uma prática ético-política, que tem a ver tanto com a questão do poder e da dominação quanto com a questão do consenso e da hegemonia, tanto com a força quanto com o consentimento, tanto com o governo quanto com a convivência, em suma, tanto com o ato pelo qual se elege um governante quanto com o "ato pelo qual o povo é povo, pois esse ato constitui o verdadeiro fundamento da sociedade". (Rousseau, citado por Nogueira, 2005, p. 133)

No entanto, isso não exclui a possibilidade de existir, entre os participantes, a busca por interesses particularizados revestidos de coletivos.

Nogueira (2005, p. 129) considera que, "a rigor, ainda que nem toda a participação seja imediatamente política, não há participação que não se oriente por algum tipo de relação com o poder – tanto com o poder de outros atores quanto com o de determinados centros organizacionais e decisórios". Nesse sentido, a participação é uma forma de exercício do poder. Isso é mais forte ainda quando se trata de participação em espaços públicos, como os conselhos de política, dos quais fazem parte segmentos do Estado e da sociedade civil.

Mesmo em tempos de democracia, existem governos que conseguem controlar a participação das pessoas e impor limites ao exercício do controle social. Quando o governo ainda tem resquícios do conservadorismo, os espaços de participação popular sofrem pressões e manipulações para tentar impedir que a população exercite o poder de participar efetivamente do controle das ações do governo. Porém, quando o governo defende a democracia também fora dos discursos e conta com a participação da população, entendendo que é apenas um representante que administra a coisa pública, existe maior probabilidade de haver efetividade do controle social sobre as ações do governo.

O problema central para governos que se afirmam democráticos, mas escondem o controle sobre a sociedade, está no compartilhamento do poder entre Estado e sociedade civil (Tatagiba, 2002). Quando dois indivíduos disputam o controle por meio do exercício do poder, surgem conflitos nessa relação. Isso é mais acentuado quando envolve atores sociais e usuários da assistência social que, durante décadas, foram foco de favor, mas, aos poucos, romperam com esse estigma, construindo a lógica do direito social, e passaram a exigir espaço para participar e controlar as ações do Estado. Legalmente, os conselhos têm o poder de deliberar sobre as ações estatais, porém o Estado precisa saber compartilhar o poder com eles. Segundo Tatagiba (2002, p. 79), os "governos têm resistido – de forma mais ou menos acentuada dependendo da natureza do governo e do seu projeto – às novas formas de fiscalização, controle e participação da sociedade civil no processo de produção das políticas públicas".

Compreendemos, assim, que Estado e sociedade civil estão em processo de **disputa por poder**. Ambos são heterogêneos e podem buscar nos espaços de participação a legitimidade de interesses particulares e, dessa maneira, "o acompanhamento da prática dos conselhos, nas diferentes políticas sociais e nos vários níveis governamentais, aponta para o risco de burocratização e rotinização do seu funcionamento" (Souza, 2009, p. 184). Esse é um modo pelo qual os governos tentam impedir o efetivo compartilhamento do poder com as pessoas que frequentam os espaços e as instâncias de controle social. E é dessa forma que a "centralização do poder nas mãos do Executivo fragiliza, em muitos casos, a autonomia dos conselhos diante das condições que os governos reúnem para interferir, neutralizar ou mesmo minar as ações e decisões do colegiado" (Souza, 2009, p. 184).

Para compreender como o conflito de interesses privados pode ocorrer no exercício do controle social, podemos exemplificar da seguinte maneira: o motivo que leva o representante de uma entidade a participar de um conselho pode ser apenas sua preocupação em cooptar recursos para sua instituição. Contudo, na realidade, sua função ali deveria ser discutir coletivamente as prioridades de todos os segmentos por ele representados e deliberar prioritariamente. Da mesma maneira, o motivo pelo qual o Estado elege um representante pode ser apenas para legitimar suas ações, procurando evitar maiores conflitos ou ocultar dados importantes que possam levar os conselheiros a questionar suas ações. Assim, pode ocorrer a neutralização daquele espaço de controle social, ofuscando sua função, que é garantir prioridades para o coletivo.

A participação política está relacionada à participação cidadã, modalidade trazida pelo processo de democratização do país. Nessa modalidade, os cidadãos estão preocupados com o compartilhamento das decisões estatais entre Estado e sociedade civil.

> A participação que se dedica a compartilhar decisões governamentais, a garantir direitos, a interferir na elaboração orçamentária ou a favorecer sustentabilidade para certas diretrizes concentra-se muito mais na obtenção de vantagens e de resultados do que na modificação de correlações de forças ou de padrões estruturais. (Nogueira, 2005, p. 142)

Nesse tipo de participação, os integrantes lutam para garantir que as demandas dos representados sejam atendidas, independentemente do grau de forças que precisam empreender.

Disputar o poder em espaços de controle social não é simples, mas é fundamental para que possamos vivenciar a democracia. Pensar as políticas públicas com o Estado é importante para que ele possa ser forte e presente para atender às demandas dos trabalhadores e construir a perspectiva do direito social. Apesar das dificuldades, é essencial que os cidadãos continuem participando das instâncias de controle social, pois "a participação política é instrumento de legitimação e fortalecimento das instituições democráticas e de ampliação dos direitos de cidadania" (Avelar, 2004, p. 223). É uma forma de impactar positivamente na gestão das políticas, uma vez que os cidadãos participantes exercem poder de mudança nesse espaço, apesar de todas as contrariedades.

4.3 Os conselhos de direito e a participação popular

No tocante à Política de Assistência Social, todos os cidadãos podem participar de seu processo de gestão, inclusive as pessoas que utilizam seus serviços. Esse é um desafio inerente ao processo de democratização de todas as políticas, ainda mais da assistência social, pois ela apresenta uma marca histórica relacionada à não participação, quando o usuário era tratado como cliente.

Assim, se a sociedade de modo geral tem dificuldade para participar do controle das ações públicas, podemos imaginar o que isso significa quando envolve os usuários da assistência social. Mas não se trata de algo impossível, e sim de aprendizado, pois são os usuários dos serviços que podem avaliá-los de forma efetiva. De acordo com Avelar (2004, p. 234), "só se resulta em democratização quando a participação se materializa em políticas para a efetiva extensão de direitos e que a cada nova classe de direitos alcançados corresponda à efetiva integração de cada membro com igual calor na coletividade política".

A participação popular para controlar as ações da assistência social vem sendo prevista desde a CF de 1988. Uma de suas diretrizes é a "II – participação da população, por meio de organizações representativas, na formulação das políticas e no controle das ações em todos os níveis" (Brasil, 1988, art. 204).

Na Lei Orgânica da Assistência Social (LOAS), foram instituídos os conselhos de assistência social:

> As instâncias deliberativas do SUAS, de caráter permanente e composição paritária entre governo e sociedade civil, são:
>
> I – o Conselho Nacional de Assistência Social;
>
> II – os conselhos estaduais de assistência social;
>
> III – o Conselho de Assistência Social do Distrito Federal;
>
> IV – os Conselhos Municipais de Assistência Social. (Brasil, 2011b, art. 16)

Entre esses conselhos, o conselho nacional é o

> órgão superior de deliberação colegiada, vinculado à estrutura do órgão da Administração Pública Federal responsável pela coordenação da Política Nacional de Assistência Social, cujos membros, nomeados pelo Presidente da República, têm mandato de 2 (dois) anos, permitida uma única recondução por igual período. (Brasil, 1993, art. 17)

A participação popular pode impactar na gestão das políticas sociais quando os usuários ocupam os espaços, como os conselhos de direitos. Focaremos esse estudo, a partir daqui, nos conselhos de assistência social para compreender as possibilidades e os limites da participação popular.

> Na medida em que a participação alarga-se e ativa-se, assumindo ou não uma forma gerencial, passa a condicionar os governos e a administração pública. A gestão é obrigada a se autorreconfigurar, a se desenhar de outro modo, a formar novos recursos humanos, bem como organizações diferentes. Ao tornar-se participativa, anuncia o aparecimento de um novo campo semântico no universo gerencial. (Nogueira, 2005, p. 145)

Como um mecanismo para o exercício do controle social, os conselhos constituem-se canais que a população pode acessar para exercer a cidadania, controlando a política pública. Nesse contexto, o conselho de política pública "inserido na esfera pública [...] estabelece um processo de interlocução e negociação com atores diversos, em especial gestores, trabalhadores, prestadores e usuários" (CIPEC[2], 2002, p. 26). Os conselheiros participam das decisões referentes à gestão das políticas públicas e de seu monitoramento e avaliação "com o intuito de dar respostas aos interesses coletivos e públicos" (Prates, 2013b, p. 12). Os conselhos não têm o papel de execução das políticas, mas "são órgãos especiais, autônomos e independentes, deliberativos, colegiados, normativos e constituem-se como espaço público de negociação" (Prates, 2013b, p. 12).

No entanto, como a sociedade civil ainda está aprendendo a participar e exercer o controle e a fiscalização nos espaços dos conselhos, pode acontecer de os governos utilizarem esses espaços como legitimadores de uma prática nem sempre democrática. Nesse caso, eles perdem o caráter de deliberativos, passando a ser meramente consultivos, compactuando, muitas vezes, com uma má gestão. Sempre que acontece algo assim, o próprio conselho está fortalecendo o autoritarismo e enfraquecendo a democracia. Tatagiba (2002, p. 91) ressalta que, se o conselho não tem força de deliberar, pode fiscalizar e controlar as ações

---

2 Centro Interdisciplinar de Pesquisa e Consultoria em Políticas Públicas.

do Estado, pois "conselhos com baixa capacidade deliberativa podem ser fortes no controle da aplicação dos recursos orçamentários ou na execução dos programas e projetos [...]", e a efetividade das políticas depende da efetiva aplicabilidade dos recursos a elas destinados.

Sobre a composição dos conselhos, Prates (2013b, p. 12) esclarece:

> A composição dos conselhos se dá de forma paritária, sendo que 50% das cadeiras devem ser preenchidas por representantes usuários[3] dos serviços ou organização destes, dos trabalhadores da área[4] e das entidades[5], sendo estes eleitos em conferências. E os outros 50% preenchidos por representantes governamentais, que são indicados pelo governo, normalmente servidores públicos. Os representantes governamentais são indicados pelo chefe do Executivo nas três esferas. Compreendemos essa questão da indicação como uma fragilidade da composição dos conselhos, uma vez que os representantes não governamentais também deveriam ser eleitos em conferências e não indicados pelo Poder Executivo. No processo de escolha e indicação do governo, este pode, tranquilamente, buscar um sujeito que vai defendê-lo, e não fiscalizá-lo. Isso não favorece a efetividade do controle social.

O conselho é um órgão fundamental para a Política de Assistência Social, pois nada pode ser implementado nessa política sem a aprovação dele em qualquer esfera. Por isso, os conselhos apresentam características básicas, constituindo-se, em qualquer esfera, em um órgão:

---

3 "São representantes da sociedade, destinatários da assistência social ou organizados em entidades. Alguns exemplos são: associações de moradores, clubes de mães, associações comunitárias, movimentos sociais" (CIPEC, 2002, p. 41).

4 "São representantes de organismos/entidades privadas, constituídas como pessoas jurídicas que lutam na defesa de interesses coletivos na área social. Alguns exemplos são: sindicatos, conselhos representantes de categorias (psicologia, advocacia, serviço social, saúde...)" (CIPEC, 2002, p. 41).

5 "São representantes das entidades que atuam no setor de assistência social, prestando serviços e atendimento à população. Alguns exemplos são: entidade de atendimento à família, às crianças e adolescentes, às pessoas com deficiência, idosos..." (CIPEC, 2002, p. 41).

- **Colegiado:** formado por um grupo de representantes.
- **Permanente:** criado por lei, só podendo ser extinto ou alterado mediante nova legislação.
- **Paritário:** integrado por igual número de representantes governamentais e de entidades e Organizações não Governamentais.
- **Deliberativo:** reunindo-se em sessões plenárias e decidindo, após ampla discussão, sobre todas as matérias pertinentes à área de assistência social.
- **Normativo:** o resultado das deliberações deve ser normatizado mediante resoluções que definam e disciplinem a política de promoção, atendimento e defesa dos direitos dos usuários da assistência social.
- **Fiscalizador:** da implementação de toda a política e legislação definida para a área. (CIPEC, 2002, p. 26-27, grifo nosso)

Portanto, para o acompanhamento da Política de Assistência Social, existem várias instâncias de conselhos: o Conselho Nacional de Assistência Social (CNAS), o Conselho Estadual de Assistência Social (CEAS) e o Conselho Municipal de Assistência Social (CMAS). Esses órgãos são as instâncias deliberativas do sistema descentralizado e participativo da política e visam ao controle social e à fiscalização em cada esfera de governo.

Diante disso, a PNAS precisa ser coordenada nacionalmente em conformidade com o CNAS, pois toda decisão a ser tomada deve, obrigatoriamente, passar por discussão, aprovação e deliberação do CNAS. Nesse sentido, suas principais competências são:

- **Aprovar** a Política Nacional de Assistência Social.
- **Normatizar** as ações e regular a prestação de serviços de natureza pública e privada no campo da assistência social.
- **Estabelecer procedimentos** para a concessão de registro e certificado de entidades beneficentes de assistência social às instituições privadas prestadoras de serviços e de assessoramento de assistência social que prestam serviços relacionados com seus objetivos institucionais.
- **Conceder registro e certificado** de entidade beneficente de assistência social.

- Zelar pela **efetivação do sistema descentralizado e participativo** de assistência social.

- **Convocar**, ordinariamente, a cada 4 anos[6], a Conferência Nacional de Assistência Social para avaliar a situação da assistência social e propor diretrizes para o aperfeiçoamento do sistema.

- **Apreciar e aprovar** a proposta orçamentária da assistência social a ser encaminhada pelo órgão da administração pública federal responsável pela coordenação da Política Nacional de Assistência Social.

- **Aprovar critérios de transferência de recursos** para os Estados, municípios e Distrito Federal, considerando os indicadores sociais [...].

- **Acompanhar e avaliar a gestão dos recursos**, bem como os ganhos sociais e o desempenho dos programas, projetos e serviços executados.

- **Estabelecer diretrizes**, apreciar e aprovar os programas anuais e plurianuais do Fundo Nacional de Assistência Social.

- Elaborar e **aprovar** o seu **regimento interno**.

- **Divulgar**, no Diário Oficial da União ou jornal de circulação nacional, todas as suas decisões, bem como as contas do Fundo Nacional de Assistência Social e os respectivos pareceres emitidos. (CIPEC, 2002, p. 42-43, grifo nosso)

Os estados e os municípios também têm essas competências, só que suas responsabilidades restringem-se às respectivas esferas. Logo após a publicação da LOAS, em 1994, foi publicado o regimento interno do CNAS, e uma de suas funções é "VI – Convocar ordinariamente a cada 2 (dois) anos, ou extraordinariamente, por maioria, absoluta de seus membros, a Conferência Nacional de Assistência Social, que terá a atribuição de avaliar a situação da assistência social, propor diretrizes para o aperfeiçoamento do sistema" (Brasil, 1994, art. 2º).

---

[6] Importante frisar que os conselhos de assistência social em cada esfera de governo têm a obrigatoriedade de convocar conferência (municipal, estadual e federal) **ordinariamente** a cada quatro anos; porém, eles podem convocar (e têm feito isso nos últimos anos) **extraordinariamente** a cada dois anos.

Nesse sentido, uma das competências dos conselhos, em cada esfera, é realizar as conferências de assistência social, que ocorrem a cada dois anos nas três esferas federativas. No Quadro 4.1, a seguir, elencamos as temáticas que compuseram as conferências nacionais de assistência social, que foram as mesmas para os Estados e municípios.

Quadro 4.1 – Conferências nacionais de assistência social

N.	DATA	TEMÁTICA	Nº DE PARTICIPANTES
I	Nov./1995	"Sistema descentralizado e participativo – financiamento e relação público/privado na prestação de serviços da assistência social"	1.069
II	Dez./1997	"O sistema descentralizado e participativo da assistência social – construindo a inclusão – universalizando direitos"	1.002
III	Dez./2001	"Política de Assistência Social: uma trajetória de avanços e desafios"	–
IV	Dez./2003	"Assistência social como política de inclusão: uma nova agenda para a cidadania – LOAS 10 anos"	1.035
V	Dez./2005	"SUAS – PLANO 10: estratégias e metas para implementação da Política Nacional de Assistência Social"	1.338
VI	Dez./2007	"Compromissos e responsabilidades para assegurar proteção social pelo Sistema Único da Assistência Social (SUAS)"	1.785
VII	Dez./2009	"Participação e controle social no SUAS"	1.900
VIII	Dez./2011	"Consolidar o SUAS e valorizar seus trabalhadores"	1.358
IX	Dez./2013	"A gestão e o financiamento na efetivação do SUAS"	2.171
X	Dez./2015	"Consolidar o SUAS de vez rumo a 2026"	1.615
XI	Dez./2017	"Garantia de direitos no fortalecimento do SUAS"	2.000

Assim, podemos afirmar que o processo de implementação da PNAS com seu sistema único, o SUAS, ocorreu com o protagonismo de atores sociais que, ao longo dos anos, participaram de instâncias deliberativas, como as conferências de assistência social realizadas nas esferas de governo. E, a cada nova conferência, os atores sociais podem novamente pensar a política pública, procurando fazer com que sua execução chegue cada vez mais perto do que determinam as prerrogativas legais.

É importante frisar que os conselhos são organizados nas três esferas de governo e são regidos por regulamentos próprios aprovados em cada esfera. Esses conselhos têm seus organogramas de funcionamento e suas comissões temáticas. Portanto, o conselho pode, em seu âmbito de atuação, eleger comissões de forma paritária para dividir as tarefas. Atualmente, o CNAS conta com seis comissões temáticas em funcionamento: Comissão de Política, Comissão de Conselhos, Comissão de Financiamento, Comissão de Normas, Comissão de Acompanhamento de Benefícios e Comissão de Monitoramento das Conferências. Cada uma delas tem um grupo de membros titulares e suplentes que participam periodicamente das discussões para subsidiar o cumprimento das competências da PNAS.

Segundo Lavalle, Houtzager e Castello (2006), o Brasil tem se tornado referência para os países estrangeiros pelas suas experiências de participação na construção da democracia. Para os autores, isso jamais havia acontecido, pois, em todas as épocas, o Brasil era influenciado por outros países em quase tudo o que fazia.

> A esse respeito, o Brasil é um laboratório de enormes dimensões, do qual provém não apenas o experimento participativo mais conhecido no mundo todo – o orçamento participativo –, mas também reformas constitucionais que tornaram obrigatória a implementação de conselhos gestores de políticas nos diferentes níveis da estrutura federativa de governo. (Lavalle; Houtzager; Castello, 2006, p. 45)

Os autores acreditam que isso está relacionado ao protagonismo da sociedade civil na busca pela consolidação da democracia por meio da participação e do controle das ações do Estado, uma vez que a democracia cria espaços favoráveis para isso (Lavalle;

Houtzager; Castello, 2006). Dessa maneira, os conselhos são espaços de representação política, ou seja, os conselheiros representam determinados segmentos.

> Representar significa "fazer as vezes do outro" ou "estar no lugar do outro" em um determinado momento ou espaço. Quando alguém se apresenta como representante do bairro ou do movimento, esperamos que ele ou ela vá defender os interesses do bairro ou do movimento em um debate, já que não é possível, muitas vezes, que todas as pessoas do bairro ou do movimento estejam presentes ou se manifestem em um debate. É por isso que existem representantes: para falar em nome de outras pessoas que por algum motivo não poderão apresentar suas demandas e interesses e por isso delegam esta tarefa a uma pessoa. (Dowbor; Houtzager; Serafim, 2008, p. 13)

É fundamental que os participantes dos conselhos tenham em mente que devem representar os interesses dos representados, portanto, os interesses coletivos; mas nem sempre é essa a conotação adotada. Muitas vezes, alguns representantes podem ter motivações que não estão em consonância com os interesses dos representados e, nesse contexto, é necessário atentar-se para que os representados, de fato, tenham seus interesses atendidos.

No entanto, a representação é necessária, pois, apesar

> de ser desejável e constituir um dos principais fundamentos da democracia participativa, a participação direta de todos os cidadãos nem sempre é possível, por duas razões principais: questão de escala e de tempo. A questão de escala diz respeito ao tamanho da população, ou seja, é quase impossível, mesmo em uma cidade pequena, reunir todos os seus moradores em um mesmo local e ao mesmo tempo para decidir uma questão. E, mesmo reunindo todos em um lugar com espaço suficiente, não seria possível ouvir a opinião de cada um e promover um debate. (Dowbor; Houtzager; Serafim, 2008, p. 14)

A escassez de tempo também é um desafio para os representantes, pois eles têm atividades pessoais e/ou profissionais que, na maioria das vezes, são realizadas em outros espaços e requerem sua presença constante. O conselho tem uma diversidade de atividades e isso exige dos conselheiros tempo e disponibilidade, uma vez que precisam, além de realizar outras atividades, estudar documentos e legislação para que possam acompanhar o andamento da política.

Uma representação pode ser efetiva quando o representante busca informação a respeito das necessidades e dos interesses do coletivo que ele representa. Essa é uma prática pouco comum nos conselhos de política. Não raro, o conselheiro "esquece" quem ele está representando e isso fortalece os interesses particulares.

> O papel do representante é agir em benefício dos interesses dos representados, mas isto não quer dizer que é necessário cair no particularismo. O representante deve defender os interesses do seu segmento sem deixar de reconhecer as necessidades e demandas de outros segmentos. A representação requer um equilíbrio entre os interesses representados, a capacidade de negociação no espaço onde a representação ocorre (conselho, por exemplo) e o bem maior (da cidade, região ou país). A verdadeira democracia reside no reconhecimento de outros grupos, suas necessidades e legitimidade como cidadãos. (Dowbor; Houtzager; Serafim, 2008, p. 19)

Lavalle, Houtzager e Castello (2006) alertam para a existência de dificuldades quanto à representação de interesses coletivos nos espaços participativos: a separação entre representante e representado, algo próprio da forma de democracia na era moderna.

> A presunção pública de representar alguém não equivale à sua efetiva representação, mesmo se amparada empiricamente pelo desempenho de atividades que, em princípio, pressuporiam o exercício de alguma modalidade de representação política. Contudo, o comprometimento com os interesses representados é um componente vital da representação, irredutível a dispositivos institucionais. (Lavalle; Houtzager; Castello, 2006, p. 47)

O fato de um indivíduo estar na condição de representante de interesses coletivos não significa que ele o faça na efetividade. Além disso, nos conselhos de política, é comum que pessoas diretamente ligadas a entidades participem dos conselhos em nome dos usuários. Dagnino (2002) aponta essa prática como representação não legítima, ou seja, existe uma sub-representação. Segundo Lavalle, Houtzager e Castello (2006), isso normalmente acontece quando se refere à representatividade dos usuários. Os autores indicam três elementos de conjugação da representação:

> o representado, sempre pessoa cuja vontade se consubstancia de maneira em maior ou menor grau direta e concreta (voto, reclamo, petição), ou de maneira necessariamente indireta e abstrata (nação, tradição, bem comum); o representante, intermediário e guardião dos interesses do representado, cujo papel descansa em graus diversos de institucionalização, de autorização e de obrigatoriedade para com os representados; o lócus, a um só tempo instância onde a representação é exercida e interlocutores perante os quais se exerce – notadamente o poder público, mas não só. (Lavalle; Houtzager; Castello, 2006, p. 50)

Nesses casos, o representado seria o usuário dos serviços, o representante aquele que faz a intermediação entre o governo e os interesses do representado e o lócus "se concentra no poder público e, com menor frequência, em outras instâncias e perante outros interlocutores societários" (Lavalle; Houtzager; Castello, 2006, p. 50). Em todo caso, apesar dos desafios encontrados no processo de representatividade dos usuários e de suas demandas, a construção coletiva de uma efetiva representação dos segmentos nos espaços de participação é necessária. Somente dessa maneira, lembra Couto (2008), podemos romper com os estigmas históricos de uma assistência social embasada no favor e na tutela, pois direito e assistência social só serão compatíveis quando a sociedade civil se apoderar dos canais de participação e controle social e obrigar o Estado a efetivar os direitos legalmente constituídos.

A assistência social é uma política pública que oferta serviços de proteção social básica e especial tanto pelos aparatos estatais quanto por entidades socioassistenciais. Para a LOAS, são "entidades e organizações de assistência social aquelas sem fins lucrativos que, isolada ou cumulativamente, prestam atendimento e assessoramento aos beneficiários abrangidos por esta Lei, bem como as que atuam na defesa e garantia de direitos" (Brasil, 2011b, art. 3º).

A Lei n. 12.101, de 27 de novembro de 2009, trata da certificação das entidades socioassistenciais. A referida lei traz mudanças no que tange à forma de os conselhos exercerem a fiscalização dessas entidades (Brasil, 2009b).

> Até esse momento todas as entidades que prestassem serviços de assistência social, mesmo sendo de outra política, como educação e saúde, eram certificadas pelo Conselho de Assistência Social. A partir dessa lei tudo muda, sendo que entidades que em seu estatuto preponderam questões de saúde serão certificadas e fiscalizadas pelo Ministério da Saúde; aquelas em que preponderam questões educacionais serão fiscalizadas pelo Ministério da Educação; e, enfim, as entidades de assistência social serão encaminhadas diretamente ao Ministério do Desenvolvimento Social e Combate à Fome (MDS). Porém, as entidades das políticas de saúde e educação poderão registrar no Conselho de Assistência Social apenas os projetos que sejam, de fato, socioassistenciais, os quais serão acompanhados pelo referido conselho. (Prates, 2011, p. 112)

Um ano mais tarde, foi publicada a Resolução CNAS n. 16, de 5 de maio de 2010, que regula e define os padrões para uma entidade que queira compor a rede socioassistencial como prestadora de serviços socioassistenciais (Brasil, 2010b). Essa resolução estabelece três formas que podem caracterizar as entidades:

> I – **de atendimento**: aquelas que, de forma continuada, permanente e planejada, prestam serviços, executam programas ou projetos e concedem benefícios de proteção social básica ou especial, dirigidos às famílias e indivíduos em situações de vulnerabilidade ou risco social e pessoal [...]
>
> II – **de assessoramento**: aquelas que, de forma continuada, permanente e planejada, prestam serviços e executam programas ou projetos voltados prioritariamente para o fortalecimento dos movimentos sociais e das organizações de usuários, formação e capacitação de lideranças, dirigidos ao público da política de assistência social [...]
>
> III – **de defesa e garantia de direitos**: aquelas que, de forma continuada, permanente e planejada, prestam serviços e executam programas ou projetos voltados prioritariamente para a defesa e efetivação dos direitos socioassistenciais, construção de novos direitos, promoção da cidadania, enfrentamento das desigualdades sociais, articulação com órgãos públicos de defesa dos direitos, dirigidos ao público da assistência social [...]. (Brasil, 2010b, art. 2º, grifo nosso)

Em 2010, portanto, houve a adaptação e a capacitação dos conselheiros sobre essa nova lei para que possam certificar e fiscalizar as entidades parceiras do governo na prestação de serviços à população. Uma entidade, para prestar serviços no SUAS, deve estar inscrita e sob fiscalização dos conselhos de assistência social.

Portanto, o controle social realizado por meio dos conselhos de assistência social atinge não apenas a prestação de serviços das unidades públicas estatais, mas também as entidades e organizações que prestam serviços de assistência social. O exercício do controle social é fundamental porque, por meio dele, a população pode dizer ao Estado quais são suas demandas e de que forma ele deve atendê-las, enfatizando suas prioridades. O controle social é uma forma de vivenciar a democracia e fazer com que o Estado seja mais forte e presente para os trabalhadores do que para o capital.

Estudo de caso

O Conselho de Assistência Social de determinado município é composto de forma paritária, sendo 50% dos conselheiros representantes da sociedade civil e 50% do governo. Dona Isabel, que é membro da equipe técnica de uma entidade socioassistencial do município, foi eleita para representar os usuários da assistência social. No entanto, os posicionamentos da conselheira nas reuniões do conselho, na maioria das vezes, não estão de acordo com as demandas dos usuários da assistência social (até porque ela não é e nunca foi usuária desses serviços), embora ela represente os interesses da entidade da qual é membro.

Diante dessa situação, reflita:

» Qual é a legitimidade que Dona Isabel tem para representar um segmento ao qual ela não pertence?

Comentário

É preciso que o representante dos usuários seja, de fato, um usuário da Política de Assistência Social. Nessa situação,

> existe uma representação ilegítima, pois Dona Isabel não é usuária e, dessa forma, poderá advogar mais pelas demandas da instituição à qual pertence do que pelas demandas dos usuários.

Síntese

Antes do processo de democratização, o controle social era exercido pelo Estado. A ditadura militar significou o cerceamento da liberdade de expressão e o impedimento da sociedade civil de controlar suas ações. Com o processo de redemocratização no Brasil, que instituiu o Estado Democrático de Direito, a lógica do controle social inverteu: ele passou a ser exercido pela sociedade civil sobre o Estado. Exercer o controle social na política é participar de sua gestão, vivenciar a democracia e compartilhar o poder de decisão com o Estado. O Conselho de Assistência Social é a instância que permite à população dizer como quer que a política seja executada e com quais recursos humanos e financeiros para atender às suas demandas. É o espaço primordial para o exercício do controle social por todos os que defendem e necessitam das ações da assistência social para enfrentar sua situação de vulnerabilidade e risco social.

Questões para revisão

1. Sobre o controle social, é possível afirmar que:
    I) se caracteriza pela participação popular em instâncias do aparelho do Estado, órgãos, agências ou serviços públicos responsáveis pelas políticas públicas;
    II) é uma forma de compartilhamento de decisões políticas entre Estado e sociedade;
    III) é um instrumento e uma expressão da democracia e da cidadania.

Assinale a alternativa que apresenta somente os itens corretos:
a) I apenas.
b) II apenas.
c) I e III.
d) I, II e III.
e) Nenhuma das alternativas anteriores.

2. Sobre a participação popular, analise as afirmativas a seguir.
   I) A participação popular requer dos indivíduos que se compreendam como sujeitos coletivos que possuem necessidades comuns e, por isso, sentem a necessidade de articular-se conjuntamente.
   II) A participação popular plena é fundamental para a construção da democracia.
   III) O povo brasileiro não participa de nada do que propõe o Estado democrático de direito.
   IV) Na participação popular, podem existir vários modos e instâncias, objetivos e metas, circunstâncias e motivações.

   Assinale a alternativa que apresenta somente os itens corretos:
   a) I e II.
   b) III e IV.
   c) I, II e IV.
   d) I, II, III e IV.
   e) Nenhuma das alternativas anteriores.

3. Nos conselhos de assistência social, a paridade deve ser de:
   a) 50% de representantes governamentais e 50% não governamentais.
   b) 40% de representantes governamentais e 60% não governamentais.
   c) 30% de representantes governamentais e 70% não governamentais.
   d) 20% de representantes governamentais e 80% não governamentais.
   e) 52% de representantes governamentais e 48% não governamentais.

4. O que são os conselhos de assistência social e quais são suas funções no SUAS?

5. Qual é a lógica do controle social antes e depois do processo de democratização do país?

Questões para reflexão

1. O controle social nem sempre teve a lógica de controlar as ações do Estado. Antes do processo de democratização, quem exercia o controle sobre a sociedade civil? Como isso ocorria?

2. O controle social é um mecanismo que a sociedade civil tem para acompanhar e controlar as ações do Estado. Como ela pode usar esse mecanismo?

3. Qual é o papel dos conselhos quanto ao controle das ações do Estado?

4. Qual é o papel dos conselhos quanto à fiscalização da execução da assistência social no âmbito estatal das entidades prestadoras de serviços?

Para saber mais

As entidades e organizações da assistência social atuam contribuindo com o Estado na prestação de serviços. Elas devem organizar seus serviços conforme a Tipificação Nacional dos Serviços Socioassistenciais. Aquelas que são de assessoramento devem seguir a Resolução CNAS n. 27/2011 (Brasil, 2011c). Qualquer entidade ou organização de assistência social segue as mesmas legislações do campo da PNAS. Porém, é fundamental ter claro que as entidades jamais podem substituir o papel do Estado, pois ele tem a primazia da responsabilidade. Nesse contexto, para conhecer uma problematização sobre entidades prestadoras de serviços ao Estado, você pode ler:

MONTAÑO, C. **Terceiro setor e a questão social**: crítica ao padrão emergente de intervenção social. 4. ed. São Paulo: Cortez, 2007.

Para conhecer o debate sobre a relação entre público e privado na assistência social, você pode ler o texto indicado a seguir. Nele, você vai conhecer uma crítica sobre qual é o papel social que as entidades têm em um contexto de contrarreformas do Estado e desmontes das políticas públicas:

COUTO, B. R.; BORTOLINI, M. A.; MARTINELLI, T. O público e o privado na assistência social. In: TEIXEIRA, S. M. (Org.). **Política de assistência social e temas correlatos**. Campinas: Papel Social, 2016. p. 93-100

Para concluir...

Nesta obra, analisamos os contornos que a assistência social adquiriu ao longo dos últimos 30 anos. Existe grande diversidade de materiais de qualidade para o estudo e a análise da proteção social básica. Porém, ao tratar da proteção social especial, da gestão financeira e do trabalho, os materiais são escassos, e essas lacunas precisam ser preenchidas pelos atores sociais que praticam e/ou defendem a assistência social.

Ainda assim, entre avanços e retrocessos, o protagonismo dos atores sociais foi fundamental para que a assistência social pudesse ser construída na lógica do direito social de cidadania. Não foi uma tarefa simples, pois a história dessa política resguarda ranços de longas trajetórias, como a tutela, o favor e o assistencialismo. Romper com esses estigmas foi e continua sendo uma tarefa árdua para os atores sociais que a praticam e a defendem. Precisamos construir a cultura do direito em contraponto à cultura do favor, que foi legitimada no decorrer do tempo pela sociedade brasileira. Para isso, materializar as prerrogativas legais da assistência social é um passo relevante. Praticamente todas as prerrogativas legais da referida política foram retratadas nesta obra.

Aos poucos, a assistência social ganhou centralidade no tripé da seguridade social. Esse arranjo esconde armadilhas, pois os trabalhadores obtiveram conquistas, o que não deixa de ser real e importante. No entanto, se analisarmos profundamente, o fato de a assistência social no âmbito da lógica mínima ter ganho centralidade não é uma conquista, mas um retrocesso, pois enquanto ela adquire um lugar central de proteção social, a saúde e a previdência vão sendo desconstruídas como políticas de proteção social. Assim, são atribuídos papéis à assistência social que não lhe cabem.

Responsabilizar a assistência social pelo enfrentamento da pobreza e das desigualdades, bem como pela proteção social, significa alocar a classe trabalhadora em um patamar extremo de subalternidade. Os critérios adotados para selecionar os usuários da assistência social são extremamente excludentes e minimalistas, por isso, para permanecer utilizando os serviços e benefícios socioassistenciais, o indivíduo precisa continuar subalterno. É uma situação contraditória: se, por um lado, não é possível abdicar da assistência social, por outro, a própria assistência social como direito deve(ria) promover avanços para a emancipação política dos cidadãos, e não os subalternizar.

Embora os governos e a sociedade atribuam à assistência social a função de enfrentamento da pobreza e das desigualdades e de promoção da dignidade humana por meio de programas, projetos, serviços e benefícios ofertados, a lógica mínima impossibilita a tarefa de proteção social. Da forma como está organizada, com os recursos de que dispõe (orientados pela ótica seletista, focalizada e minimalista), a assistência social consegue somente minimizar os efeitos da superexploração do trabalho ou da exclusão. A política pública não afeta em nada a estrutura do modo de produção capitalista e, portanto, não interfere em sua lógica, pois esse não é seu papel. Entretanto, uma sociedade como a brasileira, organizada sob a égide do capital financeiro e na qual existem formas extremas de exploração do trabalho, não pode dispensar a assistência social.

O que há, atualmente, em termos de assistência social não é o ideal como política pública. Ela ainda precisa crescer e mudar muito sua lógica e sua condução. Contudo, o que temos é fundamental, uma vez que resulta de uma luta construída ao longo dos anos para atender às demandas de uma significativa parcela da população que não consegue prover suas necessidades por meio do trabalho. A PNAS não está pronta; a troca da lógica de favor e tutela por direito social ainda é um empreendimento em construção.

No que se refere à assistência social, o que havia antes do processo de democratização do país e o que existe nos dias atuais só pode ser explicado em virtude do protagonismo crescente de atores que lutaram (e lutam) para reconhecer a necessidade dela em um país subdesenvolvido e desigual como o Brasil. Não podemos aceitar os retrocessos empreendidos nas políticas públicas da história recente. Precisamos continuar construindo uma política pública de dever do Estado e de direito do cidadão, que contemple direitos universais e valores como justiça social, cidadania e emancipação. Avante!

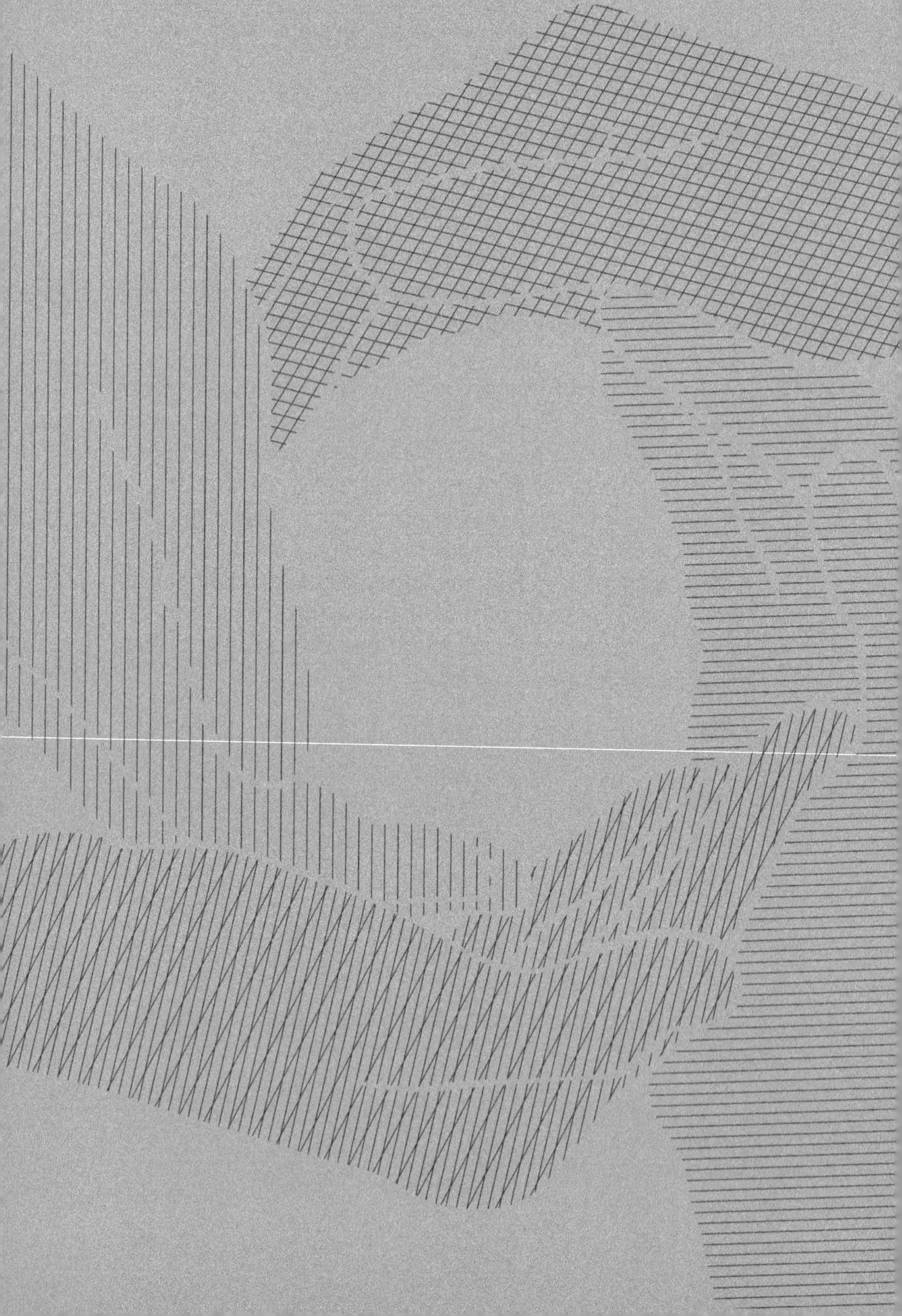

Lista de siglas

BM – Banco Mundial

BPC – Benefício de Prestação Continuada

CadÚnico – Cadastro Único para Programas Sociais

CapacitaSUAS – Programa Nacional de Capacitação do SUAS

CAS – Conselho de Assistência Social

CEAS – Conselho Estadual de Assistência Social

Centro POP – Centro de Referência Especializado para População em Situação de Rua

Cepal – Comissão Econômica para a América Latina e Caribe

CF – Constituição Federal

CIB – Comissão Intergestores Bipartite

Cipec – Centro Interdisciplinar de Pesquisa e Consultoria em Políticas Públicas

CIT – Comissão Intergestores Tripartite

CMAS – Conselho Municipal de Assistência Social

CNAS – Conselho Nacional de Assistência Social

CRAS – Centro de Referência de Assistência Social

CREAS – Centro de Referência Especializado de Assistência Social

FEAS – Fundo Estadual de Assistência Social

FMAS – Fundo Municipal de Assistência Social

FNAS – Fundo Nacional de Assistência Social

IES – Instituições de Ensino Superior

IGD/SUAS – Índice de Gestão Descentralizada do Sistema Único de Assistência Social

IGD-E – Índice de Gestão Descentralizada dos Estados

IGD-M – Índice de Gestão Descentralizada dos Municípios

LDO – Lei de Diretrizes Orçamentárias

LOA – Lei Orçamentária Anual

LOAS – Lei Orgânica de Assistência Social

MDS – Ministério do Desenvolvimento Social e Combate à Fome

MDSA – Ministério do Desenvolvimento Social e Agrário

MPAS – Ministério da Previdência e Assistência Social

NOB/SUAS – Norma Operacional Básica do SUAS

NOB-RH/SUAS – Norma Operacional Básica de Recursos Humanos do SUAS

ONGs – Organizações não governamentais

PAEFI – Serviço de Proteção e Atendimento Especializado a Famílias e Indivíduos

PAIF – Serviço de Proteção e Atendimento Integral à Família

PAS – Plano de Assistência Social

PBF – Programa Bolsa Família

PCCS – Plano de Carreira, Cargos e Salários

PMAS – Plano Municipal de Assistência Social

PNAS – Política Nacional de Assistência Social

PPA – Plano Plurianual

Rede SUAS – Sistema Nacional de Informações do Sistema Único de Assistência Social

Renep/SUAS – Rede Nacional de Capacitação e Educação Permanente do SUAS

Sagi – Secretaria de Avaliação e Gestão da Informação

SAS – Secretaria de Assistência Social

SCFV – Serviço de Convivência e Fortalecimento de Vínculos

SEAS – Secretaria de Estado de Assistência Social

Sinase – Sistema Nacional de Atendimento Socioeducativo

SPDPDI – Serviço de Proteção Social Básica no Domicílio para Pessoas com Deficiência e Idosas

SUAS – Sistema Único de Assistência Social

Referências

ALAYÓN, N. **Assistência e assistencialismo**: controle dos pobres ou erradicação da pobreza? São Paulo: Cortez, 1992.

AMARO, S. **Visita domiciliar**: teoria e prática. Campinas: Papel Social, 2014.

ANDRADE, E. T. de. **Democracia, orçamento participativo e clientelismo**: um estudo comparativo das experiências de Porto Alegre/RS e Blumenau/SC. Tese (Doutorado em Ciência Política) – Universidade Federal do Rio Grande do Sul, Porto Alegre, 2005.

ANTUNES, R. **Adeus ao trabalho?** Ensaio sobre as metamorfoses e a centralidade do mundo do trabalho. 8. ed. São Paulo: Cortez, 2002.

_____. **O privilégio da servidão**: o novo proletariado de serviços na era digital. São Paulo: Boitempo, 2018.

ARAÚJO, M. C. R. N. de et al. **Manual de elaboração do Plano Municipal de Assistência Social**. Alagoas: Secretaria de Estado da Assistência e Desenvolvimento Social, 2009.

ARREGUI, C. C.; WANDERLEY, M. B. A vulnerabilidade social é atributo da pobreza? **Revista Serviço Social & Sociedade**, São Paulo, n. 97, p. 143-166, 2009.

ASSUMPÇÃO, M. J. **Contabilidade pública**. Curitiba: Ibpex, 2007.

AVELAR, L. Participação política. In: AVELAR, L.; CINTRA, A. O. (Org.). **Sistema político brasileiro**: uma introdução. Rio de Janeiro: Fundação Konrad-Adenauer-Stiftung; São Paulo: Fundação Unesp, 2004. p. 223-235.

BAPTISTA, M. V. **Planejamento social**: intencionalidade e instrumentação. São Paulo: Veras; Lisboa: CPIHTS, 2000.

BARATTA, T. C. B. et al. **Capacitação para implementação do Sistema Único de Assistência Social – SUAS e do Programa Bolsa Família – PBF**. Rio de Janeiro: IBAM/Unicarioca; Brasília: MDS, 2008.

BATTINI, O. (Org.). **Política Pública da Assistência Social no Estado do Paraná**: sistema descentralizado e participativo da Assistência social: história, significado e instrumentação. Curitiba: CIPEC/CPIHTS, 2003.

_____. **As determinações sócio-históricas do Serviço Social no Paraná**: gênese e institucionalização (1940-1959). Londrina: Eduel, 2009.

BERNARDONI, D. L. **Planejamento e orçamento na administração pública**. 2. ed. Curitiba: Ibpex, 2010.

BOAVENTURA, E. M. **Metodologia da pesquisa**: monografia, dissertação, tese. São Paulo: Atlas, 2007.

BOFF, L. **Saber cuidar**: ética do humano-compaixão pela terra. Petrópolis: Vozes, 2009.

BOVOLENTA, G. A. Cesta básica e assistência social: notas de uma antiga relação. **Revista Serviço Social & Sociedade**, São Paulo, n. 130, p. 507-525, set./dez. 2017.

BRASIL. Congresso Nacional. Senado Federal. **Acessibilidade, inclusão e valorização da pessoa com deficiência**. Brasília, DF, 2006a.

BRASIL. Constituição (1988). **Diário Oficial da União**, Brasília, DF, 5 out. 1988. Disponível em: <http://www.planalto.gov.br/ccivil_03/constituicao/constituicao.htm>. Acesso em: 13 jun. 2019.

_____. Emenda Constitucional n. 65, de 13 de julho de 2010. **Diário Oficial da União**, Poder Legislativo, Brasília, DF, 14 jul. 2010a. Disponível em: <http://www.planalto.gov.br/ccivil_03/constituicao/emendas/emc/emc65.htm>. Acesso em: 13 jun. 2019.

_____. Decreto n. 6.214, de 26 de setembro de 2007. **Diário Oficial da União**, Poder Executivo, Brasília, DF, 28 set. 2007a. Disponível em: <http://www.planalto.gov.br/ccivil_03/_ato2007-2010/2007/decreto/d6214.htm>. Acesso em: 13 jun. 2019.

_____. Decreto n. 6.307, de 14 de dezembro de 2007. **Diário Oficial da União**, Poder Executivo, Brasília, DF, 17 dez. 2007b. Disponível em: <http://www.planalto.gov.br/ccivil_03/_Ato2007-2010/2007/Decreto/D6307.htm>. Acesso em: 13 jun. 2019.

_____. Decreto n. 6.308, de 14 de dezembro de 2007. **Diário Oficial da União**, Poder Executivo, Brasília, DF, 17 dez. 2007c. Disponível em: <http://www.planalto.gov.br/ccivil_03/_Ato2007-2010/2007/Decreto/D6308.htm>. Acesso em: 13 jun. 2019.

_____. Decreto n. 7.053, de 23 de dezembro de 2009. **Diário Oficial da União**, Poder Executivo, Brasília, DF, 24 dez. 2009a. Disponível em: <http://www.planalto.gov.br/ccivil_03/_ato2007-2010/2009/decreto/d7053.htm>. Acesso em: 13 jun. 2019.

_____. Decreto n. 7.492, de 2 de junho de 2011. **Diário Oficial da União**, Poder Executivo, Brasília, DF, 3 jun. 2011a. Disponível em: <http://www.planalto.gov.br/ccivil_03/_Ato2011-2014/2011/Decreto/D7492.htm>. Acesso em: 13 jun. 2019.

_____. Decreto-Lei n. 5.452, de 1º de maio de 1943. **Diário Oficial da União**, Poder Executivo, Rio de Janeiro, 9 ago.1943. Disponível em: <http://www.planalto.gov.br/ccivil_03/decreto-lei/del5452.htm>. Acesso em: 13 jun. 2019.

_____. Lei n. 8.069, de 13 de julho de 1990. **Diário Oficial da União**, Poder Legislativo, DF, 16 jul. 1990. Disponível em: <http://www.planalto.gov.br/ccivil_03/leis/l8069.htm>. Acesso em: 13 jun. 2019.

BRASIL. Lei n. 8.742, de 7 de dezembro de 1993. **Diário Oficial da União**, Poder Legislativo, Brasília, DF, 8 dez. 1993. Disponível em: <http://www.planalto.gov.br/CCivil_03/Leis/L8742.htm>. Acesso em: 13 jun. 2019.

_____. Lei n. 10.741, de 1º de outubro de 2003. **Diário Oficial da União**, Poder Legislativo, Brasília, DF, 3 out. 2003. Disponível em: <http://www.planalto.gov.br/ccivil_03/leis/2003/l10.741.htm>. Acesso em: 13 jun. 2019.

_____. Lei n. 10.836, de 9 de janeiro de 2004. **Diário Oficial da União**, Poder Executivo, Brasília, DF, 12 jan. 2004a. Disponível em: <http://www.planalto.gov.br/ccivil_03/_Ato2004-2006/2004/Lei/L10.836.htm>. Acesso em: 13 jun. 2019.

_____. Lei n. 12.101, de 27 de novembro de 2009. **Diário Oficial da União**, Poder Legislativo, Brasília, DF, 30 nov. 2009b. Disponível em: <http://www.planalto.gov.br/ccivil_03/_Ato2007-2010/2009/Lei/L12101.htm>. Acesso em: 13 jun. 2019.

_____. Lei n. 12.435, de 6 de julho de 2011. **Diário Oficial da União**, Poder Executivo, Brasília, DF, 7 jul. 2011b. Disponível em: <http://www.planalto.gov.br/ccivil_03/_ato2011-2014/2011/lei/l12435.htm>. Acesso em: 13 jun. 2019.

_____. Lei n. 13.146, de 6 de julho de 2015. **Diário Oficial da União**, Poder Legislativo, Brasília, DF, 7 jul. 2015a. Disponível em: <http://www.planalto.gov.br/ccivil_03/_ato2015-2018/2015/lei/l13146.htm>. Acesso em: 13 jun. 2019.

_____. Lei n. 13.429, de 31 de março de 2017. **Diário Oficial da União**, Poder Executivo, Brasília, DF, 31 mar. 2017a. Disponível em: <http://www.planalto.gov.br/ccivil_03/_Ato2015-2018/2017/Lei/L13429.htm>. Acesso em: 13 jun. 2019.

_____. Lei Complementar n. 101, de 4 de maio de 2000. **Diário Oficial da União**, Poder Legislativo, Brasília, DF, 5 maio 2000. Disponível em: <http://www.planalto.gov.br/ccivil_03/leis/lcp/lcp101.htm>. Acesso em: 13 jun. 2019.

BRASIL. Ministério da Saúde. Agência Nacional de Vigilância Sanitária. Resolução n. 283, de 26 de setembro de 2005. **Diário Oficial da União**, Poder Executivo, Brasília, DF, 27 set. 2005a. Disponível em: <http://bvsms.saude.gov.br/bvs/saudelegis/anvisa/2005/res0283_26_09_2005.html>. Acesso em: 13 jun. 2019.

BRASIL. Ministério do Bem-Estar Social. Conselho Nacional de Assistência Social. Resolução n. 1, de 4 de março de 1994. **Diário Oficial da União**, Brasília, DF, 23 mar. 1994. Disponível em: <http://www.mds.gov.br/cnas/legislacao/resolucoes/arquivos-1994/resolucoes-cnas-1994>. Acesso em: 13 jun. 2019.

BRASIL. Ministério do Desenvolvimento Social. Secretaria Nacional de Assistência Social. **Concepção de convivência e fortalecimento de vínculos**. Brasília, DF, 2017b. Disponível em: <http://www.mds.gov.br/webarquivos/publicacao/assistencia_social/Cadernos/concepcao_fortalecimento_vinculos.pdf>. Acesso em: 13 jun. 2019.

BRASIL. Ministério do Desenvolvimento Social. Secretaria Nacional de Assistência Social. Departamento de Proteção Social Básica. **Orientações técnicas**: proteção social básica no domicílio para pessoas com deficiência e idosas. Brasília, 2017c. Disponível em: <https://www.mds.gov.br/webarquivos/assistencia_social/caderno_PSB_idoso_pcd_1.pdf>. Acesso em: 13 jun. 2019.

BRASIL. Ministério do Desenvolvimento Social e Combate à Fome. **Orientações sobre o Serviço de Acolhimento Institucional para Jovens e Adultos com Deficiência em Residências Inclusivas**: perguntas e respostas. Brasília: MDS, 2014a. Disponível em: <https://www.mds.gov.br/webarquivos/publicacao/assistencia_social/Cadernos/caderno_residencias_inclusivas_perguntas_respostas_maio2016.pdf>. Acesso em: 13 jun. 2019.

_____. **Orientações técnicas**: serviços de acolhimento para crianças e adolescentes. Brasília, jun. 2009c. Disponível em: <https://www.mds.gov.br/cnas/noticias/orientacoes_tecnicas_final.pdf>. Acesso em: 13 jun. 2019.

_____. Portaria n. 113, de 10 de dezembro de 2015. **Diário Oficial da União**, Brasília, DF, 11 dez. 2015b. Disponível em: <http://www.mds.gov.br/webarquivos/legislacao/assistencia_social/portarias/2015/Portaria1132015-10122015-Blocos.pdf>. Acesso em: 13 jun. 2019.

BRASIL. Ministério do Desenvolvimento Social e Combate à Fome. Conselho Nacional de Assistência Social. Resolução n. 4, de 13 de março de 2013. **Diário Oficial da União**, Brasília, 20 mar. 2013a. Disponível em: <http://www.mds.gov.br/cnas/legislacao/resolucoes/arquivos-2013/resolucoes-cnas-2013>. Acesso em: 13 jun. 2019.

_____. Resolução n. 8, de 16 de março de 2012. **Diário Oficial da União**, Brasília, DF, 19 mar. 2012a. Disponível em: <http://www.mds.gov.br/cnas/legislacao/resolucoes/arquivos-2012/arquivos-2012>. Acesso em: 13 jun. 2019.

_____. Resolução n. 16, de 5 de maio de 2010. **Diário Oficial da União**, Brasília, DF, 19 maio 2010b. Disponível em: <http://www.mds.gov.br/cnas/legislacao/legislacao/resolucoes/arquivos-2010/resolucoes-normativas-de-2010>. Acesso em: 13 jun. 2019.

_____. Resolução n. 27, de 19 de setembro de 2011. **Diário Oficial da União**, Brasília, DF, 20 set. 2011c. Disponível em: <http://www.mds.gov.br/cnas/legislacao/legislacao/resolucoes/arquivos-2011/arquivos-2011>. Acesso em: 13 jun. 2019.

_____. Resolução n. 33, de 12 de dezembro de 2012. **Diário Oficial da União**, Brasília, DF, 3 jan. 2013b. Disponível em: <http://www.mds.gov.br/cnas/legislacao/resolucoes/arquivos-2012/arquivos-2012>. Acesso em: 13 jun. 2019.

_____. Resolução n. 39, de 9 de dezembro de 2010. **Diário Oficial da União**, Brasília, DF, 16 dez. 2010c. Disponível em: <http://www.mds.gov.br/cnas/legislacao/legislacao/resolucoes/arquivos-2010/resolucoes-normativas-de-2010>. Acesso em: 13 jun. 2019.

_____. Resolução n. 109, de 11 de novembro de 2009. **Diário Oficial da União**, Brasília, DF, 25 nov. 2009d. Disponível em: <http://www.mds.gov.br/cnas/legislacao/legislacao/resolucoes/arquivos-2009/resolucoes-normativas-de-2009>. Acesso em: 13 jun. 2019.

_____. Resolução n. 130, de 15 de julho de 2005. **Diário Oficial da União**, Brasília, DF, 25 jul. 2005b. Disponível em: <http://www.mds.gov.br/cnas/legislacao/resolucoes/arquivos-2005/resolucoes-cnas-2005/>. Acesso em: 13 jun. 2019.

BRASIL. Resolução n. 145, de 15 de outubro de 2004. **Diário Oficial da União**, Brasília, DF, 26 out. 2004b. Disponível em: <http://www.mds.gov.br/cnas/legislacao/resolucoes/arquivos-2004/resolucoes-cnas-2004>. Acesso em: 13 jun. 2019.

BRASIL. Ministério do Desenvolvimento Social e Combate à Fome. Secretaria de Avaliação e Gestão da Informação. Secretaria Nacional de Assistência Social. **Caderno de estudos do Curso de Indicadores para Diagnóstico do SUAS e do Plano Brasil sem Miséria**. Brasília, DF, 2016a. Disponível em: <https://www.ufrgs.br/cegov/files/pub_71.pdf>. Acesso em: 13 jun. 2019.

BRASIL. Ministério do Desenvolvimento Social e Combate à Fome. Secretaria de Avaliação e Gestão da Informação. Secretaria Nacional de Assistência Social. Centro de Estudos Internacionais sobre o Governo. **Caderno de estudos do Curso em Conceitos e Instrumentos para o Monitoramento de Programas**. Curso 2: Monitoramento. Brasília, DF, 2016b. Disponível em: <https://aplicacoes.mds.gov.br/sagirmps/ferramentas/docs/CEGOV%20-%202015%20-%20MDS%20Monitoramento%20Caderno%20de%20Estudos.pdf>. Acesso em: 13 jun. 2019.

_____. **Caderno de estudos do Curso em Conceitos e Instrumentos para a Avaliação de Programas**. Curso 3: Avaliação. Brasília, DF, 2015c. Disponível em: <http://aplicacoes.mds.gov.br/sagirmps/ferramentas/docs/curso_avaliacao.pdf >. Acesso em: 13 jun. 2019.

_____. **Curso de Atualização de Planos de Assistência Social**. Brasília, DF, 2015d. Disponível em: <http://aplicacoes.mds.gov.br/sagirmps/ferramentas/docs/Caderno%20de%20Estudos_Planos%20de%20Assist%C3%AAncia%20Social.pdf>. Acesso em: 13 jun. 2019.

_____. **Caderno de orientações**: Serviço de Proteção e Atendimento Integral à Família e Serviço de Convivência e Fortalecimento de Vínculos – articulação necessária na proteção social básica. Brasília, DF, 2016d. Disponível em: <https://www.mds.gov.br/webarquivos/arquivo/assistencia_social/cartilha_paif_2511.pdf>. Acesso em: 13 jun. 2019.

BRASIL. Ministério do Desenvolvimento Social e Combate à Fome. Secretaria Nacional de Assistência Social. **Desafios da gestão do SUAS nos municípios e estados**. Brasília: MDS, 2008a. v. 2. (CapacitaSUAS). Disponível em: <https://www.mds.gov.br/webarquivos/publicacao/assistencia_social/Cadernos/SUAS_Vol2_%20desafiogstao.pdf>. Acesso em: 13 jun. 2019.

_____. **Norma Operacional Básica de Recursos Humanos do SUAS NOB-RH/SUAS**. Brasília, DF, 2006b. Disponível em: <http://www.mds.gov.br/webarquivos/legislacao/assistencia_social/resolucoes/2006/Resolucao%20CNAS%20no%20269-%20de%2013%20de%20dezembro%20de%202006.pdf>. Acesso em: 13 jun. 2019.

_____. **Orientações técnicas**: Centro de Referência Especializado de Assistência Social (CREAS). Brasília, DF, 2011d. Disponível em: <http://aplicacoes.mds.gov.br/snas/documentos/04-caderno-creas-final-dez..pdf>. Acesso em: 13 jun. 2019.

_____. **Perguntas e respostas**: serviço especializado em abordagem social. Brasília, DF, 2013c. (Coleção SUAS e População em Situação de Rua, v. IV). Disponível em: <http://www.mds.gov.br/webarquivos/publicacao/assistencia_social/Cadernos/Perguntas_Servico_AbordagemSocial.pdf>. Acesso em: 13 jun. 2019.

_____. **Planos de assistência social**: diretrizes para elaboração. Brasília DF, 2008b. v. 3 (CapacitaSUAS). Disponível em: <https://www.mds.gov.br/webarquivos/publicacao/assistencia_social/Cadernos/SUAS_Vol3_planos.pdf>. Acesso em: 13 jun. 2019.

_____. **Política Nacional de Assistência Social PNAS/2004 Norma Operacional Básica NOB/SUAS**. Brasília, DF, 2005c. Disponível em: <https://www.mds.gov.br/webarquivos/publicacao/assistencia_social/Normativas/PNAS2004.pdf>. Acesso em: 13 jun. 2019.

_____. **Tipificação Nacional de Serviços Socioassistenciais**. Brasília, DF, 2014b. Disponível em: <https://www.mds.gov.br/webarquivos/publicacao/assistencia_social/Normativas/tipificacao.pdf>. Acesso em: 13 jun. 2019.

BRASIL. Ministério do Desenvolvimento Social e Combate à Fome. Secretaria Nacional de Assistência Social. Centro de Estudos e Desenvolvimento de Projetos Especiais da Pontifícia Universidade Católica de São Paulo. **Assistência social**: política de direitos à seguridade social. Brasília, 2013d. Caderno 1. (CapacitaSUAS). Disponível em: <https://www.mds.gov.br/webarquivos/publicacao/assistencia_social/Cadernos/CapacitaSUAS_Caderno_1.pdf>. Acesso em: 13 jun. 2019.

BRASIL. Ministério do Desenvolvimento Social e Combate à Fome. Secretaria Nacional de Assistência Social. Comissão Intergestores Tripartite. Resolução n. 7, de 7 de junho de 2010. **Diário Oficial da União**, Brasília, DF, 14 jun. 2010d. Disponível em: <https://www.legisweb.com.br/legislacao/?id=113947>. Acesso em: 13 jun. 2019.

BRASIL. Ministério do Desenvolvimento Social e Combate à Fome. Secretaria Nacional de Assistência Social. Departamento de Gestão do Sistema Único de Assistência Social. **Manual de instruções para utilização do Prontuário SUAS**. Brasília, DF, 2014c. Disponível em: <http://aplicacoes.mds.gov.br/sagi/dicivip_datain/ckfinder/userfiles/files/Manual_Prontuario_SUAS_VERSAO_PRELIMINAR.pdf>. Acesso em: 13 jun. 2019.

BRASIL. Ministério do Desenvolvimento Social e Combate à Fome. Secretaria Nacional de Assistência Social. Secretaria Nacional de Renda e Cidadania. **Orientações técnicas**: Centro de Referência Especializado para População em Situação de Rua – Centro POP. Brasília, DF, 2011e. v. III. (Coleção SUAS e a População em Situação de Rua). Disponível em: <http://www.mds.gov.br/webarquivos/publicacao/assistencia_social/Cadernos/orientacoes_centro_pop.pdf>. Acesso em: 13 jun. 2019.

BRASIL. Ministério do Desenvolvimento Social e Combate à Fome. Secretaria Nacional de Assistência Social. Sistema Único de Assistência Social. **Orientações técnicas sobre o PAIF**: O Serviço de Proteção e Atendimento Integral à Família – PAIF, segundo a Tipificação Nacional de Serviços Socioassistenciais. versão preliminar. Brasília, DF, 2012b. v. 1. Disponível em: <http://www.mds.gov.br/webarquivos/publicacao/assistencia_social/Cadernos/Orientacoes_PAIF_2.pdf>. Acesso em: 13 jun. 2019.

BRASIL. Ministério do Desenvolvimento Social e Combate à Fome. Secretaria Nacional de Assistência Social. Instituto de Estudos Especiais da Pontifícia Universidade Católica de São Paulo. **SUAS**: configurando os eixos de mudança. Brasília, 2008c. v. 1. (CapacitaSUAS). Disponível em: <https://www.mds.gov.br/webarquivos/publicacao/assistencia_social/Cadernos/SUAS_Vol1_%20Mudanca.pdf>. Acesso em: 13 jun. 2019.

BRASIL. Ministério do Desenvolvimento Social e Combate à Fome. Secretaria Nacional de Renda de Cidadania – Senarc. **Bolsa família**: transferência de renda e apoio à família no acesso à saúde, à educação e à assistência social. Brasília, DF, 2015e. (Cartilha). Disponível em: <http://www.mds.gov.br/webarquivos/publicacao/bolsa_familia/Cartilhas/Cartilha_PBF_2015.pdf>. Acesso em: 13 jun. 2019.

BRASIL. Ministério do Desenvolvimento Social e Combate à Fome. Sistema Único de Assistência Social. Proteção Social Básica. **Orientações técnicas Centro de Referência de Assistência Social – CRAS.** Brasília, 2009e. Disponível em: <http://www.mds.gov.br/webarquivos/publicacao/assistencia_social/Cadernos/orientacoes_Cras.pdf>. Acesso em: 13 jun. 2019.

BRASIL. Secretaria Nacional de Enfrentamento à Violência contra as Mulheres. Secretaria de Políticas para as Mulheres. **Diretrizes nacionais para o abrigamento de mulheres em situação de risco e violência**. Brasília, DF, 2011f. Disponível em: <https://www12.senado.leg.br/institucional/omv/entenda-a-violencia/pdfs/diretrizes-nacionais-para-o-abrigamento-de-mulheres-em-situacao-de-risco-e-de-violencia>. Acesso em: 13 jun. 2019.

BRASIL. Tribunal de Contas da União. **Orientações para conselhos da área de assistência social**. 3. ed. Brasília, DF, 2013e. Disponível em: <https://portal.tcu.gov.br/lumis/portal/file/fileDownload.jsp?fileId=8A8182A24D6E86A4014D72AC80D75329&inline=1>. Acesso em: 13 jun. 2019.

BUENO, F. de B. O trabalho socioeducativo desenvolvido no Centro de Referência de Assistência Social – CRAS. In: GIAQUETO, A. (Org.). **A dimensão educativa no trabalho social**: exercícios de reflexão. Jundiaí: Paco, 2015. p. 67-82.

CALVI, K. U. O controle social nos conselhos de políticas e de direitos. **Revista Emancipação**, Ponta Grossa, v. 8, n. 1, p. 9-20, 2008. Disponível em: <www.revistas2.uepg.br/index.php/emancipacao/article/view/111/109>. Acesso em: 13 jun. 2019.

CAMPELLO, T. Uma década derrubando mitos e superando expectativas. In: CAMPELLO, T.; NERI, M. C. (Org.). **Programa Bolsa Família**: uma década de inclusão e cidadania. Brasília: Ipea, 2013. p. 15-24.

_____. _____. In: CAMPELLO, T.; NERI, M. C. (Org.). **Programa Bolsa Família**: uma década de inclusão e cidadania. Brasília: Ipea, 2014. p. 13-14.

CAMPELLO, T.; NERI, M. C. Apresentação. In: CAMPELLO, T.; NERI, M. C. (Org.). **Programa Bolsa Família**: uma década de inclusão e cidadania. Brasília: Ipea, 2013. p. 11-12.

CANÇADO, T. C. L.; SOUZA, R. S. de; CARDOSO, C. B. da S. Trabalhando o conceito de vulnerabilidade social. In: ENCONTRO NACIONAL DE ESTUDOS POPULACIONAIS, XIX, 2014, São Pedro. **Anais...** São Pedro/SP: Abep, 2014. Disponível em: <www.abep.org.br/~abeporgb/abep.info/files/trabalhos/trabalho_completo/TC-10-45-499-410.pdf>. Acesso em: 13 jun. 2019.

CARVALHO, M. do C. A. A. Participação social no Brasil hoje. **Instituto Pólis**, 1998. Disponível em: <www.polis.org.br/uploads/841/841.pdf>. Acesso em: 13 jun. 2019.

CASTEL, R. **A insegurança social**: o que é ser protegido? Rio de Janeiro: Vozes, 2005.

CIPEC – Centro Interdisciplinar de Pesquisa e Consultoria em Políticas Públicas. **Estado e política pública de assistência social, sistema descentralizado e participativo de assistência social e redes**. Curitiba, 2002. v. I.

COLIN, D. Apresentação. In: VILAS BOAS, P. A. F. et al. (Org.). **CapacitaSUAS**: os desafios da educação permanente do SUAS. Brasília: Ministério do Desenvolvimento Social e Combate à Fome, 2015. p. 7-8. (Cadernos de Estudos, n. 22).

COSTA, L. C. da. **Os impasses do Estado capitalista**: uma análise sobre a reforma do Estado no Brasil. Ponta Grossa: Ed. da UEPG; São Paulo: Cortez, 2006.

COSTA, L. C. da. Classes médias e as desigualdades sociais no Brasil. In: BARTELT, D. D. (Org.). **A "nova classe média" no Brasil como conceito e projeto político.** Rio de Janeiro: Fundação Heinrich Boll, 2013. p. 43-54.

COUTO, B. R. Apresentação. In: SILVA, M. B. **Assistência social e seus usuários**: entre a rebeldia e o conformismo. São Paulo: Cortez, 2014. p. 17-22.

_____. **O direito social e a assistência social na sociedade brasileira**: uma equação possível? 3. ed. São Paulo: Cortez, 2008.

COUTO, B. R. et al. (Org.). **O Sistema Único de Assistência Social no Brasil**: uma realidade em movimento. 2. ed. São Paulo: Cortez, 2011.

DAGNINO, E. Sociedade civil, espaços públicos e a construção democrática no Brasil: limites e possibilidades. In: _____. **Sociedade civil e espaços públicos no Brasil**. São Paulo: Paz e Terra, 2002. p. 279-301.

DEMEDA, G. C. B.; ROMAGNA, S. M. **Orientações técnicas**: Serviço de Proteção Social Especial para Pessoas com Deficiência, Idosos(as) e suas Famílias, ofertado em unidade referenciada. Bento Gonçalves, 2015. Disponível em: <www.bentogoncalves.rs.gov.br/downloads/Orientacoes-Tecnicas-PCDs.pdf>. Acesso em: 13 jun. 2019.

DOWBOR, M.; HOUTZAGER, P.; SERAFIM, L. **Enfrentando os desafios da representação em espaços participativos**. São Paulo: Cebrap/IDS, 2008.

ENGELS, F. **O papel do trabalho na transformação do macaco em homem**. 1876. Disponível em: <www.marxists.org/portugues/marx/1876/mes/macaco.htm>. Acesso em: 13 jun. 2019.

EUZÉBY, A. Proteção social, pilar da justiça social. In: SPOSATI, A. (Org.). **Proteção social de cidadania**: inclusão de idosos e pessoas com deficiência no Brasil, França e Portugal. 3. ed. São Paulo: Cortez, 2011. p. 11-32.

FALEIROS, V. de P. O paradigma da correlação de forças: uma proposta de formulação teórico-prática. In: _____. **Estratégias em serviço social**. 10. ed. São Paulo: Cortez, 2010. p .43-65.

_____. **Saber profissional e poder institucional**. 10. ed. São Paulo: Cortez, 2011.

FERREIRA, S. da S. **NOB-RH/SUAS**: anotada e comentada. Brasília: Ministério do Desenvolvimento Social/Secretaria Nacional de Assistência Social, 2011.

FONTENELE, I. C. A trajetória histórica da assistência social no Brasil no contexto das políticas sociais. In: TEIXEIRA, S. M. (Org.). **Política de assistência social e temas correlatos**. Campinas: Papel Social, 2016. p. 65-92.

GECD – Grupo de Estudos sobre a Construção Democrática. Sociedade civil e democracia: reflexões sobre a realidade brasileira. **Ideias: Revista do Instituto de Filosofia e Ciências Humanas**, Campinas, p. 13-42, 1998/1999.

GRAMSCI, A. **Cadernos do cárcere**. 5. ed. Rio de Janeiro: Civilização Brasileira, 2011. v. 1.

IAMAMOTO, M. V. **O serviço social na contemporaneidade**: trabalho e formação profissional. 9. ed. São Paulo: Cortez, 2001.

IVO, A. B. L. **Viver por um fio**: pobreza e política social. São Paulo: Annablume; Salvador: CRH/UFBA, 2008.

JANNUZZI, P. de M. **Indicadores socioeconômicos na gestão pública**. Florianópolis: Departamento de Ciências da Administração/UFSC; Brasília: Capes/UAB, 2009.

KAUCHAKJE, S. **Gestão pública de serviços sociais**. 2. ed. Curitiba: Ibpex, 2008.

_____. Participação social no Brasil diante da desestruturação das políticas sociais: novas configurações da sociedade civil organizada como alternativa para recompor os laços sociais e a civilidade nas relações societárias. **Revista Emancipação**, Ponta Grossa, v. 2, n. 1, 2002.

LAVALLE, A. G.; HOUTZAGER, P. P.; CASTELLO, G. Representação política e organizações civis: novas instâncias de mediação e os desafios da legitimidade. **Revista Brasileira de Ciências Sociais**, São Paulo, v. 21, n. 60, p. 43-66, 2006.

LESSA, S. **Para compreender a ontologia de Lukács**. 4. ed. São Paulo: Instituto Lukács, 2015. Disponível em: <http://sergiolessa.com.br/uploads/7/1/3/3/71338853/paracompreender.pdf>. Acesso em: 13 jun. 2019.

LEWGOY, A. M. B.; SILVEIRA, E. M. C. A entrevista nos processos de trabalho do assistente social. **Revista Textos & Contextos**, Porto Alegre, v. 6, n. 2, p. 233-251, jul./dez. 2007.

MARTINELLI, M. L. (Org.). **Pesquisa qualitativa**: um instigante desafio. São Paulo: Veras, 1999.

MARX, K. **O capital**: crítica da economia política. Tradução de Regis Barboza e Flávio R. Kothe. São Paulo: Abril Cultural, 1983. v. I. (Coleção Os Economistas).

_____. **O capital**: crítica da economia política. Tradução de Regis Barboza e Flávio R. Kothe. São Paulo: Abril Cultural, 1984. v. I, tomo II. (Coleção Os Economistas).

_____. **Sobre a questão judaica**. São Paulo: Boitempo, 2010.

MESTRINER, M. L. **O Estado entre a filantropia e a assistência social**. 3. ed. São Paulo: Cortez, 2008.

MINAYO, M. C. de S. **Pesquisa social**: teoria, método e criatividade. 10. ed. Petrópolis: Vozes, 1994.

MONTAÑO, C. **Terceiro setor e questão social**: crítica ao padrão emergente de intervenção social. 4. ed. São Paulo: Cortez, 2007.

MOREIRA, C. F. N. **O trabalho com grupos em serviço social**: a dinâmica de grupo como estratégia para reflexão crítica. 4. ed. São Paulo: Cortez, 2017.

MOTA, A. E. A centralidade da assistência social na seguridade social brasileira nos anos 2000. In: MOTA, A. E. (Org.). **O mito da assistência social**: ensaios sobre Estado, política e sociedade. 2. ed. São Paulo: Cortez, 2008. p. 133-146.

MOURA, R. R. de. **Estruturas de oportunidades políticas e aprendizado democrático**: o associativismo de bairro em Blumenau (1994-2009). Tese (Doutorado em Sociologia Política) – Universidade Federal de Santa Catarina, Florianópolis, 2009.

NOGUEIRA, M. A. **Um estado para a sociedade civil**: temas éticos e políticos da gestão democrática. 2. ed. São Paulo: Cortez, 2005.

PEREIRA, P. A. **Necessidades humanas**: subsídios à crítica dos mínimos sociais. São Paulo: Cortez, 1995.

_____. _____. 5. ed. São Paulo: Cortez, 2008.

PEREIRA, P. A. Mudanças estruturais, política social e papel da família: crítica ao pluralismo de bem-estar. In: SALES, M. A.; MATOS, M. C.; LEAL, M. C. (Org.). **Política social, família e juventude**: uma questão de direitos. 4. ed. São Paulo: Cortez, 2009. p. 25-42.

PÓLIS – Instituto de Estudos, Formação e Assessoria em Políticas Sociais. Controle social das políticas públicas. **Repente: Participação Popular na Construção do Poder Local**, n. 29, ago. 2008. Disponível em: <www.polis.org.br/uploads/1058/1058.pdf>. Acesso em: 13 jun. 2019.

PRATES, A. M. M. C. **Os impasses para a implementação do Sistema Único de Assistência Social no Município de Guarapuava-PR**. Dissertação (Mestrado em Ciências Sociais Aplicadas) – Universidade Estadual de Ponta Grossa, Ponta Grossa, 2011.

____. O Programa Bolsa Família (PBF) e o debate sobre as suas condicionalidades. **Composição: Revista de Ciências Sociais**, Campo Grande, v. 7, n. 13, jul./dez. 2013a.

____ Reflexão sobre os eixos estruturantes do Sistema Único de Assistência Social – SUAS. **Revista Capital Científico**, Guarapuava, v. 11, n. 2, maio/ago. 2013b.

____. **O exercício profissional do assistente social**: a garantia de direitos sociais em políticas de combate à pobreza no Centro Sul do Estado do Paraná. Tese (Doutorado em Serviço Social) – Universidade Federal de Santa Catarina, Florianópolis, 2016.

SAFFIOTI, H. I. B. **O poder do macho**. São Paulo: Moderna, 1987.

SALVADOR, E. **Fundo público e seguridade social no Brasil**. São Paulo: Cortez, 2010.

SANÉ, P. Pobreza, a próxima fronteira na luta pelos direitos humanos. In: WERCHEIN, J.; NOLETO, M. J. (Org.). **Pobreza e desigualdade no Brasil**: traçando caminhos para a inclusão social. Brasília: Unesco, 2003. Disponível em: <http://unesdoc.unesco.org/images/0013/001339/133974por.pdf>. Acesso em: 13 jun. 2019.

SANTOS, M. F. dos. Benefício de Prestação Continuada e proteção social no Brasil: limites e perspectivas. In: SPOSATI, A. (Org.).

Proteção social de cidadania: inclusão de idosos e pessoas com deficiência no Brasil, França e Portugal. 3. ed. São Paulo: Cortez, 2011.

SARMENTO, H. B. de M. **Instrumentos e técnicas em serviço social**: elementos para uma rediscussão. Dissertação (Mestrado em Serviço Social) – Pontifícia Universidade Católica de São Paulo, São Paulo, 1994.

SARTI, C. A. Famílias enredadas. In: ACOSTA, A. R.; VITALE, M. A. F. (Org.). **Família**: redes, laços e políticas públicas. 4. ed. São Paulo: Cortez, 2008.

SEVERINO, A. J. **Metodologia do trabalho científico**. 23. ed. São Paulo: Cortez, 2007.

SILVA, I. M. F. da. As raízes coloniais escravistas da questão social no Brasil. In: _____. **Questão social e serviço social no Brasil**: fundamentos sócio-históricos. 2. ed. Campinas: Papel Social; Cuiabá: EdUFMT, 2014. p. 41-56. Cap. 1.

SILVA, J. F. S. da. **Serviço social**: resistência e emancipação? São Paulo: Cortez, 2013.

SILVA, M. O. da S.; MOURA, R. R. de M. Considerações sobre a visita domiciliar: instrumento técnico-operativo do serviço social. In: LAVORATTI, C.; COSTA, D. (Org.). **Instrumentais técnico-operativos no serviço social**: um debate necessário. Ponta Grossa: Estúdio Texto, 2016. p. 103-126.

SILVA, M. O. da S.; YAZBEK, M. C.; DI GIOVANNI, G. **A política social brasileira no século XXI**: a prevalência dos programas de transferência de renda. São Paulo: Cortez, 2004.

SILVEIRA, J. I.; COLIN, D. A. A proteção social não contributiva no Brasil: processo histórico entre a residualidade e a universalidade. In: COSTA, L. C. da; VALLE, A. H. Del (Org.). **A seguridade social no Brasil e na Argentina**: os direitos sociais em tempos de ajustes neoliberais. Guarapuava: Unicentro, 2017. p. 125-153.

SIMÕES, C. **Curso de direito do serviço social**. 3. ed. rev. e atual. São Paulo: Cortez, 2009. v. 3. (Biblioteca Básica de Serviço Social).

_____. **Teoria & crítica dos direitos sociais**: o Estado Social e o Estado Democrático de Direito. São Paulo: Cortez, 2013.

SIQUEIRA, L. **Pobreza e serviço social**: diferentes concepções e compromissos políticos. São Paulo: Cortez, 2013.

SIQUEIRA, R. B. de. **Conselhos de política e participação democrática**: análise dos setores saúde e assistência social em Ponta Grossa – PR. Dissertação (Mestrado em Ciências Sociais Aplicadas) – Universidade Estadual de Ponta Grossa, Ponta Grossa, 2006.

SOUZA FILHO, R. de; GURGEL, C. **Gestão democrática e serviço social**: princípios e propostas para a intervenção crítica. São Paulo: Cortez, 2016. v. 7. (Coleção Biblioteca Básica de Serviço Social).

SOUZA, J. **A elite do atraso**: da escravidão à Lava Jato. Rio de Janeiro: Leya, 2017.

SOUZA, R. Participação e controle social. In: SALES, M. A. et al. **Política social, família e juventude**: uma questão de direitos. 4. ed. São Paulo: Cortez, 2009. p. 167-189.

SPOSATI, A. **A menina LOAS**: um processo de construção da assistência social. 3. ed. São Paulo: Cortez, 2007.

_____. Mínimos sociais e seguridade social: uma revolução da consciência da cidadania. **Revista Serviço Social & Sociedade**, São Paulo, ano 18, n. 55, p. 9-38, nov. 1997.

_____. Modelo brasileiro de proteção social não contributiva: concepções fundantes. In: BRASIL. Ministério do Desenvolvimento Social e Combate à Fome – MDS. **Concepção e gestão da proteção social não contributiva no Brasil**. Brasília, 2009. p. 13-56.

SPOSATI, A. et al. **Assistência na trajetória das políticas sociais brasileiras**: uma questão em análise. 6. ed. São Paulo: Cortez, 1995.

STEIN, R. H. A descentralização como instrumento de ação política e suas controvérsias (revisão teórica conceitual). **Revista Serviço Social & Sociedade – Descentralização, cidadania, participação**, ano XVIII, n. 54. São Paulo: Cortez, 1997.

TAPAJÓS, L. A. Gestão da informação em Assistência Social. In: TAPAJÓS, L.; RODRIGUES, W. da S. (Org.). **Rede SUAS**: gestão e sistema de informação para o Sistema Único de Assistência

Social. Brasília: Secretaria Nacional de Assistência Social, 2007. p. 70-88.

TATAGIBA, L. Os conselhos gestores e a democratização das políticas públicas no Brasil. In: DAGNINO, E. **Sociedade civil e espaços públicos no Brasil**. São Paulo: Paz e Terra, 2002. p. 47-104.

TEIXEIRA, J. B. Formulação, administração e execução de políticas sociais. In: CFESS – Conselho Federal de Serviço Social. **Serviço social**: direitos sociais e competências profissionais. Brasília, 2009. p. 553-574.

TEIXEIRA, R. R. O acolhimento em um serviço de saúde entendido como uma rede de conversações. In: PINHEIRO, R.; MATTOS, R. A. **Construção da integralidade**: cotidiano, saberes e práticas em saúde. Rio de Janeiro: Hucitec, 2003.

TONET, I. **Trabalho associado e revolução proletária**. Maceió, 2010. Disponível em: <http://ivotonet.xpg.uol.com.br/arquivos/TRABALHO_ASSOCIADO_REVOLUCAO_PROLETARIA.pdf>. Acesso em: 13 jun. 2019.

_____. A emancipação humana na perspectiva marxiana. In: _____. **Educação, cidadania e emancipação humana**. Rio Grande do Sul: Ed. Unijuí, 2005. Cap. III. Disponível em: <http://ivotonet.xpg.uol.com.br/arquivos/EDUCACAO_CIDADANIA_E_EMANCIPACAO_HUMANA.pdf>. Acesso em: 13 jun. 2019.

TORRES, I. C. **As primeiras-damas e a assistência social**: relações de gênero e poder. São Paulo: Cortez, 2002.

VAITSMAN, J. Monitoramento e avaliação de programas sociais: principais desafios. In: BRASIL. Ministério do Desenvolvimento Social e Combate à Fome. **Concepção e gestão da proteção social não contributiva no Brasil**. Brasília: Unesco, 2009. p. 157-170.

VASCONCELOS, A. M. de. **A/O assistente social na luta de classes**: projeto profissional e mediações teórico-práticas. São Paulo: Cortez, 2015.

VIANNA, M. L. T. W. Voz, alívio e oportunidade ou a política social de Arquimedes no Brasil. Receita infalível ou abordagem discutível? **Revista Em Pauta – Dossiê: Estado e Política Social**, Rio de Janeiro, v. 6, n. 23, p. 17-42, jul. 2009.

WANDERLEY, M. B. Metodologias de trabalho com famílias. In: PARANÁ. SETP – Secretaria de Estado do Trabalho, Emprego e Promoção Social. SUAS – Sistema Único de Assistência Social. **Caderno II**: trabalho com famílias e instrumentos de gestão do CRAS. Curitiba, 2006.

YAZBEK, M. C. **Classes subalternas e assistência social**. 4. ed. São Paulo: Cortez, 2003.

_____. Prefácio. In: SILVA, M. B. **Assistência social e seus usuários**: entre a rebeldia e o conformismo. São Paulo: Cortez, 2014. p. 13-15.

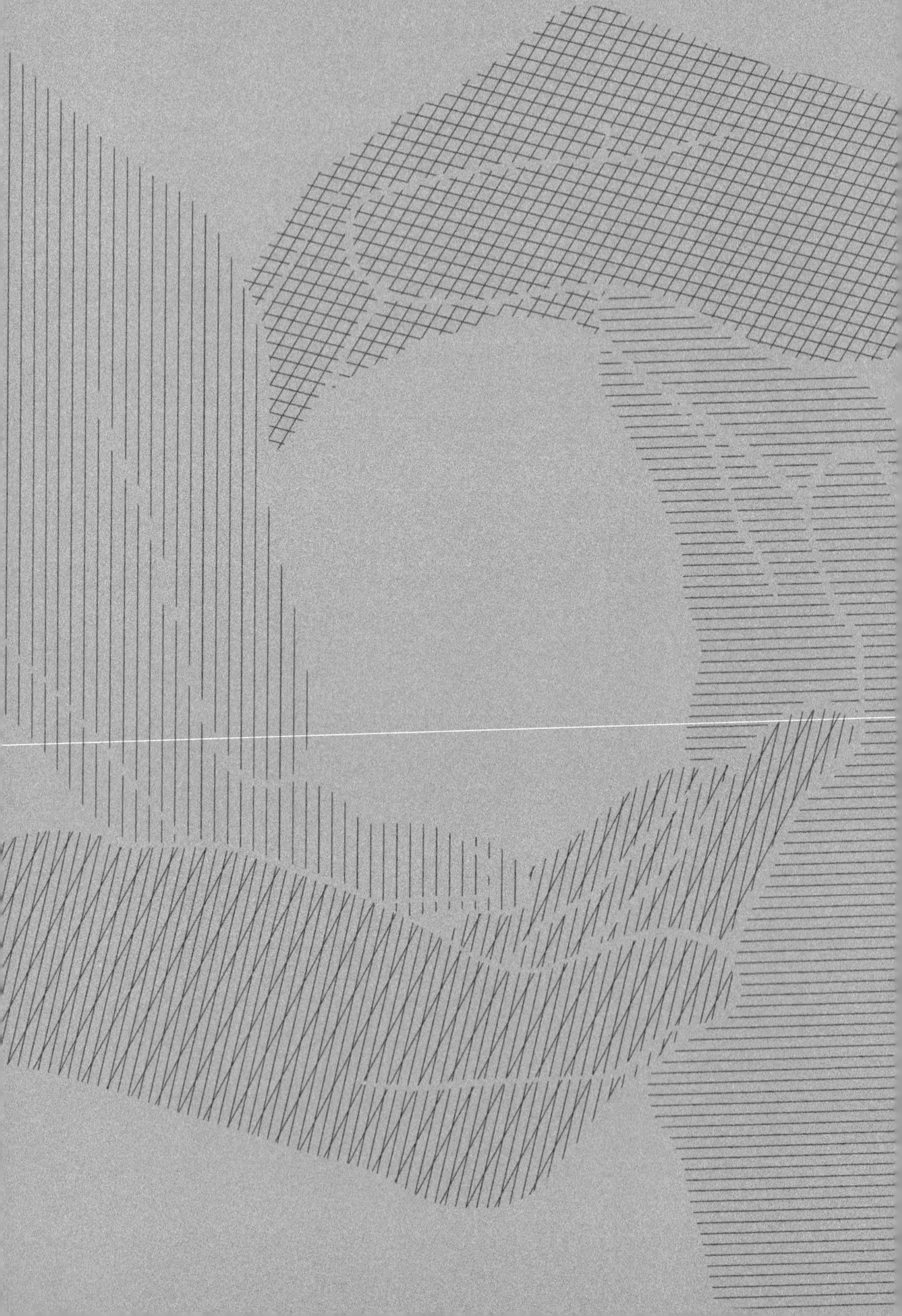

Respostas

Capítulo 1

1. d
2. d
3. c
4. Historicamente, a assistência social foi uma ação tanto do Estado quanto da filantropia para atender aos mais necessitados. Eram ações isoladas, executadas mais pelas organizações filantrópicas ao redor do mundo do que pelos Estados. Sua lógica era a da ajuda ao próximo, da benesse e da caridade, vinculada principalmente às organizações religiosas.
5. A Constituição Federal de 1988 incorporou a assistência social como política pública e parte do tripé da seguridade social, ao lado da saúde e da previdência. Assim, o Estado assumiu a política como sua responsabilidade, tendo a primazia na condução e

no financiamento dela. A partir disso, a lógica da assistência social passou a ser a do direito social, rompendo legalmente com a lógica da caridade, da benesse e do amor ao próximo. Em cada legislação elaborada a partir de então, a política pública foi adquirindo essa conotação, e a legislação tornou-se um instrumento para que os atores sociais pudessem efetivar, na prática, a lógica do direito social.

Capítulo 2

1. a
2. b
3. d
4. Os principais benefícios ofertados pelos CRAS são os benefícios eventuais, os benefícios específicos do Programa Bolsa Família (PBF) e o Benefício de Prestação Continuada (BPC).
5. O CREAS oferta serviços de proteção social especial em duas modalidades: de média e de alta complexidade. Os de média complexidade são: a) Serviço de Proteção e Atendimento Especializado a Famílias e Indivíduos (PAEFI); b) Serviço Especializado em Abordagem Social; c) Serviço de Proteção Social a Adolescentes em Cumprimento de Medida Socioeducativa de Liberdade Assistida (LA) e de Prestação de Serviços à Comunidade (PSC); d) Serviço de Proteção Social Especial para Pessoas com Deficiência, Idosos e suas Famílias; e) Serviço Especializado para Pessoas em Situação de Rua. Já os serviços de alta complexidade são: a) Serviço de Acolhimento Institucional, nas seguintes modalidades: abrigo institucional, casa-lar, casa de passagem e residência inclusiva; b) Serviço de Acolhimento em República; c) Serviço de Acolhimento em Família Acolhedora; d) Serviço de Proteção em Situações de Calamidades Públicas e de Emergências.

Capítulo 3

1. c
2. e
3. d
4. O processo de planejamento da gestão pública ocorre por meio da elaboração de quatro documentos: o Plano Diretor, o Plano Plurianual (PPA), a Lei de Diretrizes Orçamentárias (LDO) e a Lei Orçamentária Anual (LOA), os quais são instrumentos de gestão. O primeiro passo é a elaboração do Plano Diretor, no qual consta todo o plano de governo de acordo com as prerrogativas de cada governante. Em seguida, vem a elaboração do PPA, um plano feito para ser cumprido em médio prazo e cuja validade é de quatro anos. Depois, o momento é de elaboração da LDO, um planejamento feito em curto prazo e que busca o equilíbrio entre as receitas e as despesas de cada ano; trata-se do elo entre o PPA e a LOA. Por fim, é elaborada a LOA, que também é um planejamento de curto prazo e deve ter por base a LDO. Todos esses documentos devem estar em harmonia para que a gestão pública possa ser desenvolvida.
5. O planejamento do SUAS precisa estar em sintonia com o planejamento da gestão pública, portanto, tudo o que for previsto no PAS deve, obrigatoriamente, constar no PPA, na LDO e na LOA. O governo não pode executar ações ou orçamentos que não estejam previstos nos documentos da gestão pública, caso contrário incorrerá em problemas com os tribunais de contas.

Capítulo 4

1. d
2. c
3. a

4. Os conselhos de assistência social são instâncias deliberativas do SUAS, de caráter permanente e composição paritária entre governo e sociedade civil. Significa que 50% dos conselheiros devem representar o governo e os outros 50% devem representar a sociedade civil, subdivida entre organizações não governamentais, trabalhadores e usuários. Os conselhos são organizados nas três esferas de governo: o Conselho Federal de Assistência Social (CFAS), o Conselho Estadual de Assistência Social (CEAS) e o Conselho Municipal de Assistência Social (CMAS). Suas funções são:

- aprovar a PNAS;
- normatizar as ações e regular a prestação de serviços de natureza pública e privada no campo da assistência social;
- estabelecer procedimentos para a concessão de registro e certificado de entidades beneficentes de assistência social às instituições privadas prestadoras de serviços e de assessoramento de assistência social relacionados a seus objetivos institucionais;
- conceder registro e certificado de entidade beneficente de assistência social;
- zelar pela efetivação do sistema descentralizado e participativo de assistência social;
- convocar, ordinariamente, a cada quatro anos, a Conferência Nacional de Assistência Social para avaliar a situação da assistência social e propor diretrizes para o aperfeiçoamento do sistema;
- apreciar e aprovar a proposta orçamentária da assistência social a ser encaminhada pelo órgão da Administração Pública federal responsável pela coordenação da PNAS;
- aprovar critérios de transferência de recursos para estados, municípios e Distrito Federal, considerando os indicadores sociais;
- acompanhar e avaliar a gestão dos recursos, bem como os ganhos sociais e o desempenho dos programas, projetos e serviços executados;
- estabelecer diretrizes, apreciar e aprovar os programas anuais e plurianuais do FNAS;

- elaborar e aprovar seu regimento interno;
- divulgar, no Diário Oficial da União ou em jornal de circulação nacional, todas as suas decisões, bem como as contas do FNAS e os respectivos pareceres emitidos.

5. Antes do processo de democratização no Brasil, o controle social era um mecanismo utilizado tanto pelo capital quanto pelo Estado ditatorial para controlar a sociedade civil. As prerrogativas do Estado eram impostas sobre a sociedade por meio de decretos, atos institucionais e forte repressão a qualquer cidadão que se opusesse a isso, especialmente movimentos sociais. Com o processo de redemocratização do país, os movimentos sociais e a sociedade organizada contra a repressão conseguiram inverter essa lógica, tornando o Estado submisso ao controle da sociedade civil. A partir de então, a sociedade civil organizada passou a poder controlar as ações do Estado e de seu papel na prestação de serviços públicos.

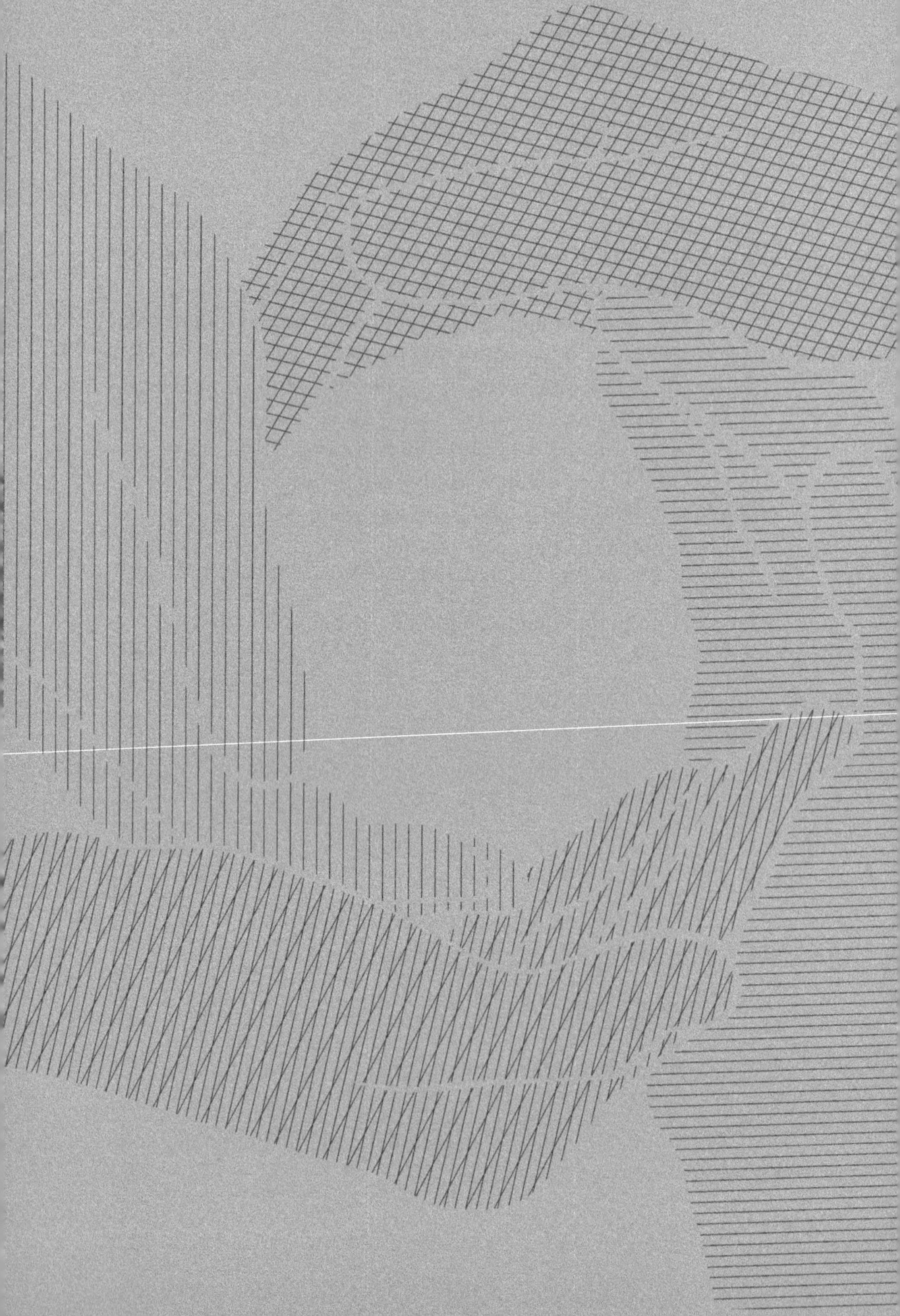

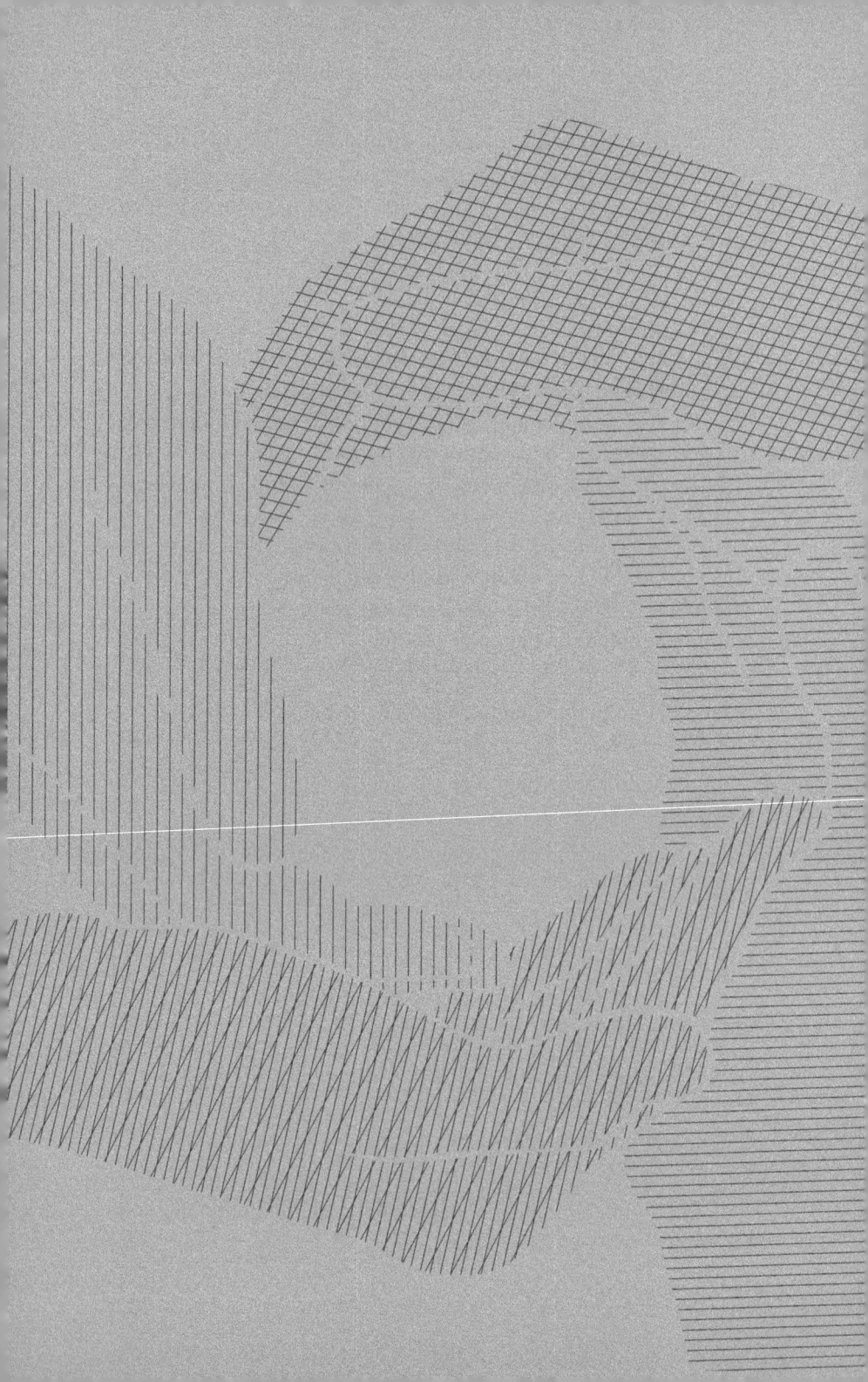

Sobre a autora

Angela Maria Moura Costa Prates
é graduada em Serviço Social pela Universidade Estadual do Centro-Oeste – Unicentro (2007). Especialista em Formação de Professores para a Docência no Ensino Superior pela Unicentro (2009). Mestre em Ciências Sociais Aplicadas pela Universidade Estadual de Ponta Grossa – UEPG (2011), defendendo a dissertação *Os impasses para a implementação do Sistema Único de Assistência Social no município de Guarapuava-PR.* Doutora em Serviço Social pela Universidade Federal de Santa Catarina – UFSC (2016), defendendo a tese *O exercício profissional do assistente social: a garantia de direitos sociais em políticas de combate à pobreza no centro-sul do Estado do Paraná.*

Tem experiência em organização não governamental, em Política de Assistência Social e em formação profissional. É militante na Política de Assistência Social desde 2000. Também desenvolve pesquisas, profere palestras, ministra aulas no CapacitaSUAS, realiza conferências e atua como conselheira, entre outras atividades.

Atualmente, é professora efetiva do curso de Serviço Social da Unicentro, onde ministra disciplinas como Questão Social e Serviço Social, Trabalho e Sociabilidade, Fundamentos Históricos e Teórico-Metodológicos do Serviço Social e Diversidade e Gênero. Compõe o Conselho Departamental de Serviço Social (Condep) e o Núcleo Docente Estruturante (NDE). Atua com orientações de Trabalho de Conclusão de Curso (TCC) e participa do Programa de Iniciação Científica (Proic) como orientadora, bem como atua com programa de extensão, em que coordena o Núcleo Maria da Penha (Numape). É pesquisadora permanente na universidade e desenvolve pesquisas nas seguintes linhas: Desigualdade, pobreza e proteção social; Processos de trabalho e classes sociais; Questão social, Estado e políticas sociais; Gênero e suas interfaces.